安室憲一の
国際ビジネス入門

安室憲一【監修】／古沢昌之・山口隆英【編著】
YASUMURO Kenichi　　FURUSAWA Masayuki　　YAMAGUCHI Takahide

東京 白桃書房

まえがき

　本書は，国際ビジネスを学ぶ大学生・大学院生，さらには国際ビジネスに携わるビジネスパーソン向けのテキストである。

　本書の特徴は次の3点にある。第1は国際ビジネスについて「時間」「職能」「地域」という3つの軸からアプローチしている点である。まず，時間軸に関しては，第1部で日本企業の国際ビジネスやグローバル企業の戦略・組織を歴史的に振り返り，第2部・第3部では現況を中心に据えた論考を行う一方，第4部でM&Aやプロフェッショナルサービス企業の経営，ツーリズム，ダイバーシティ・マネジメント，タレントマネジメント，eビジネスといった今日的トピックスを踏まえた国際ビジネスの新潮流について考察している。そして，第5部（終章）ではさらに進んで2030年代のグローバル経営の予測を試みている。次に，職能の面では，国際マーケティング，国際生産，国際研究開発，国際人的資源管理という4つの重要機能について第2部で論述している。また，地域軸として，第3部において「チャイナ・プラス・ワン」の視点から，中国に加え，ベトナム，インド，アフリカといった新興国・地域の投資環境や現地経営上の留意点を述べている。

　本書の第2の特徴は，第2～4部が企業事例（14本）を組み込んだ構成になっていることである。すなわち，理論や投資環境等の説明に留まらず，各章のトピックスに相応しいケースをピックアップし，理論と実践の両側面から問題を掘り下げることを企図している。今回本書で紹介しているケースは，業種面での多様性を担保すると同時に，中小企業，欧米企業，日本企業の海外子会社など多彩な顔ぶれとなるよう工夫した。さらには，各章ではケースの紹介に加えて，大学・大学院での講義に資するべく「ケースの解説」の節も設けている。

　最後に第3の特徴は，本書の監修者である安室憲一先生（大阪商業大学名誉教授，兵庫県立大学名誉教授）による「ワンポイントコメント」である。本コメントは，第1～4部の全ての章で末尾に掲載されている。本書のタイ

トルが『安室憲一の国際ビジネス入門』となっている所以である。本書の執筆者は全員が安室先生から学恩を受けており，その学恩を基礎にそれぞれの分野の新しい知識を加えるという共通のスタンスのもとに各章を執筆している。各章における安室先生のコメントは，読者が各章の内容をより多角的な視点から理解するための示唆を与えると同時に，各執筆者にとっては今後の研究の指針とも言うべきものとなっている。

本書が国際ビジネスの入門書として広く活用され，学術・実務両面で何らかの貢献を果たすことができれば，我々にとって望外の喜びである。

最後に，我々の研究をいつも温かくご支援いただいている株式会社白桃書房に対し，心より御礼申し上げる次第である。

2019年3月

編著者
近畿大学教授　古沢昌之
兵庫県立大学教授　山口隆英

目　次

まえがき

第1部　国際ビジネスの歴史的変遷

第1章
日本企業の国際ビジネスの変遷と課題　2
1. はじめに……………………………………………………………… 2
2. 日本企業の海外直接投資の変遷………………………………… 3
   - （1）全体像　／3
   - （2）戦後から1980年代にかけての状況　／5
   - （3）1990年以降の状況　／9
3. クロスボーダー M&A に関する状況…………………………… 12
4. おわりに……………………………………………………………… 13

安室憲一のワンポイントコメント　／15

第2章
グローバル企業の国際経営戦略と組織　17
1. はじめに……………………………………………………………… 17
2. 戦略と組織…………………………………………………………… 18
   - （1）自立的子会社の段階　／18
   - （2）国際事業部の段階　／19
   - （3）グローバル構造　／20
3. 多国籍企業の組織構造―本国本社を頂点とする階層組織―…… 22

4. 21世紀型グローバル企業の組織——階層組織からネットワーク構造へ—23
　　5. おわりに……………………………………………………………… 27
　安室憲一のワンポイントコメント　／27

第2部　国際ビジネスの職能別戦略

第3章
国際マーケティング　32
　　1. はじめに……………………………………………………………… 32
　　2. マーケティングの発生から国際マーケティングへの展開…… 33
　　　（1）マーケティングとは　／33
　　　（2）国際マーケティングの初期の展開　／34
　　　（3）国際マーケティングの定義と概念　／35
　　　（4）国際マーケティングの研究課題　／36
　　3. ケース—パナソニック・インドのボリュームゾーン戦略—… 38
　　　（1）インドへの進出　／38
　　　（2）インドのエアコン「CUBE」　／39
　　4. ケースの解説……………………………………………………… 41
　　5. おわりに…………………………………………………………… 44
　安室憲一のワンポイントコメント　／46

第4章
国際生産　48
　　1. はじめに…………………………………………………………… 48
　　2. 海外生産の開始と経営資源の移転……………………………… 49
　　　（1）市場防衛のための海外生産　／49

（2）経営資源の海外移転　／49
　3. 海外生産から国際生産への移行 ………………………………… 51
　　（1）経済合理性の追求　／51
　　（2）生産拠点間の連携　／52
　4. アーキテクチャ革命の進展 ……………………………………… 53
　　（1）モジュラー型生産の脅威　／53
　　（2）企業間連携による国際生産　／54
　5. ケース―トヨタ自動車における国際生産の進展― ………… 55
　　（1）自動車産業の萌芽　／55
　　（2）トヨタ生産方式の確立　／56
　　（3）トヨタ生産方式の海外移転　／57
　　（4）海外生産の本格化と自前主義からの脱却　／58
　6. ケースの解説 …………………………………………………… 59
　7. おわりに ………………………………………………………… 60
　　安室憲一のワンポイントコメント　／60

第5章

国際研究開発

　1. はじめに ………………………………………………………… 62
　2. ネットワークの類型と構成 ……………………………………… 63
　　（1）ネットワークの類型　／63
　　（2）ネットワークを構成する拠点の類型　／64
　3. 研究活動におけるネットワーク ………………………………… 65
　　（1）ローカルのネットワークと多国籍企業のネットワーク　／65
　　（2）研究活動におけるプランニングとコントロール　／66
　4. 開発活動におけるネットワーク ………………………………… 68
　　（1）適応とグローバル製品開発　／68
　　（2）ホームベース型によるグローバル製品開発　／68
　　（3）多元的なホームベース型によるグローバル製品開発　／69

（4）分散型のグローバル製品開発　／70
　　（5）メタナショナル型の開発　／70
　5. ケース―IBMにおける分散型のグローバル製品開発―……71
　6. ケースの解説………………………………………………72
　7. おわりに……………………………………………………72
　安室憲一のワンポイントコメント　／73

第6章
国際人的資源管理　　　　　　　　　　　　76

　1. はじめに……………………………………………………76
　2. 日本企業における「現地化問題」………………………77
　　（1）在外日系企業における「グラス・シーリング」の存在　／77
　　（2）「現地化の遅れ」の背景に関する議論　／79
　　（3）「現地化の遅れ」による弊害　／81
　3. ケース―パナソニックにおける国際人的資源管理の変革―　82
　　（1）「新現地化アクションプログラム」の始動　／83
　　（2）サクセションプランの概要　／84
　　（3）「内なる国際化」の推進　／85
　　（4）変革による成果　／85
　4. ケースの解説………………………………………………85
　5. おわりに……………………………………………………87
　安室憲一のワンポイントコメント　／88

第3部 国際ビジネスの地理的拡大
―チャイナ・プラス・ワンの時代―

第7章
中国と日本企業　92
1. はじめに ………………………………………………………… 92
2. 中国の経営環境 ………………………………………………… 92
3. ケース―共立精機(大連)における現地化について― …… 97
   （1）現地化の必要性　／97
   （2）中国の金型産業　／98
   （3）共立精機(大連)の経営　／99
4. ケースの解説 …………………………………………………… 104
5. おわりに ………………………………………………………… 105

安室憲一のワンポイントコメント　／106

第8章
ベトナムと日本企業　108
1. はじめに ………………………………………………………… 108
2. 日本企業のベトナム進出状況と投資先としての
   ベトナムの魅力 ………………………………………………… 109
   （1）日本企業のベトナム進出状況　／109
   （2）投資先としてのベトナムの魅力　／109
3. 労使関係面の特質と留意点 …………………………………… 112
   （1）現代ベトナムの労使関係システムの特質　／112
   （2）集団的労使関係の機能不全　／113

4. ケース―中農製作所のベトナム事業展開における現地人社長の
   登用― ··· 115
   （1）ベトナム人を日本本社の正社員として雇用 ／115
   （2）ベトナム進出の背景 ／116
   （3）ベトナム駐在員事務所，ベトナム現地法人を設立 ／117
   （4）Nakano Precision の現況 ／118
5. ケースの解説 ·· 118
6. おわりに ··· 120
   安室憲一のワンポイントコメント ／121

第9章
インドと日本企業 　　124

1. はじめに ··· 124
2. インドの経営環境 ·· 124
   （1）"Unity in Diversity" の国 ／125
   （2）インド経済の概観 ／125
   （3）日本企業にとっての有望投資先国 ／127
3. ケース―新田ゼラチンインディア（NGIL）の現地自主経営― 127
   （1）NGI のインド進出経緯 ／127
   （2）ハラルゼラチンの市場創造 ／128
   （3）CSR 活動の自主展開 ／131
4. ケースの解説 ·· 133
5. おわりに ··· 134
   安室憲一のワンポイントコメント ／135

第10章
アフリカと日本企業 　　137

1. はじめに ··· 137

2. アフリカの投資環境 ………………………………………… 137
3. 中国のアフリカ進出 ………………………………………… 143
4. ケース―味の素のエジプト進出― …………………………… 144
5. ケースの解説 ………………………………………………… 149
6. おわりに ……………………………………………………… 150

安室憲一のワンポイントコメント / 151

第4部 国際ビジネスの新潮流

第11章
M&Aと国際ビジネス　154

1. はじめに ……………………………………………………… 154
2. M&Aとは何か ………………………………………………… 155
   （1）M&Aの類型 / 155
   （2）M&A契約のプロセス / 157
3. 日本企業におけるM&A ……………………………………… 159
   （1）海外M&Aの実態 / 159
   （2）日本企業の海外M&Aの特徴 / 161
4. ケース―日本電産のM&A不敗神話― ………………………… 162
   （1）会社概要 / 162
   （2）日本電産の業績と事業別売上高の変化 / 165
   （3）日本電産のM&A / 166
5. ケースの解説 ………………………………………………… 170
   （1）価格：高値づかみをしない / 171
   （2）経営への関与，PMIを誰がやるのか / 171
   （3）シナジーを生み出す / 172

6. おわりに……………………………………………………………………… 172
　安室憲一のワンポイントコメント　／173

第12章
プロフェッショナル・サービスと国際ビジネス　175

　1. はじめに……………………………………………………………………… 175
　2. プロフェッショナル・サービスの定義・特徴……………………………… 176
　　（1）プロフェッショナル・サービスの定義　／176
　　（2）プロフェッショナル・サービスの特徴　／177
　3. プロフェッショナル・サービスの国際化とグローバル化………………… 179
　　（1）プロフェッショナル・サービス企業の国際化　／179
　　（2）プロフェッショナル・サービス企業のグローバル化　／180
　4. ケース―アサツーディ・ケイ（ADK）における国際的知識移転―
　　 ………………………………………………………………………………… 181
　　（1）広告会社のグローバル化と ADK の概要　／181
　　（2）資生堂 TSUBAKI　／182
　　（3）知識移転のプロセス　／182
　5. ケースの解説………………………………………………………………… 184
　6. おわりに……………………………………………………………………… 186
　安室憲一のワンポイントコメント　／187

第13章
ツーリズムと国際ビジネス　189

　1. はじめに……………………………………………………………………… 189
　2. 観光業の特徴と国際化の理論……………………………………………… 190
　　（1）観光業の特徴　／190
　　（2）観光業の国際化理論　／191

3. 日本の観光業の国際化 …………………………………… 192
　　（1）日本の旅行業の国際化　／ 193
　　（2）日本のホテル業の国際化　／ 194
　4. ケース―ホテルオークラによる国際発展段階の事例― …… 197
　　（1）ホテルオークラの概要　／ 197
　　（2）消極的な海外展開（1971～2010 年）　／ 199
　　（3）急な拡張路線（2011 年～）　／ 200
　5. ケースの解説 ………………………………………………… 201
　6. おわりに ……………………………………………………… 202
　安室憲一のワンポイントコメント　／ 203

第14章
多様性と国際ビジネス　　205

　1. はじめに ……………………………………………………… 205
　2. ダイバーシティ・マネジメント …………………………… 205
　3. 障がいのある人たち ………………………………………… 206
　4. ILO の「ビジネスと障害グローバルネットワーク」……… 207
　　（1）知識の共有と優れた取り組みの発見　／ 208
　　（2）共有製品やサービスの開発　／ 209
　　（3）国内ネットワークの形成　／ 210
　5. ケース―カルフールの障がい者雇用促進に向けた取り組み― 211
　　（1）カルフールの概要　／ 211
　　（2）「ビジネスと障害グローバルネットワーク」における位置付け　／ 212
　　（3）カルフールの障がい者雇用　／ 213
　　（4）国別状況　／ 214
　6. ケースの解説 ………………………………………………… 216
　7. おわりに ……………………………………………………… 217
　安室憲一のワンポイントコメント　／ 217

第15章

グローバルタレントマネジメントと国際ビジネス 219

1. はじめに ……………………………………………………………… 219
2. グローバルタレントマネジメント研究の背景，
   定義及びその対象 ………………………………………………… 219
3. グローバルタレントマネジメントの基本的視座 …………… 221
4. グローバルタレントマネジメントの6つの原則 …………… 221
   （1）戦略と GTM との整合性 ／221
   （2）GTM プラクティスの内的整合性 ／223
   （3）企業文化への埋め込み ／223
   （4）グローバルタレントマネジメントへの関与 ／224
   （5）グローバル・統合・現地適応のバランス ／224
   （6）差別化を通じた多国籍企業のブランディング ／225
5. ケース―"This is YKK"の根幹をなす経営理念の内部化と
   人づくり― ………………………………………………………… 227
   （1）YKK の根幹をなす企業精神と経営理念，コアバリュー ／227
   （2）経営理念の内部化に向けた取り組み ／229
6. ケースの解説 ……………………………………………………… 231
7. おわりに …………………………………………………………… 232

安室憲一のワンポイントコメント ／232

第16章

e ビジネスと国際ビジネス 234

1. はじめに …………………………………………………………… 234
2. 「e コマース」と「e ビジネス」……………………………… 235
3. 理論 ………………………………………………………………… 235
   （1）市場の理論 ／235
   （2）内部化理論 ／236
   （3）国際化プロセス論 ／237

（4）「ボーン・グローバル」，「ICT スタートアップ」，そして「国際
　　　　ガゼル企業」　／238
　4. ケース—アマゾンの「総合オンラインストア」への歩み—……239
　5. ケースの解説………………………………………………………241
　　（1）売上高のシンギュラリティ　／241
　　（2）AWS（Amazon Web Services）　／242
　6. おわりに……………………………………………………………244
　安室憲一のワンポイントコメント　／247

第5部　国際ビジネスの未来

終章
2030年代のグローバル経営—その光と影— 250

　1. はじめに……………………………………………………………250
　2. AI 革命のインパクトと国際ビジネス……………………………251
　3. ブリコラージュによる AI 活用のモデルケース…………………254
　4. ケースの解説—シンギュラリティに備える—…………………259
　5. おわりに……………………………………………………………260

索引

第1部

国際ビジネスの歴史的変遷

# 第1章

日本企業の国際ビジネスの変遷と課題

津田　康英

キーワード▶ 変動相場制，資源開発，貿易摩擦，戦略的提携，アンバンドリング，クロスボーダー M&A，メガディール，水平的直接投資，垂直的直接投資，海外直接投資残高

1. はじめに

　日本企業は，第2次世界大戦後の国際的な政治・経済の変動に対処しながら海外市場での地歩を固めてきた。製造業は独自の生産方式や製品技術を確立させて，当初は「輸出」によって世界各地で市場シェアを増やしていった。やがて日本企業は海外に自社の営業所や工場を開設するための投資をおこなうようになる（海外直接投資）。

　1960年代には一部の先駆的企業がアジアや中南米に進出していたが，海外への直接投資が本格化するのは70年代に入ってからである。しかし，日本からの投資や製品が急速に増加した国々では，将来の経済的支配や雇用喪失の不安などを背景に感情的な反発が度々起こった。特に欧米との貿易摩擦では，外交問題に発展して通商交渉に至ることや，ダンピング提訴という法的手段に訴えられることもあった。日本企業は輸出を自主規制する一方，途上国に組立工場を設けて，そこを経由して欧米市場へ輸出するなどの対応を講じた。しかし，80年代の中頃に急速な円高が進むと，多くの企業が欧米諸国に事業所を設立し，今日の日本企業の存在感に繋がる礎を築いていった。

本章では，こうした日本企業の海外直接投資の変遷を概観し，その動向に影響したとされる出来事を紹介する。そして，海外のどの地域に，どの業種が，どのような目的で投資していったのか，またどのような課題があったのかを確認する。

2. 日本企業の海外直接投資の変遷

(1) 全体像

本章の冒頭で述べたように，戦後日本の製造業の国際ビジネスは輸出が中心であったが，次第に海外直接投資が増加していくことになる。図表1-1は1970〜2017年の日本からの海外直接投資額の推移を表したものである[1]。これを見ると，全体としては増加の基調にあるが，大蔵省（現財務省）の融資総量規制と日銀の金融引締からバブル経済が崩壊した1991年，米国同時多発テロが引き金となり世界同時不況になった後の2002年，米投資銀行であるリーマン・ブラザーズの破綻から世界同時金融不安（リーマン・ショック）が発生した後の09年は大きく落ち込んでいることが分かる。

このように，海外直接投資をはじめとする国際ビジネスは，日本国内の状況はもとより主要国の景気・株価動向や公定歩合・マネーサプライなども含めた国際情勢からの影響を少なからず受ける。第2次世界大戦以前には日本の商社・銀行は欧米に支店を開設し，製造業ではアジアに工場や営業所があったが，1945年の終戦でこれらの活動は停止し，在外資産は接収された。そして，戦後は51年に署名されたサンフランシスコ講和条約によって「貿易及び通商において国際的に承認された公正な慣行に従う意思」が宣言され，それを各国が批准するに従って，日本企業の国際的な経済活動が再開されることになった。

1960年代を通じて日本の輸出は伸びていき，63年にはGATT11条国，64

---

1 日本企業の海外直接投資額の公表データは2000年代に投資額の届出から撤退や再投資を含めた収支に変更されたが，遡及は一部に止まっている。また，財務省への届出額と日本銀行が発表している実行ベースの額が大きく乖離するなどの問題点もある。詳しくは稲葉（2016）を参照のこと。本章では，必要に応じてUNCTAD（国連貿易開発会議），日本銀行，日本貿易振興機構が公表しているデータを利用した。

図表 1-1 日本の海外直接投資額とドル円レートの推移

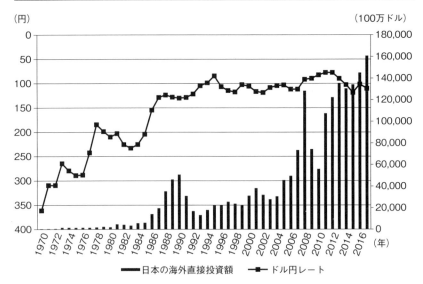

出所：海外直接投資額は UNCTAD（http://unctad.org/en/Pages/statistics.aspx：2018 年 8 月 31 日最終アクセス），円レートは日本銀行（https://www.stat-search.boj.or.jp：2018 年 8 月 31 日最終アクセス）をもとに筆者作成。

年には IMF8 条国に移行し，OECD への加盟も果たした。日本政府は，1960 年末まで海外直接投資の上限を設定して審査・認可によって厳格に管理してきたが，輸出の増加で外貨準備が確保されてきたことなどから段階的に緩和し，72 年には一部規制業種を除いて上限を撤廃した。

アメリカでは日欧からの輸入が増加して貿易収支が 1 世紀ぶりに赤字に転じ，英仏から相次いで求められたドルと金の交換要請に対応しきれず，1971 年 8 月 16 日にドルと金の交換中止を一方的に宣言した。この「ニクソンショック」によって外国為替取引は混乱状態に陥った。こうした中，「スミソニアン合意」（12 月 18 日）によって事態の収拾が図られ，円の交換レートは 1 ドル＝360 円から 308 円に切り上げられた。しかし，73 年早々には主要国が固定相場制を維持できなくなり，日本も変動相場制に移行した。またこの年に起った石油価格の高騰（第 1 次石油ショック）は世界を不況にした。

2000年後半にアメリカでITバブルが崩壊し，景気が後退局面を迎えた最中に発生した01年のアメリカ同時多発テロや，米国サブプライムローンの問題が欧米で深刻化していた中での08年の「リーマン・ショック」は，投資環境を悪化させる契機となった。

外国為替の変動（図表1-1）については，「カーターショック」（1978年11月）に見られたドル高政策は日本製品の輸出採算を好転する要因となったが，「プラザ合意」（1985年9月）以降の急速な円高の進行は日本企業の輸出採算にマイナスの影響を与え，海外直接投資を加速させた。

(2) 戦後から1980年代にかけての状況

戦後の日本企業の海外展開は，GHQの許可を得た1950年の日本建設産業（現住友商事）によるインドのボンベイ（現ムンバイ）での駐在員事務所の開設，51年の三菱金属によるゴア（現インド，当時ポルトガル領）での鉄鉱石開発投資，52年の東京銀行（現三菱UFJ銀行）によるロンドン支店とニューヨーク支店の開設，55年の東洋紡績のブラジル現地法人の設立など

図表1-2 関連年表

年	出来事
1945	IMF創設
1947	GATT発効
1949	中華人民共和国建国
1950	朝鮮戦争（～1953停戦協定）
1951	サンフランシスコ講和条約
1952	日本IMFに加盟
1953	日本GATTに加盟
1963	日本GATT11条国に移行
1964	日本IMF8条国に移行　OECDに加盟
1965	ベトナム戦争（～1973終結宣言）
1967	EC（欧州諸共同体）発足
1969	海外直接投資の第1次自由化措置
1971	ニクソンショック・スミソニアン合意
1972	海外直接投資の上限撤廃（第4次自由化）
1973	日本　変動為替相場制へ移行
	第4次中東戦争―オイルショック―
1978	カーターショック
1979	イラン革命―オイルショック―
1985	プラザ合意
1987	ブラックマンデー
1988	バーゼル合意
1989	天安門事件　日米構造協議
1990	東西ドイツ統合
	バブル崩壊―平成不況―
1991	湾岸戦争
	ソビエト連邦崩壊
1992	シンガポール宣言（AFTAの合意）
1993	EU（欧州連合）発足
1995	阪神淡路大震災
1996	WTO成立（GATT改組）
1997	アジア通貨危機
1998	外国為替及び外国貿易法施行（事後報告制）
2001	アメリカ同時多発テロ
	中華人民共和国WTO加盟
2002	通貨ユーロ発足（紙幣の流通開始）
2003	イラク戦争（～2011終結宣言）
2008	リーマンブラザーズ破綻―世界金融不安―
2010	ユーロ危機
2011	東日本大震災
2015	中国株価大暴落（チャイナショック）
2016	イギリス欧州連合離脱決定

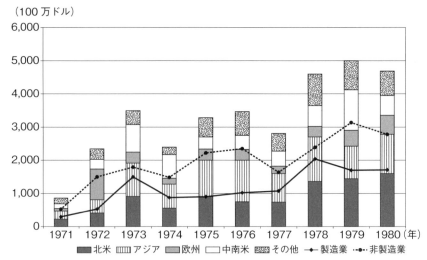

図表 1-3 1970年代の海外直接投資届出額の変遷

出所：日本貿易振興機構「国際収支統計」(https://www.jetro.go.jp/world/statistics.html：2018年8月31日最終アクセス) をもとに筆者作成。

が初期の例である。50年代の主たる海外直接投資は，資源開発や商社・金融，繊維産業で多く見られた（藤井・中瀬・丸山・池田，1979）。他方，加工組立産業ではトヨタ自動車工業（現トヨタ自動車）が58年にブラジルでランドクルーザーの組み立てを開始し，61年には松下電器産業（現パナソニック）がタイで乾電池の生産に着手していた。

図表1-3は1970年代の海外直接投資届出額について，地域別の内訳と製造業部門・非製造業部門の推移を表したものである。70年代は全体としては増加の基調にあるが，総額で50億ドルを超えることはなかった。前年比減になっている74年・77年・80年は73年・79年のオイルショックと76年から急速に進行した円高（前掲図表1-1）によって対米ドルレートが200円を割り込み，日本が深刻な不況に陥った時である。地域別に見ると，アジアの比率が高く，図表の期間を平均すると約3割を占める。

1970年代は鉱業が海外直接投資額の平均2割以上と最も高い比率を占めており，非製造部門の数値を押し上げていた。資源開発投資はアジアと中南

米で多く見られた[2]。資源開発との関わり方は60年代の融資買鉱から70年代には開発プロジェクトへの資本参加に代わり、さらに自主開発へと進展した。とりわけ製鉄・非鉄金属業や化学工業が原料の安定確保のための資源開発投資に熱心で、そこに総合商社が参加することになり投資額は商業分野でも増加した（藤井他, 1979；日本貿易振興会, 1980；池本・上野・安室, 1981）。

製造業部門では繊維・電機がアジアを中心に生産拠点を設置し、1970年代の後半になって米欧への投資が増え始めた。電機メーカーは60年代のアジア諸国の「輸入代替工業化政策[3]」に対応して、現地の市場規模に応じた生産工場を各国に建設した。70年代になるとアジア諸国は徐々に輸出志向に政策転換し、貿易特区などを設けたので、家電各社は世界的な輸出が可能となるよう世界基準の品質と規模・効率性を備えた単一部品や単一製品の生産拠点を建設していった。そこでは低賃金を活かすために労働集約的な工程の部品が生産された。

第1次石油ショック以降、日本企業は減量経営に取り組み、割安と受け止められた日本製品が大量に欧米市場に流れ込んでいった。それまでもシャツなどの繊維製品が大量に輸出されて貿易摩擦が生じていたが、1970年代にはそれが鉄鋼や工作機械、カラーテレビへと広がった。カラーテレビは象徴的な消費財であったため影響が大きく、77年にはカラーテレビに関する日米市場秩序維持協定が結ばれた。既にソニー（72年）や松下電器産業（現パナソニック、74年）など一部の企業はアメリカで生産に着手していたが、これを契機に残りのテレビメーカーも現地での生産に向かっていった。

1985年のプラザ合意で円高が進行（前掲**図表1-1**）すると、円高対策の金融政策によってバブル期と呼ばれる空前の好景気が到来し、その余勢を駆って海外投資が増大した。この時期に初めて日本の海外直接投資が世界第1位になった。また、この頃には日米欧3極構造という認識が定着して日本の存在感が高まった。**図表1-4**は80年代の海外直接投資届出額を表したもので

---

2 1972年の欧州向けが急伸した背景には、海外石油開発（現ジャパン石油開発）がADMA（アブダビ海洋開発鉱区：UAEアブダビ首長国）の利権取得を目的として、ブリティッシュ・ペトロリアムの株式取得に7億8000万ドルを投じたことがある（日本貿易振興会, 1975）。
3 「輸入代替工業化政策」とは、自国の経済発展のために完成品に高関税を設定するなどの輸入抑制策を講じる一方で、優遇策によって外国企業を誘致し、それまでの輸入品を国内で生産させようとする政策を指す。

図表 1-4 1980年代の海外直接投資届出額の変遷

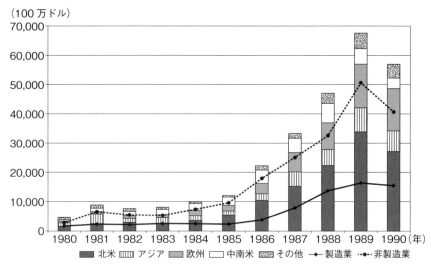

出所：日本貿易振興機構「国際収支統計」(https://www.jetro.go.jp/world/statistics.html：2018年8月31日最終アクセス）をもとに筆者作成。

あるが，70年代とは1桁違う総額で推移した。70年代に比率が高かったアジア向けは81年以降に比率を下げ，欧米向けの比率が急速に高まっていった。

製造業部門と非製造業部門を比べると非製造部門の伸び率が高いが，その要因としては，不動産業がリゾートマンションやホテル，オフィスビルなどの高額物件を購入したこと，金融・保険業では国際的な資金運用や財務戦略が本格化したこと，1988年にソニーが米国3大放送ネットワークの1つであるCBSのレコード部門を，セゾンがインターコンチネンタル・ホテルを買収したことなどが挙げられる（日本貿易振興会, 1991）。

貿易摩擦は，1980年代になると自動車や半導体にまで広がった。82年には米国における日本からの自動車輸入台数は191万台となり，全輸入車の20％を超えた。この年にホンダがアメリカで自動車生産を開始し，その後に他の日本車メーカーも追随したが，日本車の輸入台数[4]は86年の約343万台

---

4 自動車の輸出台数はhttp://jamaserv.jama.or.jp/newdb/index.html(2018年8月31日最終アクセス）を参照のこと。

まで増加し続けた。同様に半導体メーカーも欧米で現地生産する必要に迫られ，生産拠点を増やしていった。一部の企業は欧米の主要国に研究所を開設し，研究開発部門の国際化も進めていった。

(3) 1990年以降の状況

①対アジア投資の再燃と大型買収案件の顕在化

日本では1990年に金融引締めが始まり，91年までには日米欧の景気が後退[5]していた。また，88年のバーゼル合意で国際銀行業務を行う金融機関は93年までに自己資本比率を8％にする必要に迫られ，融資が慎重になったことも景気回復を遅らせる一因となった。

その後，景気は回復の兆しを見せたものの，1997年にはアジア通貨危機が起こりアジア諸国の内需が縮小した。2001年にはアメリカでIT不況が始

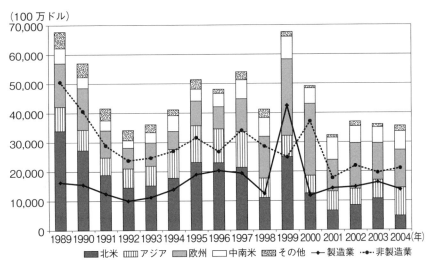

図表1-5 1990年代の海外直接投資届額の変遷

出所：日本貿易振興機構「国際収支統計」(https://www.jetro.go.jp/world/statistics.html：2018年8月31日最終アクセス) をもとに筆者作成。

5　ブラックマンデー（1987年10月：29年の金曜恐慌を凌ぐ株価下落），湾岸戦争（91年1月：第4次中東戦争同様に石油関連施設が破壊），ソビエト連邦の崩壊（91年12月：東西冷戦の東側の大国）などの出来事は，世界経済への影響は軽微であった（日本貿易振興会, 1993）。

まっていたことに加え，同時多発テロが発生したことで先行きが不透明になっていった。

図表1-5 に示した1990年代の海外直接投資届出額を見ると，地域別では北米の比率が高いが，81年以降低迷していたアジアの比率が徐々に増えていることが分かる。また，90年以降は，海外直接投資の数値に大きな変動をもたらす外国企業の買収（クロスボーダーM&A）も目立ち始めた（次節参照）。

②戦略的提携の増加

1990年代の日本企業の国際ビジネスの第2の特徴は，海外直接投資の届出額には表れにくい「戦略的提携」が数多く見られるようになったことである。戦略的提携の目的は，提携相手の経営資源を活用して希少性の高い知的財産を構築すること，経営資源の不足部分を相互に補うことでシステム全体の効率性を高めて提携相手以外との競争を有利に進めることなどである（徳田，2000）。国際ビジネスとの関連で言えば，その狙いは自社の経営資源の一部を提供することによって，他社と協力的な関係を形成し，直接的な競争状態を発生させずにターゲットとする国のインサイダーになることにある。

国際的な戦略的提携の例として，日本の自動車メーカーが1980年代後半からアメリカで現地生産を開始したことを受けて，日本の鉄鋼メーカーが現地での供給体制を築くためにアメリカの鉄鋼メーカーと提携したことが挙げられる。その結果，日本の鉄鋼大手のほとんどがアメリカに生産拠点を確保した。同様に，半導体分野でも日本の電機メーカーが欧米メーカーと提携関係を結び，欧米市場で生産拠点を確保していった（日本貿易振興会，1990）。戦略的提携は，VTRやHDTV（高品位テレビ），コンピュータ，自動車のような製品分野だけでなく，化学や繊維などの業界にも広がっていった。また，アジアでは自動車業界の再編に伴う自動車用鋼鈑の供給体制構築のために，新日本製鉄（現新日鐵住金）などの鉄鋼大手が欧米企業や韓国や台湾，中国企業との提携を結んだ（日本貿易振興会，2002）。台湾企業との提携では，中国への事業展開をにらんだテストマーケティングを台湾市場で実施し，合弁会社を設立して中国市場に参入するという例も見られた（日本貿易振興機構，2006）。

戦略的提携の形態は，技術・ライセンス導入，共同研究や共同開発，OEM供給や生産委託，販売提携，さらには業務提携をはじめ様々な活動があり，生産提携や共同開発などでは折半出資による合弁会社を設立することもある。

ただし，企業提携には，双方の経営資源を交換し合うことになるので，優位性の消散リスクがある。したがって，他社に提供しても支障がないか，相互補完性があるということが前提となっている（竹田・島田，1992）。別言すれば，相互補完性が薄まってくると戦略的提携は解消に向かうことになる。

③国際分業体制の再編

第3の特徴は国際分業体制の再編である。1992年から一層の円高が進み（図表1-1），輸出採算の悪化が予想される製品・部品の生産がアジアへシフトした。例えば，日本で生産していた輸出用の中型（14〜21インチ）テレビや複写機，ビデオデッキ，AV機器などの生産がアジアに移管された。こうした生産移管は，ASEAN諸国の域内でも行われた。例えば，松下電器（現パナソニック）ではエアコンについてはマレーシアに集約し，AV機器についてはタイに集約した。部品についても生産移管が見られた。日本で生産するテレビの部品（ブラウン管）が中国からの輸入に切り替えられた他，プリンター用部品やランプ，乾電池などがアジアの子会社からの輸入に切り替えられた（日本貿易振興会，1994，1995，1997）。

東南アジアでは，1992年に合意した「ASEAN自由貿易地域」（AFTA）の創設を経て，現地の資本比率や部品の国産化率について一定の水準を満たした企業に対しては，96年から共通効果特恵関税によって部品の関税率が0〜5％に引き下げられた。ASEAN諸国の自動車市場はアジアや欧米の主要国に比べて小さく，部品生産の集約化によって採算を確保することが検討されていた[6]。日本の自動車メーカーはこの共通効果特恵関税を利用して，ASEAN諸国で部品生産の集約化を行った。エンジンやトランスミッションなどの構成部品を相互に輸出し合って，各国の組立工場で現地の状況に応じた車種を生産している。例えばトヨタのIMV[7]はこうした方法で生産されて

6　1997年上半期にタイで生産された「カローラ」や「シビック」は，日本で生産されたものよりコスト高だった（丸山・佐護・小林，1999: pp.177-178）。
7　IMV（Innovative International Multi-purpose Vehicle）とは共通のプラットフォーム（車台）にピックアップトラック，ミニバン，スポーツ用多目的車（SUV）などの異なる車形のボディを架装して各

いる（丸山・佐護・小林，1999；川邉，2011；野村，2015）。こうした自由貿易圏の創設は，輸送技術や情報通信技術の発達にともなって，生産工程を分解して再配置する「アンバンドリング」の進行を促進するものと予想されている（日本貿易振興機構，2004）。

3. クロスボーダー M&A に関する状況

　前述のとおり，日本企業の海外直接投資においては，従来からの「海外子会社新設」（グリーンフィールド投資）に加え，1990年代からは「クロスボーダー M&A」による進出も目立ち始めた。クロスボーダー M&A は，進出しようとしている国で開発・生産拠点や販売網を獲得するために現地企業を買収するという国際展開の方式である（本書第 11 章参照）。日本企業の例では，74 年に松下電器産業（現パナソニック）がモトローラのテレビ部門であるクウェーザーを買収，76 年に三洋電機がワールプールのテレビ部門であるウォーイックを買収することによってカラーテレビの生産拠点を獲得した（安室，1986；上野，1983）。また，81 年には邦銀がカリフォルニア州で現地の銀行を次々と買収した。例えば，三和銀行（現三菱 UFJ 銀行）のファースト・シティ・バンク買収，三菱銀行（現三菱 UFJ 銀行）のファースト・ナショナル・バンク・オブ・サンディエゴ買収，三井銀行（現三井住友銀行）のマニュファクチャラーズ・バンク買収，住友銀行（現三井住友銀行）によるパシフィック・シティ・バンク買収などである（日本貿易振興会，1983）。

　日本企業によるクロスボーダー M&A のうち，1988 年のブリヂストンによるファイヤストーンの買収，89 年のソニーによるコロンビアピクチャーズの買収，三菱地所のロックフェラーグループの買収などは，のちにメガディールと呼ばれる 10 億ドル規模の大型案件であった。**図表 1-6** は日本のクロスボーダー M&A の買収額の推移を表している。99 年の増加は，JT がオランダに新設した持株会社を通じて RJR レイノルズのたばこ部門を 78 億 3200 万ドルで買収したことが一因にある。2000 年には NTT ドコモと NTT コミュニケーションズが実施した 3 件の買収だけでも 110 億ドルを超えていた。

　生産国の多様なニーズに対応する車種を揃えた車両のこと。

図表1-6 日本のクロスボーダーM&A（買収額）の推移

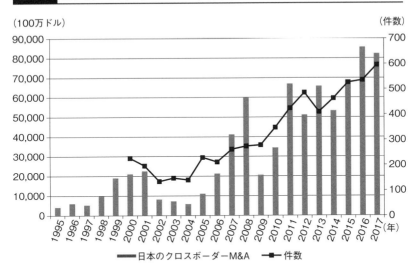

出所：日本貿易振興機構「ジェトロ白書投資編」(1996～1999)、「ジェトロ投資白書」(2000)、「ジェトロ貿易投資白書」(2002, 2003) 日本貿易振興機構「ジェトロ貿易投資白書」(2004～2009)、「世界貿易投資報告」(2010～2018) をもとに筆者作成。データ出典はトムソン・ロイター。

　日本からの買収額が増加の傾向を示すのは、食品・化粧品・通信分野での大型案件が成立した2000年前後、医薬品分野でのアメリカ企業へメガディールが見られた08年、そして食品・通信・金融・電気の各分野にメガディールが成立した10年以降である。

4. おわりに

　第2次世界大戦後の日本企業の海外直接投資は資源開発中心で始まり、1960年代前半からは繊維産業がアジアで生産拠点を展開し、60年代後半には電機、70年代は自動車が続いた。そして、80年代には多くの日本企業が欧米へと生産拠点を展開していった。日本からの製品と投資が流入した東南アジアでは70年代に日本企業に対する反感[8]が生じ、欧米諸国とも貿易摩擦

8　1970年代の日貨排斥運動やジャカルタ暴動とその後の対応については、丸山・佐護・小林 (1999: pp.27-33) を参照のこと。

が発生した。こうした状況下，日本の企業は輸出で開拓した市場を保持するために現地に工場を設置した。特に輸出が多かった電機や自動車などの企業は，日本で生産して輸出していた製品を現地生産に切り替える「水平的海外投資」を世界中で行った。その一方で，多くの人手を必要とする部品の生産や完成品の組立といった労働集約的な工程については，低廉で豊富な労働力の供給が見込めるアジア等への移転が図られた（垂直的海外投資）。

　急速な海外展開は，日本からの基幹部品の供給に依存することが多く現地調達が進まないために海外での利益率が低迷したことや，日本で慣例的に行っていた管理方式を移植しようとして文化的な軋轢が生じたこと，さらには現地の人材を幹部に登用していないこと（現地化の遅れ：本書第6章参照）といった問題も発生させた。また，アジアでは人件費の上昇や現地政府の外資政策の変更に悩まされ，欧米では良き「企業市民」としての在り方や「企業の社会的責任」（CSR）が問われた。

　図表1-7は日本の海外直接投資残高の推移を表したものである。全般的

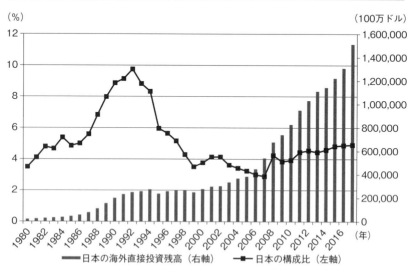

図表1-7　日本の海外直接投資残高の推移

出所：UNCTADホームページ（http://unctad.org/en/Pages/statistics.aspx：2018年8月31日最終アクセス）をもとに筆者作成。

には数値は右上がりで推移しており，2000年の半ばからはクロスボーダーM&Aにおけるメガディールの影響もあってさらなる伸長を示している。しかし，近年では，中国や香港・台湾，韓国，シンガポール，タイといったアジアの国・地域からの海外直接投資が増加していることもあり，日本の直接投資が世界に占める構成比はかつてほど高くはない。

また，メガディールのM&A事例が増えたことによって残高の数値は押し上げられているが，国際的な業界再編による企業集中が進行しており，海外子会社新設（グリーンフィールド投資）による海外展開が中心であった80年代までとは異なる側面がある。

経済産業省の『2017年版 通商白書』や「第47回海外事業活動基本調査」(2017年)[9]によれば，日本企業の海外生産における部品・原材料の現地・域内調達率は，6割を超えており，部材の現地化は進展したとされている。また，現地法人の経常利益率は上がってきて5％近くになっているが，国内と比べてやや低いと言われる。そして，日本企業は売上原価率が欧米企業に比べて高く，その一方で価格決定力が弱いため製造コストの上昇分を価格に転嫁できず，収益力が依然として欧米企業と比べて低いことが指摘されている。

安室憲一のワンポイントコメント

戦後の日本経済は通商産業省（通産省＝MITI，現経済産業省）の指導のもとで「貿易立国」を国是に輸出戦略を展開した。製造業は国内生産を拡大し，総合商社が資源・エネルギーを輸入，製品を輸出するという分業体制が作られた。この「貿易立国」政策は成功し，日本は1960～70年代に高度成長を達成した。その後，日本の「貿易立国」政策は東アジアの国々に模倣され，「東アジアの成長モデル」と呼ばれるようになった。70～80年代になると，日本の労賃高騰や東南アジア諸国の輸入代替工業化政策により，総合商社が主導する形で海外に合弁事業が形成された。欧米との貿易摩擦が深刻化した80年代中頃から90年代初めにかけて，(1986年の「前川レポート」を契機に)貿易黒字解消のため「海外生産」が積極的に推進された。しかし，「現地生産」への移行は，国内生産の縮小を招く恐れがあり，それは取りも直さず人員削減を意味する。「終身雇用」を標榜する日本企業は雇用削減を最も恐れた（「いやいやながらの海外進出」）。そのため，できる限り部品や

---

[9] 「第47回海外事業活動基本調査」の概要については下記の経済産業省ウェブサイト（http://www.meti.go.jp/statistics/tyo/kaigaizi/result-1.html：2018年8月31日最終アクセス）による。

原材料の生産は国内に残し，加工組立部門と販売・サービス部門を海外に配置する「工程分業」ないし「垂直分業」を行った。こうして，可能な限り輸出（国内生産）と現地生産を両立させる戦略を取った。これが後に，グローバル・サプライチェーン戦略に発展する。「終身雇用」という日本の社会契約が空洞化の防波堤になった。21世紀に入り，日本の「内なる国際化」が進み，日本的経営がなし崩されると，「終身雇用」という防波堤も当てにできなくなった。海外進出による産業空洞化とともに雇用の空洞化・非正規化が進んだ。経済格差・所得格差の拡大に伴い，グローバリゼーションに対する批判も強くなってきた。この世界の風潮を受けて，国家，企業，個々人の利害を再調整すべきという政治的要望が出てきた。企業が経済合理性（企業価値の最大化）だけで行動すると，社会との摩擦が大きくなる。企業は，国，社会及び個人に対してより責任を負わなければならない。21世紀には，雇用を創造し，維持することが最大の企業価値になるだろう。海外直接投資は国内の雇用を犠牲にして行われてはならないのである。

● **参考文献**

池本清・上野明・安室憲一（1981）『日本企業の多国籍的展開―海外直接投資の進展―』有斐閣。

稲葉和夫（2016）「日本の直接投資統計作成の推移とその特徴」『立命館経済学』（第64巻第4号），549-563頁。

上野明（1983）『日本の海外生産時代―日本にいない日本の会社―』現代史出版会。

川邉信雄（2011）『タイトヨタの経営史―海外子会社の自立と途上国産業の自立―』有斐閣。

経済産業省（2017）『2017年版通商白書』。

竹田志郎・島田克美編（1992）『国際経営論―日本企業のグローバル化と経営戦略―』ミネルヴァ書房。

徳田昭雄（2000）『グローバル企業の戦略的提携』ミネルヴァ書房。

日本貿易振興会編（1975, 1980, 1983）『海外市場白書』（各年版）。

日本貿易振興会編（1990, 1991, 1993, 1994, 1995, 1997）『ジェトロ白書・投資編』（各年版）。

日本貿易振興会編『ジェトロ投資白書』（各年版）。

日本貿易振興会編（2000）『ジェトロ貿易投資白書』（各年版）。

日本貿易振興機構編（2002）『ジェトロ貿易投資白書』（各年版）。

日本貿易振興機構編（2004, 2006）『ジェトロ世界貿易投資報告』（各年版）。

野村俊郎（2015）『トヨタの新興国車IMV―そのイノベーション戦略と組織―』文眞堂。

藤井光男・中瀬寿一・丸山恵也・池田正孝編（1979）『日本多国籍企業の史的展開（下巻）』大月書店。

丸山恵也・佐護譽・小林英夫編（1999）『アジア経済圏と国際分業の進展』ミネルヴァ書房。

安室憲一（1986）『国際経営行動論（増補改訂版）』森山書店。

第2章

グローバル企業の
国際経営戦略と組織

森　樹男

 戦略と組織，本国本社中心，階層組織，自国の競争優位，企業独自の競争優位，でこぼこした世界，トランスナショナル，統合ネットワーク，海外子会社，メタナショナル経営論

1. はじめに

　現代のグローバル企業は様々な要求に応えなければならない。すなわち，「各国市場への適応と，一国レベルでは達成し得ないグローバルなスケールでのオペレーションの効率の追求，イノベーションの達成（ないし知の創出）」（安室他, 2007: p.i）への対応である。つまり，現地適応とグローバルな調整・統合，そして知の創出である。こうした要求に応えるため，グローバル企業は戦略を立て，それに応じた組織を構築している。

　そこで本章では，グローバル企業に求められる要求に応じて組織がどのように変化してきたのかを中心に論じていきたい。ここでは，特に時代の変化に伴いグローバル企業に求められる要求が異なっており，それに応じて組織を変化させてきた様子を20世紀型の多国籍企業と21世紀型のグローバル企業に分けて考えていきたい。すなわち，従来の多国籍企業がどのように要求に合わせ組織を変化させてきたのかを整理した上で，現代のグローバル企業（21世紀型グローバル企業）が置かれている環境や突き付けられている戦略的課題を踏まえ，どのような組織的展開を行っているのかについて述べていくこととする。

2. 戦略と組織

　かつて Chandler（1962）は「組織は戦略に従う」という命題を示し，多角化戦略を採った企業が職能別組織から事業部制組織へと変化していくことを明らかにした。Stopford & Wells（1972）は，この Chandler の研究をもとに米系多国籍企業の組織の発展段階モデルを示した。彼らは，米国の多国籍企業を調査し，企業の国際戦略が変化するにつれ，国際事業部の段階を経て，グローバル構造，すなわち世界規模・製品別事業部制組織もしくは世界規模・地域別事業部制組織に移行することを明らかにしたのである。

　彼らの研究のポイントは，まず，多国籍企業の組織構造には発展段階があることを明らかにしたことにある。またもう1つのポイントは，組織構造の変化に戦略が関わっていることを明らかにしたことである。

　以下では Stopford & Wells（1972）の示した多国籍企業の組織構造の発展について見ていくことにする。

（1）自立的子会社の段階

　米系多国籍企業は，海外進出の初期段階（第2次世界大戦後から1960年代）では明確に海外展開を行う意思を持っておらず，海外での需要に応える形で受け身的に海外進出を始めたとされている。すなわち，当時，米国における国民の高い所得水準や高い労働コストがイノベーションを促し，その結果生まれた新製品がアメリカ国内だけでなく，海外においても需要が高まり，それに応える形で米国企業は輸出を始めたのである。

　やがて製品が標準化していくと，現地企業の模倣や現地政府による輸入規制などが行われた。こうした脅威に対抗するために，米系多国籍企業は現地生産を始めることとなった。この段階で設立された海外子会社には意思決定と行動に全権が与えられ，親会社には配当を送金するだけという存在であったことから，「自立的海外子会社」と言われている。

　ではなぜ自立的な海外子会社になったのだろうか。その理由の1つは，当時の米系多国籍企業の海外事業への投資が小規模であったこと，もう1つの理由は海外事業の経験がなかったために，海外事業管理のためのノウハウを持ち合わせていなかったことによる。

(2) 国際事業部の段階

　海外事業が企業全体の中で大きな存在を占めるようになり，海外子会社が自立的に行動することによるデメリットが大きくなってくると，海外子会社の活動を調整し全体的な利益を高めるために「国際事業部」が作られる。この国際事業部は国内事業と海外事業を区別して，企業の海外活動を一元的に管理する組織であることから，規模のわりにかなりの権限を持つ組織となる。

　図表 2-1 は国際事業部制を示している。この図にあるように，国際事業部は国内事業部と並んで設立されている。また，国際事業部の中にスタッフ部門を持つことや，海外子会社間の調整は国際事業部が行うことなどが特徴となっている。

　一方で，この国際事業部制の運用には課題もある。1つは国内事業部の協力を得る必要があるということである。つまり，海外生産に当たっては国内事業部の技術援助などの支援が必要であるが，国内事業部からすると海外生産は国内事業の縮小に繋がることから積極的に協力を行わない状況にあるということである。そのため，どのように国内と海外の関係を調整するかが課

図表 2-1 国際事業部制組織

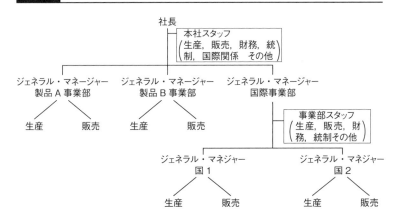

出所：Stopford & Wells（1972：邦訳 p.34）。

題となる。また国際事業部で扱う製品が多様化した場合，多様な商品の管理が難しいという課題も出てくる。さらに，国内も海外も含めた世界的な視野に立って戦略的立案を行った方が全社的な利益になると判断される場合，国際事業部の存在がその戦略的立案を妨げるという課題も生じるのである。

(3) グローバル構造

世界的な視野に立って戦略的な立案が求められるようになると，多国籍企業は国際事業部制からグローバル構造に移行する。ここではグローバル構造として，「世界規模・製品別事業部制」と「世界規模・地域別事業部制」，そして「グローバル・マトリックス構造」を取り上げたい。

まず世界規模・製品事業部制は，これまで国内製品事業部であった組織が，自らの事業について世界規模の責任を持つように編成された組織のことである。つまり，1つの製品事業部において国内と海外の事業について世界的な視野に立って責任を持つということである。この構造に移行する多国籍企業は，主に製品多角化度が高い企業である。

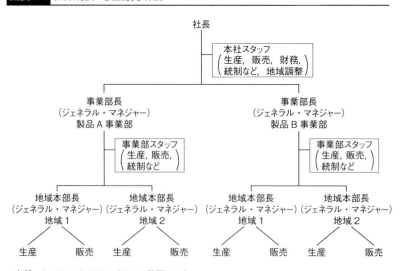

図表 2-2 世界規模・製品別事業部

出所：Stopford & Wells（1972：邦訳 p.59）。

図表 2-2 は世界規模・製品別事業部制を示したものである。この図表にあるように，世界規模・製品別事業部制では製品分野ごとに組織が編成されており，これにより国内事業と海外事業の間の壁がなくなり，同じ製品分野内でのコミュニケーションが円滑になり，意思決定が迅速に行われるようになる。一方で地域内での事業部を越えた調整が難しく，地域内での情報共有が進まないというデメリットがある。そのため，本社スタッフ部門が地域間調整を行う必要が出てくる。

次に，世界規模・地域別事業部制について見ていく。この組織構造は，国際事業部が社内の他の国内事業部よりも大きなものになりそうな場合に採用される。**図表 2-3** は世界規模・地域別事業部を示している。この図表にあるように，世界規模・地域別事業部では，国内事業部は，他の地域事業部と同格になる。

この組織のメリットとしては，国や地域ごとの状況に対応しやすいという点が挙げられる。一方で，地域のエゴが台頭しやすく，世界的視野に立った事業の調整が難しいというデメリットがある。

ところで，吉原（1992，1997）によると，多国籍企業の組織を考えるに当たっては3つの要求に応えなければならないという。すなわち，①国あるいは地域への適応，②事業の世界的な調整ないし統合，③機能の世界的な調整ないし統合，である。これらの要求に応えるための組織構造としてグローバル・マトリックス組織がある。**図表 2-4** は3次元のグローバル・マトリックス組織を示したものである。

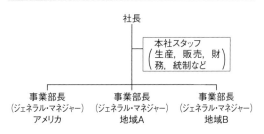

図表 2-3 世界規模・地域別事業部

出所：Stopford & Wells（1972：邦訳 p.78）。

第1部　国際ビジネスの歴史的変遷

図表2-4 3次元グローバル・マトリックス組織

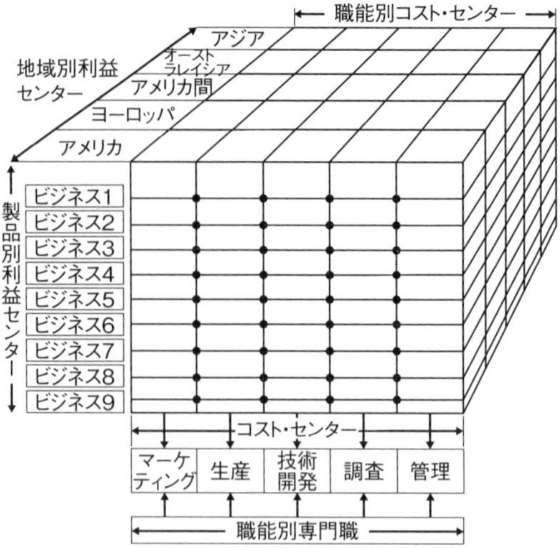

原出所：ハーバードビジネス・レビュー, 1974年1月-2月, p.58。
出所：西田耕三・野中郁次郎・坂下昭宜（1978）『経営管理入門』有斐閣, p.46。

　このグローバル・マトリックス組織は，上述した3つの異なる要求に応えると期待されたが，実際にはあまり採用されていない。その理由は「命令一元制の原則が崩れたために対立や葛藤が多く発生したため」（吉原, 2001: p.176）である。しかしながら，多国籍企業としては，上記の3つの要求に応える必要があることには変わりはない。したがって，グローバル・マトリックス組織のような組織構造ではなくても，これらの3つの要求に応えることができる新しい組織構造が必要とされ，新しい組織の考え方が現れることとなる。

3. 多国籍企業の組織構造──本国本社を頂点とする階層組織──

　これまで述べてきた組織構造は階層組織を基本としたものであった。桑名（2012: p.133）によれば，「特にアメリカの多国籍企業は大量生産・大量販売を海外でも実現するために，画一的な標準製品を生産し，グローバル統合を図りつつ，効率的な経営を行うことを目指してきた。この戦略を実現させる

ためには，階層組織が最も効率的であった」と言う。また，この階層組織は本国本社中心の組織であることも特徴となっている。すなわち，20世紀型多国籍企業の組織構造は，本国中心の階層組織を特徴としたものであったと言えよう。

では，なぜ本国本社を中心とした階層組織になっているのだろうか。この点について，以下で論じていくこととする。

海外進出の初期段階は，企業経営はその国の社会や文化と密接な繋がりを持っており，自国の競争優位（Country-Specific Advantages：CSA）を活用した製品の輸出による海外進出が一般的である（安室，1993）。やがて企業が成長していくにつれ，「優れた経営方法の開発や研究活動によって世界のどこに出しても恥ずかしくない独自能力を持つようになる」（安室，1993：p.25）。このような企業の独自能力を企業固有の優位性（Firm-Specific Advantages：FSA）といい，これを活用し世界市場で活躍することになる。安室（1993）によれば，製品を本国から輸出している段階では，自国の強み（CSA）を上手に活用した者が勝つが，海外生産などを行う本格的な海外進出の段階では企業独自の競争優位（FSA）が強みになるという。

このように企業の海外進出は，自国の優位性を活用する初期段階から，企業独自の優位性を活用し，海外展開を行う段階に発展すると言われてきた。しかしながら，ここで注意しなければならないのは，CSAは本国に由来した優位性であるが，FSAも同様に，本国に由来した優位性であるということである。すなわち，FSAは国内経営で社内で培われた知識に由来した優位性であり，本国に優位性の源泉を持つということである。実は，これが組織構造にも反映されることとなる。つまり，優位性の源泉が本国本社にあることから，本社中心の階層組織となるのである。先に示したStopford & Wells（1972）の描いた組織構造はまさにこの状態を反映したものである。

4．21世紀型グローバル企業の組織
　　—階層組織からネットワーク構造へ—

さて，企業は国際化の進展に伴い，世界各地に販売拠点，生産拠点，研究開発拠点を持つようになり，まさにグローバル企業へと発展していく。その

ような段階になると，本国由来の優位性で海外展開を行うことの限界にぶつかり，多国籍企業はさらなる発展のために新たな優位性を模索するようになる。すなわち，世界に分散している様々な経営資源や知識を活用し優位性を獲得するという，グローバルな企業が本来持つ強みに注目するようになるのである。

　グローバルになった企業は，今や知識は世界に遍在しているという世界観を共有しつつあるという（安室，2012）。Florida（2005）は，クリエイティブな人々を引きつける都市が繁栄するとし，かつてアメリカはその力が強かったが，それが弱まっているという。そして現代は，世界中の様々なところにクリエイティブな人々を魅了する都市が生まれる可能性があり，そこに様々な知識が集まってくる時代になったという。こうしたことから，グローバル化により世界はフラット化すると予想されたが，現実には，新興国の台頭により，新しく「でこぼこした」世界が生まれている。すなわちグローバルな時代は「フラットな平原ではなく，山あり谷ありの起伏に富んだ複雑な地形」（安室，2012: p.14）が広がっている状態なのである。Ghemawat（2007）は，この状態をセミ・グローバリゼーションの状態であると述べ，同じような世界観を共有している。

　ところで，このような世界観を持つグローバル企業は，競争優位性の源泉を本国本社以外にも求めることとなる。すなわち，グローバル企業はむしろ海外子会社の多様な資源や能力を活用したり，またサプライヤー，提携パートナー，大学・研究機関など外部組織とも連携し，多様な事業や製品を開発・生産するようになるのである（桑名，2012）。そして世界各地に遍在する知識を活用し，グローバル企業としての優位性をいかに生み出すかという戦略の変化は，組織のあり方にも影響を与える。すなわち，組織のあり方が本国本社中心の階層構造から相互依存的なものへと変化してくるのである。

　このような相互依存的な組織のあり方を示したのがBartlett & Ghoshal（1989）である。彼らは集権でもなく分権でもない理想的なグローバル企業の組織モデルとして「トランスナショナル」という考え方を示している。彼らによれば，このトランスナショナルの特徴として「内的な一貫性と相互補強」をあげ，「統合ネットワーク，子会社の役割と責任の分化，複数のイノ

図表 2-5 Bartlett & Ghoshal の統合ネットワーク

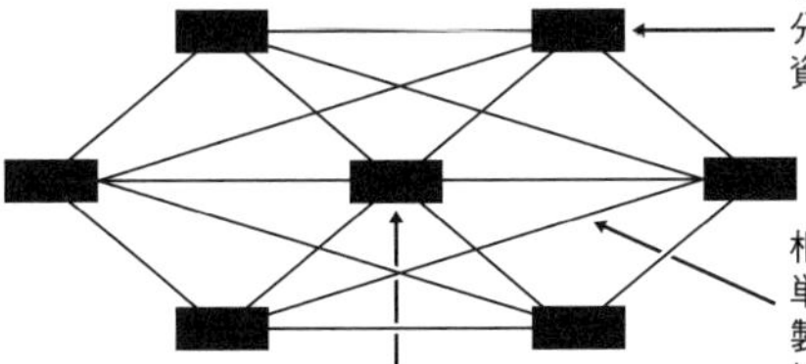

専門化して分配された資源と能力

相互依存する組織単位間の, 部品, 製品, 資源, 人材, 情報の大きな流れ

意思決定を分担する情況での調整と協力の複合的プロセス

出所：Bartlett & Ghoshal（1989: 邦訳 p.120）。

ベーションの同時管理の3つが, この統合的な組織システムの柱である」(Bartlett & Ghoshal, 1989: 邦訳 p.89) と述べている。**図表 2-5** はトランスナショナルの考え方を図示したものである。

このトランスナショナルには次のような特徴がある。まず, トランスナショナルは「情報を中央に集中すべきか分散すべきかという問題よりも, 状況に合わせて適切に意思決定を行うこと」(Bartlett & Ghoshal, 1989: 邦訳 p.81) が重要だという。また「トランスナショナルでは, 本国に集中している情報もあれば, 海外に集中している情報もあり, 各国の子会社に分散している情報もある。その結果, 分配されて専門化された組織力は複雑な構成となるが, 企業側は強い相互依存関係によって分散した情報を統合する」(Bartlett & Ghoshal, 1989: 邦訳 p.82) のである。こうしたことから, 場合によっては本社は指導的役割を子会社に委譲することもあるという。すなわち, 海外子会社に情報や知識があり, 海外子会社がリードした方が本社よりも優れた成果を生み出す可能性が高いのであれば, 海外子会社が指導的役割を担うべきであるということである。

以上見てきたように, Bartlett & Ghoshal の議論はグローバル企業における海外子会社の重要性に目を向けさせた。その後, 様々な研究者が海外子会社の重要性に言及するようになった。例えば, Birkinshaw (2000) は, 海外子会社の重要性を強調, 子会社が外部の情報（ローカルマーケット）と接

する重要な役割を担うことを示した。また，海外子会社がグローバル戦略の中心的な役割を演じることがあることを指摘している。また Holm & Pedersen（2000）は高いコンピテンスを持ち，その能力が多国籍企業内部で活かされている場合，そのような位置付けにある海外子会社を「センター・オブ・エクセレンス（center of excellence）」と呼び，海外子会社が重要な役割を持つプロセスについて論じている。さらに Doz, Santos, & Williamson（2001）は世界規模で遍在している知識をグローバル企業内に取り込み競争優位を構築する新しい組織モデルとして「メタナショナル」経営論を展開している。また，日本においては海外子会社というよりも地域統括会社に焦点を当て，地域内に蓄積されている知識やノウハウを活用するマネジメントに注目する議論もある（森，2003，2015; 髙井，2015）。

こうした一連の研究から分かることは，本国中心の経営には限界があること，グローバル企業の発展のためには，世界各地に遍在する知識を活用した経営が求められているということである（安室，2012）。

ただ，一連の研究では，組織構造に関する明確な言及はない。指摘されているのは，海外子会社の役割が重視されること，それ故，ヒエラルキー（階層的な構造）による組織構造を支持せず，水平的な，よりフラットな組織構造であるということである。かつて，この状態を Hedlund（1986）は，ヒエラルキーから「ヘテラルキー」（水平的なネットワークによる構造）への変化として論じている。いずれにしても組織構造というよりも，海外子会社をどのように活用し，優位性を生み出すのかに焦点が当てられ，組織構造については，それぞれの形があり，組織構造を描きにくいということであろう。

ここまで述べてきたように，企業の優位性を生み出す知識は，本国や本国本社内に限らず，海外子会社や社外に存在する場合もある。これを上手く活用することがグローバル企業の強みに繋がってくるということである。そして，こうしたことを重視するようになると，組織はよりフラットな組織，水平的なネットワークへと変化していくということである。すなわち，競争優位性の源泉がどこにあり，そして，グローバル企業がそれらをどのように活用しようとするのかによって，組織構造も変わってくるということである。

5. おわりに

　本章では，グローバル企業の戦略と組織構造の関係について，20世紀型の多国籍企業と21世紀型のグローバル企業に分けて見てきた。前者では，本国中心の階層組織が中心となって展開されていることが，そして後者では，ネットワーク型の組織が中心であることが述べられた。それぞれ，時代によって求められている環境に適応するために組織も変わってきているということであろう。

　ところで，本章ではあえて議論してこなかった点がある。それは，グローバル化が後退する局面における企業の組織の在り方である。すなわち，これまで述べてきた議論は，グローバル化が進展するということが前提になっているということである。この前提に基づき企業は国際戦略を立て，組織の発展段階モデルが描かれている。

　グローバル化の後退に関して，かつてHeenan & Perlmutter (1979) がEPRGモデルで経営者の志向性の変化により，グローバル志向から現地志向に変化する可能性があることを指摘している。彼らの指摘は，経営者の志向性の変化によるグローバル志向の変化に対するものであるが，今まさに企業を取り巻く外部環境において似たようなことが起きつつある。すなわち，一国至上主義が高まり，企業がグローバル経済の中で謳歌してきた環境が変わろうとしているのである。地域経済圏の代表といわれてきたNAFTA（北米自由貿易協定）ですら変わろうとしている。このような環境の変化はグローバル企業の戦略と組織にも大きな影響を及ぼすに違いない。新しい環境に相応しい戦略と組織はどのようなものなのか。今後の動向を見守っていきたい。

安室憲一のワンポイントコメント

　20世紀までは，経営管理上の諸問題の解決に組織構造が役立っていた。その理由は，アメリカのビジネスシステムが「大量生産」「大量販売」という標準的な枠組み（フォードシステム）に立脚していたからである。多角化戦略により，複数の製品ラインを持つようになると，各事業部を束ねる本社機能が必要になった。この

本社機能を持ったことが，アメリカ企業に世界に拡散した子会社を効果的に管理する能力を与えた。しかし，海外市場に適応するため，単純な大量生産から多品種生産に移行すると，マネジメントの課題が増殖し，本社の管理能力を超えるようになった。多国籍企業は組織構造を改変することで複雑になったマネジメントに応えようとしたが，限界があった。意思決定の迅速化と市場適応のため，決定権限を現場に近い場所（海外子会社）に移転する必要があったが，これがマネジメント・プロセスをさらに複雑にした。その解決策として「地域本社制」がとられるようになった。組織をよりフラットにし，地域密着型のネットワークに変えることで，この問題を解決しようとしたのである。こうして「グローバル企業」のコンセプトが成立した。組織構造重視からマネジメント・プロセスの重視へ，各国の製造拠点を繋ぐバリューチェーンの形成が，グローバル企業の特質になった。それを可能にしたのが情報技術革命である。

しかし，2018年現在トランプ大統領による「一国至上主義」により，関税など貿易障壁が強化されている。グローバルなバリューチェーンが寸断されると，従来型の「グローバル企業」は存続が困難になる。さらにAI（人工知能）やロボットが，新興国の雇用を代替し，工場の先進国回帰を促すかもしれない。そうなると，「グローバル企業のモデル」そのものが脅威に晒されるだろう。読者は，第4次産業革命がグローバル企業に与えるインパクトについて考えてほしい。

● **参考文献**

Bartlett, C. A., & Ghoshal, S.（1989）*Managing Across Borders: The Transnational Solution*, Boston, USA: Harvard Business School Press（吉原英樹監訳（1990）『地球市場時代の企業戦略―トランスナショナル・マネジメントの構築―』日本経済新聞社）．

Birkinshaw, J.（2000）*Entrepreneurship in the Global Firm: Enterprise and Renewal*, London, UK: Sage Publications.

Chandler, A. D.（1962）*Strategy and Structure: Chapters in the History of the American Industrial Enterprise*, Cambridge, USA: MIT Press（三菱経済研究所訳（1967）『経営戦略と組織―米国企業の事業部制成立史―』実業之日本社）．

Doz, Y., Santos, J., & Williamson, P.（2001）*From Global to Metanational: How Companies Win in the Knowledge Economy*, Boston, USA: Harvard Business School Press.

Florida, R.（2005）*The Flight of The Creative Class: The New Global Competition for Talent*, New York, USA: Harper Collins Publishers（井口典夫訳（2007）『クリエイティブ・クラスの世紀』ダイヤモンド社）．

Ghemawat, P.（2007）*Redefining Global Strategy: Crossing Borders in a World Where Differences Still Matter*, Boston, USA: Harvard Business School Press（望月衛訳（2009）『コークの味は国ごとに違うべきか』文藝春秋）．

Hedlund, G.（1986）"The Hypermodern MNC: A Heterarchy?", *Human Resource Management*, Vol.25（1），pp.9-35.

Heenan, D. A., & Pelmutter, H. V.（1979）*Multinational Organization Development*, Reading, USA: Addison-Wesley Publishing Company（江夏健一・奥村皓一監修（1990）『グローバル組織開発―企業・都市・地域社会・大学の国際化を考える―』文眞堂）．

Holm, U., & Perdersen, T.（eds.）（2000）*The Emergence and Impact of MNC Centres of Excellence*, London, UK: Palgrave Macmillan.

Stopford, J. M., & Wells, L. T. Jr.（1972）*Managing the Multinational Enterprise: Organization of the Firm and Ownership of the Subsidiary*, New York, USA: Basic Books（山崎清訳（1976）『多国籍企業の組織と所有政策』ダイヤモンド社）．

浅川和宏（2003）『グローバル経営入門』日本経済新聞社．

桑名義晴（2012）「新興国市場開拓と組織・人材マネジメント」大石芳裕・桑名義晴・田端昌平・安室憲一監修，多国籍企業学会著『多国籍企業と新興国市場』文眞堂，132-152頁．

髙井透（2015）「多国籍企業の組織デザイン戦略」諸上茂登・藤澤武史・嶋正編著『国際ビジネスの新機軸―セミ・グローバリゼーションの現実の下で―』同文舘出版，43-62頁．

森樹男（2003）『日本企業の地域戦略と組織』文眞堂．

森樹男（2015）「組織構造」藤澤武史・伊田昌弘編著『新多国籍企業経営管理論』文眞堂，168-189頁．

安室憲一（1992）『グローバル経営論』千倉書房．

安室憲一（1993）『国際経営』日本経済新聞社．

安室憲一編著（2007）『新グローバル経営論』白桃書房．

安室憲一（2012）『多国籍企業と地域経済―埋め込みの力―』御茶の水書房．

第 2 部

国際ビジネスの職能別戦略

第3章

国際マーケティング

青木　美樹

国際マーケティング，企業の国際化，多国籍企業，パナソニック・インド，現地適応化，標準化，グローバル化，ボリュームゾーン製品，新興国，CUBE，アプライアンス，

1. はじめに

　第2次世界大戦が終りを告げると，アメリカの巨大企業は余剰生産能力を消化するため，世界市場で製品を販売するようになった。ところが，1950年代後半から海外市場の様相が変化し始めた。経済発展を成し遂げた西欧諸国，日本の企業がアメリカ企業と競争するようになり，加えて，後進諸国の強いナショナリズムのもとでの各種の貿易制限を受けるようになったのである。そのため，アメリカ企業は市場拡大のための努力を輸出活動と結びつけなければならなくなった。そこでマーケティングとの連結を図ったのである。単なる輸出活動ではなく，輸出市場の確保を伴うという意味で，これを輸出マーケティングと呼んでいる。

　1960年代に入ると，多国籍企業の出現を背景に，国際マーケティングの研究は2国間モデルを前提とする輸出マーケティングや少数の国の外国市場でのマーケティングから，多国籍企業が展開するマーケティングに焦点が当てられるようになった。企業のマーケティング活動も輸出マーケティングから，次第に現地生産・現地販売を前提とする多国籍企業による国際マーケティングに移行するようになった。

第3章　国際マーケティング

　本章では，まずマーケティングの発生と展開について述べ，その後，それがいかに国際マーケティングへと進展したかについて，その生成の背景及び主要な論点を簡潔に紹介する。次に，ケースとして，近年，社名変更をはじめ企業の戦略・組織・人事などにおいて大改革を行ったパナソニックが，インド市場においてボリュームゾーン（中間所得層）向けに開発し，ヒットさせたエアコン「CUBE」の現地適応化のためのマーケティング戦略について解説する。

2. マーケティングの発生から国際マーケティングへの展開

（1）マーケティングとは

　マーケティングの技術と理論の発祥地はアメリカであり，それが精緻化・体系化され，戦後日本や欧州諸国に導入されて今日に至る。

　マーケティングの第一人者である Kotler（1980: 邦訳 p.11）の定義によると，「マーケティングとは，交換過程を通じて，ニーズとウォンツを満たすことを意図する人間の活動である」。企業が唯一利益の見返りを得ることができるものが製品であり，製品をもって市場において消費者と交換を行い，企業は利益を得る。一方，消費者は製品を購入することで自身が抱える問題を解決し満足を得る。このように，企業が製品を販売することで消費者のニーズを充足させ，顧客満足の達成を目指す人間活動がマーケティングである。

　また Kotler（1980: 邦訳 p.7）は，企業がマーケティングに関心を持ち，それを必要とする動機として，①売上減少，②成長鈍化，③消費者購買パターンの変化，④競争激化，⑤販売経費などを挙げる。これらの要因から企業はマーケティング能力を強化せざるを得なくなる。

　マーケティングという研究分野の特徴は，その成立において理論よりも実務がまず先行した点にある。つまり，製品が売れない時，企業は色々なマーケティング技法を試行錯誤し，経験を積み重ね，後にこれが理論化され学問として発達していったのである。

　市場での交換プロセスを通じて，消費者のニーズや欲求を満たすことがマーケティングの原理であり，この原理は不変であるが，そのあり方は企業

を取り巻く外部環境の違いに応じて随時変化しなければならない。

(2) 国際マーケティングの初期の展開

①輸出マーケティング

　戦後アメリカの巨大企業は世界市場で製品を販売するようになったが，経済発展を成し遂げた西欧諸国，日本などの企業との競争に直面し，各種の貿易制限を受けるようになった。これに対して，アメリカは拡大する世界貿易での主導権を握るため，1962年に「通商拡大法」を制定した。この法案は，アメリカ大統領に，5年間で関税率を50％引き下げる，特定の製品について関税を撤廃するなどの権限を与えた。

　この「通商拡大法」に基づきGATT（関税及び貿易に関する一般協定）の多角貿易交渉である「ケネディ・ラウンド」（1964年～67年）が開催された。この「ケネディ・ラウンド」は「関税一括引き下げ交渉」とも言われ，この協議の結果，全ての項目で合意に達したわけではないが，アメリカと当時のEEC（欧州経済共同体）との間で，関税一括引き下げ方式が採用され，工業品関税の一律50％の大幅な引き下げが実現した。このような国家の援護による輸出拡大政策を後押しとして，市場拡大のために輸出活動とマーケティングの連結を図った。これを輸出マーケティングと呼んでいる。

②多国籍企業と国際マーケティング

　戦後の西欧諸国の生産性向上と貿易障壁の強化，アメリカ製品の対外競争力の低下などにより，アメリカの輸出シェアは減少するばかりとなった。そのため1960年代よりアメリカの多国籍企業による海外直接投資が本格化した。アメリカに続いて，70年代からは欧州の，さらに80年代からは日本の企業による海外直接投資が拡大してきた。90年代に入ると，台湾，韓国，香港，シンガポール，ブラジルなどの新興国・地域の多国籍企業による海外直接投資も拡大してきた。そして，その後を中国，インド，ASEAN（東南アジア諸国連合）の多国籍企業が追った。現在，世界の経済の主要な担い手が多国籍企業である。

　このように，アメリカの巨大企業による海外直接投資が急増したが，この海外諸国での現地生産・現地販売が，新たなマーケティング理論と実践を要

請することになった。この海外直接投資は，単なる輸出不振の打開策というよりも，海外での生産基盤の拡大を志向する方向で急増した。輸出以上に，現地生産・現地販売が重要視され，現地でのマーケティングの意義が改めて問われることになったのである。そこで，アメリカでのマーケティング技術が現地でも有効なのかという問いかけが生じた。

（3）国際マーケティングの定義と概念

いくつかの国際マーケティングの定義と概念が多くの研究者によって提唱されている。Root（1964）は，輸出マーケティング・輸入マーケティングともに国際マーケティングの伝統的形態の1つであると位置付けた。また，高井（1972）も輸出マーケティングを国際マーケティングの一形態と見なした。このように，初期の国際マーケティングに対する研究においては，輸出・輸入マーケティングも国際マーケティングと捉える見解があった。しかし，現地向けの製品の修正，適応がない場合の輸出マーケティングは国際マーケティングとは言えない。

Keegan（1974）は，多国籍企業の出現を背景に，多国籍マーケティングの概念を提起し，多国籍企業による世界市場への進出に伴う企業の国際マーケティングの展開に注目した。

角松（1983: p.47）は，国際マーケティングを，世界企業・多国籍企業の生成・発展に伴って展開してきたマーケティング問題に対応して発生・進展したものと考えた。マーケティングがそうであるように，国際マーケティングもアメリカの巨大企業を中心とする国際活動に関連するものであると述べている。そして，国際マーケティング論は国際マーケティングの管理だけでなく，比較マーケティング，各国マーケティング事情（流通構造）をも理論領域として包摂しなければならないと主張している。

山田（1985）は，本社が国境を越えて企業の経営活動を直接統制するのは，輸出の範疇を越えて海外直接投資の段階に移るとし，従来の輸出マーケティングと国際マーケティングを区別できると主張した。

また竹田（1992: pp.75-77）は，国際マーケティングの特徴を2つ挙げた。1つは，本国とは異なった経営環境への適合活動であるということから生じ

る特殊性である。もう1つは，本国を含め多数の国々で同時に行われる活動であることから生じる特殊性である。このように国際マーケティングの特徴は，多数国での同時的実施から生じる特殊性であり，それは本国製品の輸出だけではなく，現地国での生産・販売・輸出を前提としてはじめて生じることになる。すなわち，輸出マーケティングの国際的拡大が国際マーケティングに転化したのではなく，企業主体の国内企業から多国籍企業への変質が生み出したものと言えよう。

　このように，国際マーケティングを実行する母体は多国籍企業であり，企業の国際化に伴い，そのマーケティングも国際的展開を見せ始める。90年代のグローバリゼーションの展開を背景に，マーケティングもグローバル的進展を見せた。

　前述したように，Kotler（1980: 邦訳 p.11）はマーケティングを「交換過程を通じて，ニーズとウォンツを満たすことを意図する人間の活動である」と定義したが，このマーケティングの原理に従い，交換過程が国境を越えて行われる時，これを国際マーケティングと呼ぶのである。国際マーケティングとは，国・地域によって異なる市場環境要因を比較・分析し，その中で最も適切なマーケティング戦略を選択・実行することである。

(4) 国際マーケティングの研究課題

　世界の各国の消費生活にとって，重要な役割を果たしてきた国際マーケティング活動も，その研究と学問的位置付けとなると，あまり正当な扱いを受けてこなかった。鈴木（1989）が述べているように，国際マーケティングの発展初期には，アメリカ企業が外国市場で行っているマーケティングは国内のそれと同じではないのか，国際マーケティングは国内マーケティングの延長にすぎないのではないか，マーケティング活動はどの国で行われようとも同じマーケティング活動ではないのかとされ，一部では国際マーケティング不要論が主張された。

　これらの国際マーケティングの必要性についての疑問に対して，Kotler & Armstrong（1989: p.552）は「国際マーケティングは新しいマーケティング原理を含まないが，国による違いが大きいので他の国々を理解すること，

マーケティング努力に対して他の諸国の人々がどのように反応するかを理解することは必要である」と答えた。加えて，上述した竹田（1992）が主張する国際マーケティングの2つの特殊性を踏まえると，国際マーケティングの実行には，国内マーケティングと違う戦略が必要となるのである。

　当時の国際マーケティングにおける主な関心は，アメリカとは異なる環境で行われるマーケティングのあり方であった。つまり国際マーケティング論における環境論的アプローチが主流となった。代表的な研究はCateora & Hess（1979）による異質な環境へのアプローチである。彼らの「異質環境への適応論」をはじめ，長らく，国内市場と国際市場のマーケティング環境の相違に焦点を当てた研究が行われてきた。

　図表3-1では，マーケティングの国際的な環境論的アプローチにおいて，企業が国境を越えて製品を販売する時に生じる特有の諸問題を整理し，企業にとっての統制可能要素と統制不可能要素を列記している。製品・価格・流通・プロモーションの4つの要素はマーケティング・ミックスと言われ，マーケティング戦略を構成する統制可能要素である。企業を取り巻く外部環境に存在する政治・経済・文化などは企業にとっての統制不可能要素と位置付けられる。国際マーケティングの主なタスクは，企業にとっての統制可能要素をもって，統制不可能要素に対処することである。つまり，企業の海外市場への適応能力が国際マーケティングの成否を左右する。

図表 3-1 国際マーケティングのタスク

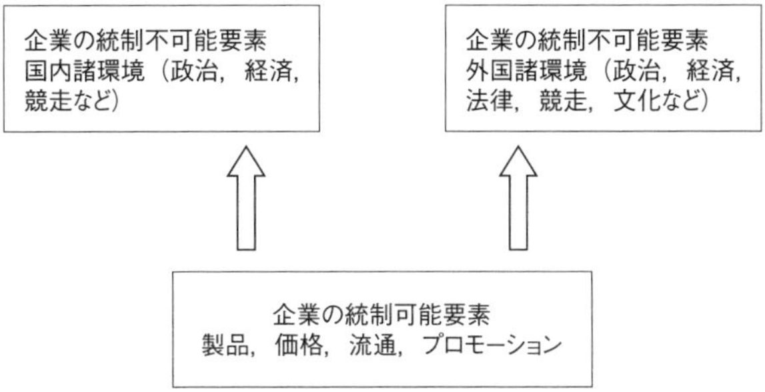

```
┌─────────────────────┐        ┌─────────────────────┐
│ 企業の統制不可能要素  │        │ 企業の統制不可能要素  │
│ 国内諸環境（政治，経済，│        │ 外国諸環境（政治，経済，│
│ 競走など）           │        │ 法律，競走，文化など） │
└─────────────────────┘        └─────────────────────┘
          ↑                              ↑
          └──────────────┬───────────────┘
                ┌─────────────────────┐
                │ 企業の統制可能要素    │
                │ 製品，価格，流通，プロモーション │
                └─────────────────────┘
```

出所：Cateora & Hess（1979）p.7をもとに筆者作成。

加えて，国際マーケティングにおいては市場を評価する時のSRC[1]の排除が重要となる。

3. ケース─パナソニック・インドのボリュームゾーン戦略─

（1）インドへの進出

松下電器産業株式会社は「関連会社の結束を強めるとともに，同社のブランド価値の向上を図るため」として[2]，創業100年を迎えた2008年10月1日に社名をパナソニック株式会社（Panasonic Corporation）に変更した[3]。

2010年，当時の大坪文雄社長が発表した12年度を最終年度とする中期経営計画「Green Transformation 2012（GT12計画）」においては，海外の売上構成比を10年度の48%から12年度には55%まで引き上げる計画を掲げた。そして，創業100周年を迎える18年度には60%以上にまで高める方針を打ち出した。この目標を達成するための決め手は重点市場であるBRICs＋VとMINTS＋B[4]での販売拡大である。

さらに，大坪社長は2011年4月28日にグループ社員に向けて「2011年度事業方針」を発表した。その中では経営体質強化に向けて，11年度の取り組みを「攻める」「変える」「入り交じる」とする方針を打ち出した。このうち「攻める」とは新興国市場を攻めることである。具体的には，BRICs＋VとMINTS＋Bに対して11年度には6150億円の販売を目指した。特に，倍販を目指すインドでは，大増販プロジェクトの2年目として，製品ラインアップの強化やマーケティング体制の拡充，BtoB（Business-to-Business：企業間取引）向けショウルームの開設などの取り組みを加速し，11年度には販売1000億円を必達し，12年度の2000億円に繋げる[5]。

1　SRC（Self-Reference Criterion）とは意思決定における人間の自己集団準拠枠基準である。これは意思決定の基礎として自分自身の文化的価値，経験，知識に無意識に準拠していることである。
2　日経XTECH「松下，社名を「パナソニック」に変更，「ナショナル」ブランドは廃止」2008年1月10日（https://tech.nikkeibp.co.jp/it/article/NEWS/20080110/290888/：2018年9月6日最終アクセス）より。
3　この新しい社名の英文字には"s,o,n"のアメリカ人が好むアルファベットが入っており，世界の多くの人々にとって発音されやすいことを意図したと思われる。
4　BRICs＋Vはブラジル，ロシア，インド，中国，ベトナム，MINTS＋Bはメキシコ，インドネシア，ナイジェリア，トルコ，サウジアラビア，バルカン諸国である。
5　パナソニックのホームページ（https://www.panasonic.com/jp/home.html：2018年8月29日最終

インド市場を攻めるため，パナソニックは2008年にインドの現地法人を整理・統合し，パナソニック・インドを立ち上げた。09年時点で，インド市場での売上高は，低価格の家電を揃えた韓国のLGが約2400億円，サムスンが約1800億円であったのに比べ，パナソニックのそれは約400億円であった。しかし，成長が著しいため，その後，インドにおける12年度の売上高目標を2000億円に引き上げた。そして，インドでの製造拠点の設置，インド仕様の製品開発もあり16年度のインドの売上は約2000億円に達した。さらに，18年度にはインドでの売上を約3300億円に増やす方針である。

2014年，パナソニックは海外事業をさらに推進するため，インドに「戦略地域事業推進本部」を新設し，本部長の山田喜彦副社長をインド・デリーに駐在させ，彼に全権を委任した。これについて，2012年6月に就任した津賀一宏社長は「代表取締役が海外に駐在するのは初めて。海外戦略地域の成長を取り込むことができなければ，パナソニックの将来の成長はない」[6]と語った。この発言からインドでの成否の重大さを推し測ることができる。

インドの製造ハブとしての重要度が向上した。またインドは地理的に中東・アフリカ地域へ展開するための戦略的に重要な位置にあり，さらに，インドに拠点をおくと，同じ新興国という点で，特にアフリカ市場への展開において戦略上優位な立場で市場開拓ができる。そのため，中東・アフリカ事業を担当する統括会社をインドに置き，日本の本社から直接指示を受けることになった。

(2) インドのエアコン「CUBE」

日本国内向けに開発した製品は必ずしもインドで売れるとは限らない。インドで製品を売る場合，インド国内の消費者の生活に密着した製品開発が必要となる。このため，パナソニックはインドにボリュームゾーン・マーケティング研究所を設置し，急成長するインドのボリュームゾーン向けの製品開発・販売を加速した。

アクセス）より。
6 産経WEST「「パナ」など日本電機メーカー，巨大市場「インド」での事業展開加速…欧米勢との競走も激しいが，「中東」「アフリカ」への足がかりにも」2014年4月27日（https://www.sankei.com/west/news/140427/wst1404270003-n1.html：2018年6月7日最終アクセス）より。

まず，ムンバイ，デリー，チェンナイなど，インドの各都市の中間所得層の家庭と販売店を訪問し，インド人がどのようなエアコンを求めるかを徹底的に調査した。調査の結果，次のことが分かった。ほとんどのインド人の家庭が所有するエアコンは1台であり，エアコンの8割が寝室に設置される。天井にあるファンと一緒に長い時間使用する習慣がある。また，エアコンからのパワフルな送風を好む。

　当時，インド市場で販売されるエアコンにはスプリット型とウィンドウ型があり，それぞれにメリットとデメリットがあった。まずスプリット型は室内機と室外機が分かれたタイプで，室内機を壁に設置することで窓を塞がずに済み，音が静かである。しかし価格は高く，約3万ルピー（約4万6500円：発売時である2010年10月のレート［1ルピー＝約1.55円］で計算。以下，同様）であった。一方のウィンドウ型は室外機と一体となっており，窓に設置するため窓を塞いでしまう。また，風量はパワフルだが音が大きい。しかし，価格は約2万ルピー（約3万1000円）と安い。

　一般的なインドのアパートでは窓が1つしかない。その窓をエアコンで塞いでしまうと，太陽の光が入ってこないため，室外機と本体が別となっているスプリット型を求める声が大きかった。しかし，一方でウィンドウ型と変わらない価格と風量を求める声も大きかった。

　インドでの市場調査を元に現地の消費者ニーズに応じた製品開発が始まった。パナソニックの得意なエアコン技術を活かして，セールス・技術・製造の担当の日本人，インド人，マレーシア人（マレーシアにインド専用モデルのエアコン「CUBE」の生産拠点があった）がそれぞれのアイデアを出し合い，高い品質と消費者に受け入れやすい価格のバランスを追求するため，何度も試作・テストと改善を繰り返した。その結果，インド専用モデル「CUBE」が開発・生産された。

　CUBEは室内機と室外機が分かれたスプリット型で，窓スペースをエアコンに取られることがなく，また従来のウィンドウ型と比べて音は静かで，省エネルギーも考えられている。価格についても，ウィンドウ型で一番売れている価格帯である約1万5000ルピー（約2万3250円）にして買い求めやすくした。

インドで売るためには，まずはパナソニックの CUBE のインドでの知名度を上げることが重要なプロモーションである。インドで P と言えばフィリップス（Phillips）のことであり，パナソニックはマイナーブランドだった。そこで，社名（ブランド）の認知度を短期間に上げるため，インドの人気映画俳優を採用してテレビ CM の露出度を大幅に増やすことにした。

CUBE の広告ではインドの有名女優であるカトリーナ・カイフを起用したが，その人気の影響が大きかった。広告には「World's first CUBE Reclaim your window」（窓を取り戻そう）というキャッチコピーを展開した。この言葉は，スプリット型が高価で買えない多くのインド人の心を上手く掴んだ。

また，毎年の商戦を占うディーラー・コンベンションに参加した。新製品発表会にはカトリーナ・カイフの来場もあり，彼女の人気で会場は沸いた。また製品説明が中心のパブリシティが行われ，CUBE の高い品質と求めやすい価格がディーラーの支持を得て「やっと売れる製品に出会った」と，多くのディーラーに言わしめた。そして，2010 年 12 月発売開始当時，初回だけで 2 万 7000 台以上の注文が殺到し，その後も好調な売れ行きが続き，1 年後には売上が倍増した[7]。

4. ケースの解説

1991 年に始まる経済改革のもとで，インド経済は平均 9％強の高い成長率が続き，また平均年齢は 27 歳と若く，人口は約 13.7 億人で日本の約 10 倍の規模である。人口は毎年平均 1.8％の増加を続けており，国連によると 2030 年には 15.1 億人，2040 年には 16 億人，2050 年には 16.5 億人に達すると予測されている。この膨大な人口増加はインドの内需を拡大してきた。またインドの経済成長に伴って，中間所得層[8]もますます増大すると予測される。

パナソニックのインド進出は 1972 年の電池事業から始まった。90 年には炊飯器の現地生産を開始したが，ほとんどの事業で苦戦を強いられた。そん

---

7 CUBE のことが「世界で勝てるものづくり」というタイトルでテレビ番組『ガイアの夜明け』（2012 年 4 月 17 日放送）に取り上げられた。この番組で紹介された CUBE に関する内容の一部をまとめた。
8 ここでは，中間所得層を 1 世帯当たりの年間可処分所得が 5001〜3 万 5000 ドルの世帯としている。

な中，チェンナイ近郊での電化製品（アプライアンス）の製造，デリー近郊ノイダでのテレビ（AVCネットワークス）の製造，グジャラート州でのバッテリーと小型白物家電の製造の3つの事業だけが生き残った。その他の多くの事業はインドから撤退し，インドでの事業規模は縮小した。

　パナソニックは2001年度に4310億円の創業以来最大の赤字を出した。その後も国内での売上が伸び悩む中，大坪社長（当時）はインドでの販売拡大が製造業として生き残る道であると発言した。そして10年に大坪社長直轄の「インド増販プロジェクト」を打ち出した。

　プロジェクト発足当時，インドの家電市場では韓国企業のシェアが一番大きく，第1位はLGであった。2011年12月のパナソニックの調査結果によると，冷蔵庫市場におけるLGの市場シェアは58.4％であり，それに対してパナソニックは1.3％であった。エアコン市場も同様で，LGが51.8％の市場シェアを占め第1位であった。インド以外の新興国でも韓国企業に先を越され完敗していた。パナソニックは「打倒サムスン」を打ち出し，インドで韓国企業に挑戦する意欲を見せた。

　池尾（2008）が主張する「競争対抗戦略」に従えば，リーダー企業に挑戦するためには，経営資源がリーダー企業に一番近いチャレンジャー企業はチャレンジャー戦略を選択するべきである。チャレンジャー戦略では，リーダー企業に対していかに差別化していくかに力が注がれる。パナソニックのインド専用エアコンのCUBEでは，スプリット型のエアコンをウィンドウ型の価格で販売した。チャレンジャー企業が，リーダー企業のできないことに挑戦したのである。この差別化戦略は市場が既に成熟している場合には適切ではないが，これからますます成長するであろうインドのエアコン市場においては，パナソニックのとったチャレンジャー戦略は，正しい選択であった。

　次に，長年続いた国際マーケティングの「標準化 vs. 現地適応化」論争に見られるSorenson & Wiechmann（1975）の研究に注目したい。彼らは市場の類似性に着目し，その類似度が高いほど標準化に適し，市場の類似性よりも市場の特殊性が重要視される分野では標準化が進みにくいという仮説を実証した。インドでは気候，流通構造，インフラ整備，製品の使用状況，習慣，所得分布，製品に対する嗜好などについて日本との違いが大きい。した

がって，ボリュームゾーンをターゲットに販売を拡大するには，徹底した現地適応マーケティングを行った後に，インド人の生活に密着した製品の開発が必要である。本章で紹介したインドのCUBEは現地適応マーケティングの好例である。CUBEの他にも，カレーの汚れに対応する洗濯機，他社よりも大きなベジタリアン向けの野菜収納スペース付きの冷蔵庫の例がある。

　大坪社長によれば，安い製品を作ることがボリュームゾーン戦略ということではない，あくまでもパナソニックとしての付加価値を搭載することが前提となる。CUBEの開発と戦略を見ると，パナソニックは，インド市場における「ボリュームゾーン製品とは何か？」に対する答えを見出し，付加価値をどう付け加えることができるかの検討を行って市場ターゲットを明確にした。

　またCUBEの価格を安く据え置くための努力にも注目したい。インドではエアコンの電源をほとんど入れっぱなしなので，リモコンやインバーターは付けなくてもよい，また天井にはたいてい大きなファンがあるため気流の制御装置は不要であるとし，これらの装置を取り除くことで，インド向けの製品の生産拠点であったマレーシアでの生産コストを大幅に抑えることに成功した。インドでのCUBEの開発においては，パナソニック内の各部門の日本人，インド人，マレーシア人などからなる異文化組織の中で，十分な異文化シナジー効果があったと思われる。

　1960年代から90年代まで及んだ国際マーケティングに関する「標準化vs.現地適応化」論争では，現地適応化と低価格化はトレードオフの関係にあり，現地適応化戦略はCS（顧客満足）を達成できるが，コストがかかり価格優位が失われるとされてきた。しかしCUBEはパナソニックの得意なエアコン技術を活かし，高品質で，かつ安いエアコンの開発を実現した。

　流通については，日本と違ってインドの場合，都市人口よりも農村人口が圧倒的に多い。またインドでの売れ行きについては，製品の人気や性能はもちろんだが，さらに重要なのは販売ルートの拡大である。このため，製品の人気や性能より，販売ルートの多さが勝負の分かれ目だったと言える。インドでは大手家電量販店が少なく，中小の小売店での販売が主流なので，パナソニックは自社ブランド店を早いスピードで拡大していった。

以上まとめると，インドでのCUBEのプロモーションに関わる成功の要因は，①インド人の消費者の心を掴んだ「窓を取り戻そう」のキャッチフレーズと技術開発，②市場調査に基づく低価格の実現，③広告活動における有名女優の起用，④現地の状況に応じた販路の拡大，とすることができる。

5. おわりに

　国際マーケティングのタスクは，いかに現地の消費者のニーズを満たすかにあるが，現地適応化のためにはコストが余分にかかる。また新興国のボリュームゾーンに対してはグローバル・マーケティングでは対応できない徹底的な現地適応化戦略が必要である。パナソニックはインドで現地の消費者満足とコスト・ダウンを同時に達成した。

　日本国内向けに開発した製品はインドでは売れないことが多い。インドで製品を売る場合，インド国内の消費者の生活に密着した製品開発が必要である。このため，パナソニックはインドにボリュームゾーン・マーケティング研究所を設置し，急成長するインドのボリュームゾーン向けの製品開発・販売増進を行った。まず，ムンバイ，デリー，チェンナイなどインドの各都市の中間所得層の家庭と量販店を訪問し，インド人がどのようなエアコンを求めるかを徹底的に調査し，その結果を製品開発に反映した。このように，パナソニックによるインドでのボリュームゾーン・マーケティングは徹底した現地適応化戦略であり，この戦略の成功のためには現地の文化と生活様式の把握が鍵となった。

　日本企業以外の現地適応化戦略の例を見ると，韓国のサムスンが現地に社員を派遣し，現地の人と同じようなライフスタイルでの生活を社員にさせることで現地の生活密着型製品を生んだ。中国にも，消費者の要望ならば，例えそれが日本では非常識と思われる内容であっても応じた例がある。1997年，四川省の農村地域で「ハイアールの洗濯機の排水口がすぐ詰まる」というクレームが寄せられた。ハイアールのサービス担当者が修理のためにユーザーを訪問すると，現地では洗濯機がイモ洗いの道具として使われていることが分かった。ハイアールの担当者は排水口を太くして，故障した洗濯機を再び使えるようにした。この話を聞いて，ハイアールの社長張瑞敏氏は翌

98年にイモや果物，魚介類が洗える洗濯機を発売した。この製品には，電圧が不安定な山間部や農村でも使えるように低電圧の160V（中国では通常220V）でも起動できる機能が付けられた。ハイアールはこの他にも，チベット向けの酥油(そゆ)（チベットのバターの一種）が作れる洗濯機，電子部品工場に出荷される部品洗浄用の洗濯機，韓国向けの薬草洗浄用の洗濯機などを開発している。[9]

こういったクレームとそれに対するハイアールの対処方法は，当時の日本の家電メーカーに衝撃を与えた。消費者が誤った方法で使用するとは考えていなかったのである。国内では有り得ないことが，中国では起こり得たのである。このようなことも要因となり，現在中国の家電市場は中国企業のハイアール，ミデアグループ，グリー・エレクトリックが市場をリードし，日本のメーカーのものだったのが中国と韓国のメーカーに奪われた。

インドでのパナソニックの成功は，これらの実例から学んだ現地適応化に対する意識改革から始まったと言えるかもしれない。インド専用モデルのエアコンCUBEの他にも，2017年にはインドの消費者からのカレーの汚れが落ちにくいという声を受けて，「カレー」メニューが搭載され，カレーの汚れを落とす洗濯機が発売された。このようなカレーに対応する洗濯機と本文に述べたエアコンCUBEは，まさにインドを含む新興国のボリュームゾーンに対応するための現地発想・現地開発製品である。こういった製品の現地対応化への積極的な姿勢は他の新興国にも適用可能な汎用製品を生み出すことができ，さらに母国（日本）市場をはじめとする欧米先進国へも展開することができる。

最後に，このインドでのボリュームゾーン・マーケティングの現地適応化以外の成功要因をまとめておく。それはまずマーケティング戦略内の整合性（fit：フィット）[10]を維持することである。また製品開発はもちろん，マーケ

---

[9] 高橋文郎（2005）「ハイアール 中国最大の家電メーカーの成長戦略と国際戦略」『青山マネジメントレビュー』（8巻），p.72。
[10] 和田（2008: p.8）によると，2つの整合性がある。第1のフィットはターゲット・フィットであり，ターゲット顧客のニーズと行動にマーケティング・ミックス諸要素が整合的かどうかである。第2のフィットはミックス・フィットであり，マーケティング・ミックス諸要素はシステムとしてのマーケティング戦略の構成要素であるから，それぞれの要素は目標達成にかなうように構築されていると同時に，要素間，例えば製品政策と価格政策の両者の内容が整合的に構築されていなければならない。

ティングのノウハウも本社と海外の各拠点で共有すべきである。加えて，人事・組織の編成などの権限の現地への完全な委譲，社長直轄による本社の全面支援，そしてトップ経営者による熱意と決断力が成功の鍵となる。

安室憲一のワンポイントコメント

　パナソニック・インドの事例に見られるように，これからの成長市場は人口の大きな新興国や急成長する発展途上国である。特に，新興国の中間層（ボリュームゾーン）は，現地企業を含め世界中の企業が注目するターゲット市場である。ここでは，先進国市場で培ってきたマーケティング技法はあまり役に立たない。特に「発展途上国モデル」と称して，どの途上国市場でも通用する製品を本国の研究開発センターで開発しようとするやり方はほぼ失敗する。これは「現地適応」のマーケティングではなく，形を変えた「標準化」戦略にすぎない。日本の多国籍企業は，ほぼこの考え方でアプローチしてきたが，成功した事例は少ない。成功するマーケティングの唯一の答えは，現地の消費者の暮らしに精通することである。現地に開発拠点を置き，現地のマーケティング担当者やエンジニアを中心に，本国や第三国の技術人材やマーケティング担当者が支援する形の「製品開発チーム」を組織することである。その成功例が，パナソニック・インドの「CUBE」である。

　しかし，成功に安住してはならない。なぜなら，所得の向上とともに生活水準が上昇し，消費性向の「先進国化」が進む。そうすると，より高品質で価格帯の高い新製品が好まれるようになる。2台目のエアコンを買おうとする消費者は，グレードアップを求める。価格よりも，新しい機能やデザインに関心が移る。絶えず変化する消費者の嗜好を市場調査により先取りし，新製品開発に繋げることが国際マーケティングの真髄である。

● **参考文献**

Cateora, P. R., & Hess, J. M.（1979）*International Marketing*, Homewood, USA: Richard D.Irwin.

Keegan, W. J.（1974）*Multinational Marketing Management*, New Jersey, USA: Prentice-Hall.

Kotler, P.（1980）*Marketing Management: Analysis, Planning, and Control*, fourth edition, Englewood Cliffs, USA: Prentice-Hall（村田昭治監修，小坂恕・疋田聡・三村優美子訳（1990）『コトラー　マーケティング・マネジメント―競争的戦略時代の発想と展開―（第4版）』，プレジデント社）．

Kotler, P., & Armstrong, G.（1989）*Principles of Marketing*, fourth edition, Englewood Cliffs, USA: Prentice-Hall.

Root, F. R.（1964）*Strategic Planning for Export Market*, Copenhagen, DNK: Einar Harcks Forlag.

Sorenson, R. Z., & Wiechmann, U. E.（1975）"How Multinationals View Marketing Standardization", *Harvard Business Review*（May-June），pp.70-79.

池尾恭一（2008）「企業環境とマーケティング戦略」日本マーケティング協会編著『マーケティング・ベーシックス（第二版）』同文舘出版，47-65頁。

角松正雄（1983）『国際マーケティング論』有斐閣。

鈴木典比古（1989）『国際マーケティング』同文舘出版。

高井真（1972）『輸出マーケティング計画―現代輸出経営の中心的課題―（改訂版）』法律文化社。

竹田志郎（1992）「国際マーケティング」吉原英樹編著『日本企業の国際経営』同文舘出版，75-101頁。

山田栄作（1985）『国際マーケティング論』同文舘出版。

和田充夫（2008）「現代マーケティングの潮流」日本マーケティング協会編著『マーケティング・ベーシックス（第二版）』同文舘出版，3-21頁。

第4章

国際生産

山内　昌斗

生産システム，現場イズム，所有優位，アーキテクチャ，インテグラル，モジュラー，EMS，ODM，アウトソーシング，規模の経済性，トヨタ自動車

1. はじめに

　企業の生産活動の場は海外にまで広がっている。どこで製品を生産するのか。どのように生産するのかにより，企業の競争力に差が生じるようになっている。

　本章では日本企業を中心に，なぜ海外で製品を生産する必要があるのかを，国際環境の変化と関連付けて説明する。次に，どのように海外生産が展開されたのかを経営資源，とりわけ生産システムの移転という観点から説明する。また，海外進出が目的であった段階から，世界各地に分散配置された海外工場を再編する段階へと移行しつつある現状について，生産拠点間の連携という視点から説明する。さらに，モノづくりの世界における新たな革新の動向と，それが国際生産体制に与える影響について説明する。

　こうした解説に関する理解を深めるために，最後にトヨタ自動車の事例を取り上げる。トヨタにおける生産システムの構築と所有優位の移転に基づく海外生産の実現，さらには新たな技術革新の動向並びに国際環境の変化に対応した国際生産体制の再編について解説する。

2. 海外生産の開始と経営資源の移転

(1) 市場防衛のための海外生産

　戦後の日本において，花形となった産業が家庭用電化製品と自動車であった。これらの製造企業は国内需要を満たすことで成長を遂げた。各企業は1960年代前半に白黒テレビ，冷蔵庫，洗濯機のいわゆる三種の神器を販売し消費ブームを巻き起こし，さらに60年代後半にマイカー，カラーテレビ，クーラーの販売による3Cブームを起こして市場を刺激した。各企業は欧米諸国から技術を導入した他，技術革新や設備投資を進め，競争力を高めていった。国内工場で生産された製品は国内市場のみならず，海外市場でも販売された。海外から原材料やエネルギーを輸入し，国内で製品に変えて輸出する加工貿易により，多くの外貨を稼ぎだした。

　ところが，こうした状況は長くは続かなかった。各国が日本製品の輸入に規制をかけるようになったのである。例えば，ラテンアメリカ諸国やアジア諸国は「輸入代替工業化政策」を打ち出した。外国からの輸入製品に高い関税をかけたり，数量制限をかけたりすることで輸入量を減らすとともに，これまでに輸入品に頼っていた製品を自国生産に切り替えることを試みた。国内産業の保護・育成と，外国企業の工場の国内誘致を目的としたものであった。

　また，アメリカをはじめとする先進国との間においても，輸出に不利な状況が生じた。貿易摩擦であった。品質が高い割に価格が安い日本製品は先進国市場でも受け入れられ，現地企業の市場を奪い始めた。各国は自国通貨を切り下げたり，日本政府に対して輸出の自主規制を促したりすることで，輸入制限をかけるようになった。輸出市場を失う危機に直面した日本企業は"仕方なく"現地国での生産に切り替え，市場を防衛することを選択した（吉原, 2015）。

(2) 経営資源の海外移転

　海外生産の開始は国内の生産に変化をもたらした。国内で蓄積してきた経営資源を海外に移転し，現地で製品を生産するという新たな生産体制の構築

が進められた。海外生産において重要な経営資源は生産システムである。その生産システムは大きく3つに分けることができる。生産設備，生産管理，工場の組織風土である（吉原, 2015）。

生産設備とは，製品を作る時に必要となる機械，ロボット，ベルトコンベアーなどである。日本企業の中には生産設備で重要なものを自社で開発し，製作することがある。生産工程に自社の重要な技術やノウハウなどの情報的経営資源が詰め込まれていることから外部企業に製作を委託できないため，あるいは機密情報の流出を防ぐためである。日本企業はこうした生産設備を海外の工場へ移転した。初期の頃の海外工場の役割は製品の加工・組み立てを主とするもので，部品や材料を日本から輸入していた（吉原, 2015）。

次に生産管理とは，合理的，効率的に製品を生産するための管理活動のことである。品質管理，在庫管理，原価管理などが管理活動に含まれる。例えば，日本型生産システムとして注目されるものに品質管理がある。日本の工場では，現場の労働者の知識や経験を重視する傾向にある。労働者は自分の担当となる持ち場の仕事に責任を持ち，現場で発生した変化や異常に自らの判断で対処する。日々の生産活動の中で問題点を見つけては改善案を提案し，実行していく。工程で品質を作り込むという考え方である。こうしたモノづくりの考え方は「現場イズム」（現場主義）とも呼ばれる（安室, 1997; 吉原, 2015）。

この現場イズムの考え方が日本型と呼ばれるのは，米国で発展した「テイラーリズム」と異なる特質が見られるためである。テイラーリズムは20世紀初頭の米国で科学的管理法の父と称されるフレデリック・テイラーによって確立された思想で，この考えの下では計画と実行の機能が分離されている。現場の労働者の職務は細分化され，作業は標準化され，技能は規格化されている。こうした管理体制にあっては，現場の労働者は改善活動の担い手とならない。現場の労働者に工程で品質を作り込むための権限と責任が与えられていないのである。日本的な現場イズムとは生産活動の主体となる者が異なっている（佐藤, 1995）。

最後に工場の組織風土とは，工場組織で表面化されている物の見方や価値観のことである。例えば，日本企業の生産現場で見られる企業文化的なもの

に「平等主義」がある。日本企業においては，組織の中で管理的な立場にある上層部と，実際のモノづくりに携わる下層部との間の階級意識が他国企業と比べて希薄である。こうした環境にあっては，組織の上層部にある人々が持つ科学的知識（形式知）と，組織の下層部にある現場の知識や経験（暗黙知）が統合されやすい。日本的な組織文化は階級制の壁を低くし，組織がフラットになることで，工場全体としての「学習する組織」を作り出している（安室，1997）。

　企業は海外市場で事業活動を行う時，現地企業と比べて不利な立場にある。現地企業に比べて，現地の言語，労働事情，市場動向，商慣行，社会インフラなどに関する情報や知識が不足しているためである。その不利を補って余りある優位性，つまり所有優位を持つことができれば，現地企業と競争できる可能性が高まる（Hymer, 1976）。

　日本企業の海外生産において，その所有優位に該当するものが低コストで効率的に製品を生産できる生産システムとなる。日本製造業はこうした経営資源を海外工場へ移転した。日本国内工場は日本型生産システムの海外移転という役割を担うマザー工場として，海外生産の担い手となった（山口，2006）。

3. 海外生産から国際生産への移行

（1）経済合理性の追求

　日本企業が海外進出を開始した初期の頃，海外工場は現地国市場を主たる販売市場としていた。工場の規模は日本国内の工場と比べて小規模で，作業も日本から輸入した部品を組み立てる最終生産工程が中心であった。日本から移転される技術は成熟技術ないしは標準化技術が多く，日本国内工場でハイテク製品を，海外工場でローテク製品を生産する体制にあった。つまり，日本からの輸出戦略が中心で，海外生産は補助的な位置付けにあった（吉原，2015）。

　こうした生産体制は1980年代以降，大きく変わることになる。海外生産体制の変化に影響を与えた外部要因の1つが円高であった。71年の「ニク

ソンショック」以降,為替相場は固定制から変動制へと移行した。71年まで1ドル＝360円であった為替相場は,78年末には1ドル＝180円を突破した。さらに85年の「プラザ合意」により,円高・ドル安が長期的なトレンドとなった。為替相場は85年初めに1ドル＝250円台まで一時的に回復したものの,87年には1ドル＝120円台まで上昇した。為替相場はその後も上下への変動を繰返しながら円高に向けて進み,1ドル＝100円台付近に留まるようになった。円高・ドル安の条件下で,日本から海外への輸出は不利になった。為替リスクに直面し,日本企業は海外生産の比重を高めざるを得なくなった。

そして海外生産の変化に影響を及ぼしたもう1つの外部要因が,社会主義国における経済政策の転換であった。中国やベトナムなどの社会主義国は個人主義的な資本主義の弊害に反対し,平等で公正な社会を実現することを目的に計画経済を採用してきた。ところが,経済政策の行き詰まりから1980年代頃より政策転換を図った。政治的には社会主義を維持しつつ,経済政策的には資本主義国と同様の市場経済へと移行するようになった。自由競争を認めて企業競争を促すとともに,外国資本企業の積極的な受入れを進めて自国経済の活性化を図った。こうした外資受入れの緩和により,海外進出の妨げとなっていた国境の壁が低くなった（安室他, 1999）。

このような国際情勢の変化を背景に,日本企業は海外生産の見直しを図った。政治的理由を背景にした海外生産から,社会主義国での現地生産を絡めた経済合理性の追求を目的とした国際生産へと経営方針を転換した。

(2) 生産拠点間の連携

モノづくりがグローバルな規模で経済合理性を追求する段階になると,海外工場の位置付けが大きく変わった。グローバルに分散する工場を持つことのメリットは,適地生産による国際的な分業体制を構築できることにある。国や地域によって存在する天然資源,労働力,社会インフラ,産業の国際競争力が異なっている。それぞれの国や地域が得意とする生産工程,あるいは得意ではなくとも他の生産拠点との関わりでその場で生産工程の一部を担うことで全体的に最適な生産になる工程を分担することができれば,生産コス

トの面で競合他社よりも有利になる。さらには，それぞれの国や地域に埋め込まれた多様な知識や情報を生産システムの改善や新製品開発に活用することもできる（古原，2015）。

　こうした国際生産の方法の1つとして，EU（欧州連合），NAFTA（北米自由貿易協定），AFTA（ASEAN自由貿易地域）など，地域市場に製品を供給することを目的とした生産体制の構築がある。地域市場を構成する国ごとに得意とする産業，技術，労働力に違いがあるが，こうした生産拠点ごとの特性を活かして，または生産拠点間の距離や輸送コストなどから最適な組み合わせを設計し，分業的な生産体制を構築するのである。

　各生産拠点は特定の部材やパーツなどに特化して生産することで，規模の経済性を追求しやすくなる。さらには特定の生産工程に集中することで知識・技術を蓄積しやすくなる。EUなどのような地域市場では，関税などの貿易に関する障壁が撤廃されており，域内で中間製品を移動しやすい。そのために域内での分業的な生産体制が構築しやすくなる（山口，2006）。

　さらに生産工程，輸送，コミュニケーションに関する技術が進化することで可能になるのが，生産拠点ごとの生産コストの違いや，蓄積された知識や情報の違いを活用したよりグローバルな生産ネットワークの形成である。新興国市場への対応を含め，新たな国際生産の可能性が模索されている。

4. アーキテクチャ革命の進展

（1）モジュラー型生産の脅威

　家電や自動車などの製品は多くの部品から構成されている。日本企業はこれらの部品を，部品の形状や性能，機能などを相互に調整して組み合わせ，最終製品を作ってきた。こうしたモノづくりを「インテグラル型」と呼ぶ。最終製品が目標通りの性能を発揮できるように部品を独自に開発し，傘下の企業や協力会社でそれらを生産してきた。生産工程で品質を作り込んでいく日本企業の生産システムは，複雑な部品の調整・擦り合せに適しており，競争力の源泉となった（安室，2003）。

　ところが，1990年代になるとモノづくりの基本設計思想（アーキテク

チャ）に新たな変化が生じた。「モジュラー型」と呼ばれるモノづくりの台頭である。モジュラー型のモノづくりでは，事前に決められたルールに基づいてそれぞれの部品が設計されている。例えば，玩具のレゴブロックをイメージすると理解しやすい。レゴブロックはブロックとブロックの接続面が決まっているため，どのブロックとでも繋げることができる。それらを組み合わせることで，玩具の家や車などさまざまな形のものを作ることができる（吉原, 2015）。

モジュラー型のモノづくりでは，部品間の接続面が規格化されていることから，その規格に基づいて部品や中間製品を生産する企業が存在する。これら企業から部品や中間製品を調達することで，製品を生産することができる。部品間の複雑な調整・擦り合わせが不要であることから，最終製品の組み立てが容易である。しかも，部品が特殊仕様ではないため安価である。生産に必要な工作機械，ロボット，検査装置などの生産設備も専門メーカーから購入できるため，工場の立ち上げも容易である。そのため，パソコン，液晶テレビ，自転車などモジュラー型のモノづくりによる工業製品が増えつつある（安室, 2003）。

こうしたモジュラー型のモノづくりでは，低価格が大きな魅力となる。日本製品に詰め込まれているような高度な機能を不要と考える顧客層に需要がある。こうした顧客層は新興国市場に多く存在することから，新興国市場の拡大とともにモジュラー型生産への関心が高まった。

（2）企業間連携による国際生産

モジュラー型のモノづくりは企業の国際生産のあり方を変えた。自社で全ての部品を設計・生産せずに他社から調達することが可能になった。そのため外部企業との国際的な戦略的提携のもとでモノづくりが行われるようになった。

モジュラー型生産が広がる中で，存在感を高めたのがEMS（Electronics Manufacturing Service）であった。EMSは電子機器製品の組み立てを受託する企業のことで，いわば下請け企業である。製品が消費者の手に渡るまでには，製品の企画・開発，部品製造，組み立て，販売，保守サービスといっ

た流れを辿ることになる。この中の組み立ての部分を担う企業が EMS である。アップルやソニーなど世界的な企業が EMS に自社製品の生産を委託していることが知られている。

モジュラー型生産の場合，組み立てが容易にできることから新たな競合企業が参入しやすい。そのために利益率が低くなる傾向にあるが，EMS の多くは人件費の安い発展途上国に工場を持ち，利益を確保している（安室，2003）。

このような EMS に生産工程を委託することでコストダウンを図るとともに，工場という固定資産を持つリスクを軽減することが可能になった。製品の製造・組み立てだけを行う EMS の他に，製品開発も担う ODM（Original Design Manufacturing）と呼ばれる企業も出現している。国際生産において，生産工程の全てを自社で行うのではなく，EMS や ODM へのアウトソーシング（外部委託）を戦略的に組み込む企業も存在する。国際生産は組織の境界を越えた生産体制の構築へと向かいつつある。

5. ケース―トヨタ自動車における国際生産の進展―

（1）自動車産業の萌芽

1908 年，アメリカにてヘンリー・フォードの手により画期的な自動車の生産方式が生み出された。ベルトコンベアーを使った流れ作業による大量生産である。フォードは互換性部品を用いて組み立て作業を容易にし，さらに作業員の仕事を細分化・標準化することで，熟練技術を持たない者でも生産活動に従事できるようにした。モデル T と名付けられた自動車は高品質・低価格を実現し，瞬く間に大衆に普及した（壽永，2001）。

モデル T の発売から約 30 年の時を経た 1937 年，愛知県挙母市（現在の豊田市）にて誕生したのがトヨタ自動車工業株式会社（現トヨタ自動車株式会社）であった。当時，日本の自動車市場において圧倒的なシェアを占めていたのはフォードやゼネラルモーターズ（以下，GM）であった。両社は日本国内に工場を設立し，米国から輸入した部品を用いて自動車を組み立てていた（ノックダウン生産）。フォードや GM は品質，性能，価格などで国際競

争力を持っていた。トヨタなどの日本自動車メーカーは普通乗用車では太刀打ちできず，軍用トラックの生産に専念せざるを得なかった（四宮，2011）。

　戦後，日本自動車メーカーは軍用トラックから普通乗用車へと生産の転換を図るが，欧米諸国の自動車メーカーと比べて競争力は低かった。こうした中，通商産業省（現在の経済産業省）が外貨節約と経済波及効果を期待し，自動車産業の育成に乗り出した。海外からの自動車輸入に規制をかけるとともに，外国からの技術導入に対して低利融資や特別償却などの優遇措置を設けた。

　産業保護を背景に，国内では排気量1000〜2000ccの小型乗用車を生産する企業が増えた。ところが，小さな国内市場で激しい競争が繰り広げられたため，規模の経済性を追求できない事態に陥った。各企業は消費者ニーズにきめ細やかに対応できる多品種生産方式を模索するようになった（四宮，2011）。

(2) トヨタ生産方式の確立

　1960年代，トヨタは多品種生産を実現するためにトヨタ生産方式と呼ばれる生産方法を確立した。トヨタ生産方式の要となるものが「自働化」と「ジャスト・イン・タイム」である。自働化は生産工程で不都合が生じると，機械が自動的に停止する装置を装備するもので，これにより不良品の発生を防ぐものである。不具合が生じた場合には機械が自動的に停止するため，機械監視の時間が不要になった。削除された時間で，作業員は他の仕事に従事できるようになった。これは複数の異なる工程を受け持つことのできる多能工の育成に繋がった。自働化は「動」という文字に人偏(ﾆﾝﾍﾞﾝ)をつけることで，人間の知恵を活かすことを意味している。作業員は仕事に従事しながら，生産工程のさらなる改善の権限と責任を持った（四宮，2011）。

　トヨタ生産方式のもう1つの柱であるジャスト・イン・タイムは「必要なものを，必要な時に，必要な量だけ作る」という考え方で，部品の作り過ぎや在庫を抱えるムダなどを無くすものである。生産に必要な部品を，後工程が前工程に帳票（トヨタでは「かんばん」と呼ぶ）を送って受け取ることで，部品の過剰在庫を防ごうとするものである（四宮，2011）。

　トヨタでは生産する時期や量，種類のばらつきを平均化し，自働化とジャ

スト・イン・タイムを柱とする小ロット生産を実現した。生産性を高めるとともに，需要変動に迅速に対応できる柔軟性を持った。トヨタは傘下の部品メーカーにも生産管理の専門家を送り込み，トヨタ生産方式の普及を図った（四宮, 2011）。

(3) トヨタ生産方式の海外移転

国内のマイカーブームを背景に，日本自動車メーカーは小型乗用車を中心に競争力を高めた。1970 年代に石油危機が発生すると，燃費が良く，価格も安い小型乗用車の需要が世界的に高まり，自動車の海外輸出が始まった。77 年以降，国内生産台数の約半分が東南アジア，北米，ヨーロッパなどの海外へ輸出された。80 年には日本の自動車生産台数は 1000 万台に達し，アメリカを越えて世界最大の生産国となった（四宮, 2011）。

一方，小型乗用車の開発に遅れをとったアメリカのビッグスリー（GM，フォード，クライスラー）は顧客ニーズに対応できず売上を落とし，赤字に転落した。失業者が増え，やがて日本からの自動車輸入の増加が国際的な貿易摩擦問題へと発展した。日本政府は米国政府からの圧力の前に自動車の対米輸出自主規制を決め，各社に輸出台数上限枠を設定した。こうした状況に直面し，1982 年にホンダ，83 年に日産がアメリカでの現地生産に踏み切った（吉原, 2015）。

トヨタはアメリカでの現地生産に慎重な態度をとった。同社は 1950 年代後半から東南アジアや中南米で，日本から輸出した部品を使ったノックダウン方式による自動車の組立生産を行っていたものの，それらの工場は小規模なものであった。海外生産に関する知識や経験が乏しかった。そこで，トヨタは 84 年に GM との合弁会社を設立し，アメリカでの現地生産に乗り出した（板垣, 2003）。

GM との合弁会社は NUMMI と名付けられ，カリフォルニア州フリーモントに設立された。同社工場はストライキが多発し，生産性が低かった GM の旧工場を引き継いだものであった。NUMMI において，トヨタは旧工場の従業員を採用した他，旧工場の使用可能な工場設備を使用するとともに，その他の機械やロボットを日本から導入した。

トヨタは従業員とUAW（全米自動車労働組合）に対し，トヨタ生産方式を理解してもらいながら，良好な労使協調関係を築くことに重きを置いた。現場作業員を対象とした日本での研修プログラムの実施，現場作業員による改善活動への参加促進，ジャスト・イン・タイムによるムダの削減などを実施した。この結果，工場の生産性は旧工場と比べて45％向上した（板垣，2003）。

（4）海外生産の本格化と自前主義からの脱却

トヨタはケンタッキー工場やカナダ工場での生産を開始し，北米生産を本格化させた。北米は日本に次ぐ大規模な生産拠点となった。そして，北米に続き欧州での生産も開始した。1992年に英国工場を稼働させたのをはじめ，トルコ，フランス，チェコでの生産を開始した。為替変動，貿易摩擦，EU誕生などの環境変化が背景にあった。90年代末からはアジアでの生産を増加させた。アジアにおいては欧米市場とは異なり，製品輸出よりも現地生産を先行させた。社会主義国における市場開放や現地政府の政策などが意思決定に影響を与えた。

一方で，1990年代に欧州の自動車メーカーでは個別の部品を最終組立ラインで車体に組み付けるのではなく，複数の部品群を組み立てておき，それを一括して最終組立ラインで車体に取り付ける試みがなされていた。部品群の生産は外部企業に委託された。モジュラー型生産に向けた動きである。自動車業界において生産のモジュラー化の動きが生じると，先進国のみならず新興国でもモジュラー型生産による自動車生産が開始された（武石・藤本・具，2001）。

さらに自動車の世界では，1990年代頃から開発・生産におけるIT（情報技術）の活用，ハイブリッドカーや電気自動車（EV）などの環境対応車の生産，AI（人工知能）を活用した自動運転技術の開発など，自動車の電子化が進んだ。従来の内燃機関とは異なるモノづくりが展開されるようになった。革新的な製品を創り出していくためには，自社のみならず世界に散らばる知的資源にアクセスする必要が出てきた（吉原，2015）。

こうした情勢にあって，トヨタは国内外の企業や機関と協業的にモノづく

りを行う必要が出てきた。これまでは系列の関連企業との提携が中心であったが，マツダ，ヤマハ発動機などの国内企業，フォード，BMW，テスラといった海外企業，さらにはインテルやマイクロソフトといったIT関連企業との戦略的提携を進めた。他社との部品の共通化やグローバル調達，生産委託によるコストダウン，新技術・商品開発を進めている。自前主義から脱却し，グローバルな視点から経済合理性を追求した国際生産体制の構築を進めている。

6. ケースの解説

　トヨタのケースは優れた生産システムの開発，小型乗用車という商品カテゴリーへの特化により，後発自動車メーカーが国際競争力を持つに至ったものである。やがて貿易摩擦などの理由により海外輸出が不利になると，トヨタは国際競争力のある生産システムを所有優位に，海外生産を開始している。現地企業との合弁事業の中で，自社の生産システムが海外でも通用することが証明された。

　海外生産に関する知識や経験を蓄積する中で，北米，欧州，アジアでの生産活動も本格化させた。為替変動，貿易摩擦などの政治的な理由の他に，社会主義国における市場開放など，経済合理性を追求した国際生産が展開されることになる。部品間の細かな調整を行うインテグラル型のモノづくりは，安全性や快適性といった要素が重要な自動車の生産に適した生産方式であった。トヨタの開発した生産システムは，こうしたモノづくりと相性が良かった。

　ただ，一方で自動車業界においてもモジュラー型の生産が行われるようになった。自動車は技術的に電子化の方向に向かっており，モジュラー型のモノづくりが展開されつつある。こうした技術革新の流れの中で，トヨタは企業間連携による国際生産へと生産体制を再編しつつある。自社の強みとして残す部分と，他社との協業領域を拡大する部分のバランスを模索しつつある。

7. おわりに

　以上，本章では政治的な理由による海外生産の開始と，それを実現する所有優位の開発と移転についてみてきた。次に，グローバル環境の変化のもとで経済合理性を追求した国際生産への移行について，自社内での生産拠点間の連携という視点から説明した。さらにはアーキテクチャ革命に端を発するモノづくりの変化並びにグローバル経済の出現を背景とした，他社との協業による国際生産体制の構築について説明した。

　このように時系列的に事象をみていくと，国際生産はいくつかの段階を経て現在の姿になってきたことが理解できたであろう。モノづくりの世界は常に変化しており，現在も日々進化を遂げている。

　ただ，我々は表面的な変化に目を奪われることなく，何が変わり，何が変わらないのかという分析的視点を持つ必要がある。こうした姿勢が，学問を追求する中で重要になるだろう。

安室憲一のワンポイントコメント

　「インテグラル」なモノづくり（摺合せ型）が主流だった時代では，各社が独自の製品規格を立て，激しく競争した。競争の結果，最も大きな市場シェアを獲得した企業の製品規格が「業界標準」として受け入れられた。これを「デファクト・スタンダード」（事実上の標準）という。この場合は，多くの不便が発生する。まず，他社の製品との互換性がなく，自社のアダプターしか使えない。場合によっては，同じ会社の製品なのに作る事業部が違うので消耗品が共用できないという馬鹿な事も起きた。消費者の不便やムダをなくすためには，新製品の開発段階で世界のメーカーや部品業者が話し合って「国際標準」を定め，共通の規格に従って設計・生産する必要がある。新製品を作る場合，全てのメーカーや部品業者が共通の「国際標準」を守れば「グローバル生産」が可能になる。世界中で統一規格の製品が販売されれば，消費者はどの会社の消耗品やアプリケーションも無駄なく使える。この「国際標準」は通常，ISOのような国際標準機構によって制定される。この「国際標準」が定めた仕様（スペック）に従って作られた部品やモジュールは国際的な互換性を持つことになる。この国際ルールによって，発展途上国の安価な労賃を活用したEMSというビジネスモデルが可能になる。この受託生産の仕組みを活用して成長したのがアップルのようなグローバル企業（ファブレス）であり，鄧小平の推奨した「来料加工」というビジネスモデルである。アップルのスマートフォンはEMSのフォックスコン（台湾の鴻海精密工業の中国子会社）などが組み立てをし

ている。中国は，この委託加工企業の招聘によって「世界の工場」の地位を確立した。「モジュラー型」生産の普及が，グローバル・サプライチェーンの形成を促した。

　この結果，デファクト・スタンダードを巡る企業競争（例：ソニー陣営のベータマックス対松下電器陣営の VHS の「ビデオ規格戦争」）は過去のものとなり，マーケティング競争の有り様も変わった。現在はモノづくりの前に「国際標準」作りが行われる。したがって，「国際標準」を自国や自社に有利になるように決定する国際交渉が戦略的に重要になった。自動車生産がレシプロエンジン（ピストンエンジン）から EV に変わろうとする現在，「EV の国際標準」をどの国がリードして決めるかが「テクノ地政学」（テクノロジーを巡る国家間競争）の重要課題になっている。

● 参考文献

Hymer, S. H.（1976）*The International Operations of National Firms: A Study of Direct Foreign Investment*, Cambridge, USA: MIT Press.

板垣博（2003）「トヨタ自動車―生産システムの対米移転―」吉原英樹・板垣博・諸上茂登編著『ケースブック 国際経営』有斐閣，81-98 頁。

佐藤博樹（1995）「品質管理への関心」法政大学産業情報センター編『日本企業の品質管理』有斐閣，1-5 頁。

四宮正親（2011）「日本型生産システムの形成―大野耐一（トヨタ自動車）―」宇田川勝・生島淳編著『企業家に学ぶ日本経営史―テーマとケースでとらえよう―』有斐閣，244-258 頁。

壽永欣三郎（2001）「自動車産業とフォード」安部悦生・壽永欣三郎・山口一臣『ケースブック アメリカ経営史』有斐閣，110-126 頁。

武石彰・藤本隆宏・具承桓（2001）「自動車産業におけるモジュール化」武石彰・藤本隆宏・青島矢一編『ビジネス・アーキテクチャ』有斐閣，101-120 頁。

安室憲一（1997）「知の方法としての現場イズム」安室憲一・関西生産性本部編著『現場イズムの海外経営―日本企業・13 のケーススタディ―』白桃書房，3-25 頁。

安室憲一（2003）『中国企業の競争力―「世界の工場」のビジネスモデル―』日本経済新聞社。

安室憲一・関西生産性本部・日中経済貿易センター・連合大阪編（1999）『中国の労使関係と現地経営―共生の人事労務施策を求めて―』白桃書房。

山口隆英（2006）『多国籍企業の組織能力―日本のマザー工場システム―』白桃書房。

吉原英樹（2015）『国際経営（第 4 版）』有斐閣。

第5章

国際研究開発

田端　昌平

キーワード▶ ネットワーク，リードマーケット，集積，ホームベース，トランスナショナル，ヘテラルキー，メタナショナル，グローバル製品開発，IBM，デジタル-モジュール，フィジカル-インテグラル

1. はじめに

　研究開発は，未だに本国に集中することが多い。活動に最小限必要とされる規模（クリティカルマス）の確保，事業との連携，機密の保持などを考えると当然と言える。しかし，研究開発を分散させることの必要性が叫ばれていることも事実である。

　とりわけ，基礎的な研究活動については，知識の供給源が分散化し始めている。知識の供給源から最先端の知識をくみ取り，グローバルな優位を築くには，そこで研究活動を行わざるを得なくなってきている。

　また，開発も，グローバルな製品の開発に伴いセンサー拠点（情報収集拠点）の重要性が増している。また，世界の多様な場所におけるリードマーケットや集積の出現，研究開発人材の遍在，企業の中核的な価値創出活動の分散に伴い，単に適応を目指した開発だけでなく，最初からグローバル市場を目指した新製品の開発活動が海外で行われるようになってきている。

　こうした変化に伴い，ネットワークに注目が集まるに至っている。

2. ネットワークの類型と構成

(1) ネットワークの類型

　Westney (1998) は，研究のフォーカスを個々の在外研究開発拠点ではなく，研究開発のネットワークに置いている。そして，「研究開発組織が１国に集中しているのか地理的に分散しているのか」，「調整やコントロールに対する責任がどこに置かれているのか」，という２つの軸に基づき，ネットワークを，①全ての研究開発を企業の本国に集中させる一方，センサー拠点を主要な市場や集積に設置する（すなわち，ビッグイヤー能力を培う）ことによって，リーチを本国の外に広げるホームベース，②世界のリードマーケットに置かれたグローバルビジネスユニット（GBU）の本部に，その製品に関わる全ての研究開発組織を集中して置き，それぞれにビッグイヤー能力を持たせる多元的なホームベース，③本社あるいはGBUの本部に置かれたコア拠点たる１つのセンターが，複数の国々に分散配置された研究開発拠点の活動を管理・調整する世界規模リードセンター，④主要な地域の各々に１つずつ，その地域の国々のビジネスをサポートするために技術を開発するセンターが置かれる地域ベース，⑤各地域に，地域内のローカル研究開発拠点を管理・調整するセンターが置かれる地域リードセンター，⑥複数の国々に個性的で自律的な拠点が分散配置される一方で，恒久的なリードセンターが存在せず，状況に応じて相互の活動をいずれかの拠点が調整する柔軟なネットワークすなわちヘテラルキー，の６つの類型に分類している。④は分散型とはいっても①の地域版であり，⑤は③の地域版であるので，純粋型は，①，②，③，⑥の４つである。

　元々の分類軸に当てはめると，**図表5-1** のようになる。左上の象限にはホームベースと多元的なホームベースが，左下の象限には世界規模リードセンターが，右下の象限にはヘテラルキーが入る。右上の象限は，Westney (1998) によっては想定されていない。

　多元的なホームベースは，GBUの本部がリードマーケットに置かれている場合には，Bartlett & Ghoshal (1989) の言うトランスナショナル型（ローカルの特異な機会を吸い上げながら，グローバルな活用を図る多国籍企業の

図表 5-1 ネットワークの類型

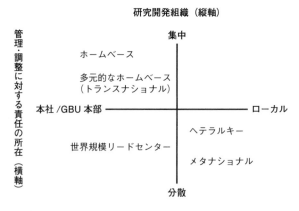

出所：Westney（1998）をもとに一部筆者が加筆。

類型）に近くなる。また，グローバルマンデート型（グローバルな使命を一身に委ねられた自己完結的な子会社の類型）にも近い。

　また，右下の象限には，Westney（1998）が想定していなかったメタナショナル型（Doz, Santos & Williamson, 2001）も入るように思われる。ヘテラルキーは，能力が分散したままで拠点同士が活動を調整するものであるが，メタナショナル型は，拠点の有無に係らず，重要な課題を抱える所に分散配置された様々な拠点や外部から必要な能力をかき集め，オンサイトで調整に当たるものである。

(2) ネットワークを構成する拠点の類型

　Kuemmerle（1997）は，ネットワークを構成する拠点を，HB（Home Base），HBAS（Home Base Augmenting Site），HBES（Home Base Exploiting Site）に区分している。HBとは，本社である。本社の中央研究所をイメージすればよい。一方，HBASとは，ローカルで利用可能な知識を吸収し，新しい知識を創り出し，それを本社に移転する拠点である。在外研究拠点と言える。また，HBESとは，本社から知識を吸収し，それをローカルでの製造やマーケティング活動に応用する拠点である。在外開発拠点と言える。

Kuemmerle（1997）のモデルは，研究開発の中核的な部分がHBに集中しているという大方の企業の現実に即しているように思われる。

　ただ，IIBESのKuemmerle（1997）の定義は，子会社の役割や，海外における新製品開発活動の重要性が増してきていることを考えると，狭いように思われる。HBASやHBからシーズを取り込んで，グローバルな市場を目指す新製品の開発を行う拠点も含めて考えてもよいであろう。

　また，Kummerle（1997）には，HBAS → HB → HBESという流れが暗に想定されているが，企業全体に及ぶネットワーク（人脈）を作り出すことを意図して，相互の交流を促す工夫がなされることが示されている。その結果，HBASとHBESがHBと関係を持つだけでなく，HBASとHBESが，また，HBAS同士やHBES同士が，直接的に関係を持ち得る。例えば，HBESが抱える問題の解決をHBASに直接依頼するような状況である。つまり，それらは，相互に複雑なやり取りを行い得るのである。したがって，ネットワークは，実際にはHBAS，HB，HBESが渾然一体をなしているものと思われる。

　ただ，研究活動と開発活動は分けて考える方が分かりやすい。そこでここでは，便宜的に分けて考えることにする。

3. 研究活動におけるネットワーク

（1）ローカルのネットワークと多国籍企業のネットワーク

　Song & Shin（2008）は，多国籍企業の本社は，自身も一定の研究能力を持つ一方で，自分にないものを得るために，在外研究活動を進めることを明らかにしている。

　近年の傾向は，研究機関やビジネスの集積が，世界中に分散し始めたことである。集積は，先進国のみならずインドや中国のような新興国にもできている。

　Westney（1998）は，研究拠点を置かなくてもセンサー拠点を置くだけで，提携のような形で知識を吸収できるとしている。

　しかしながら，現地の研究コミュニティから深層にわたって知識を吸収す

るためには，ローカルの研究コミュニティの中に自社研究所を置き，注目に値する研究を行う必要がある。現地の研究コミュニティの諸機関は，こちらに価値のある知識があって初めて相手にしてくれるからである。また，コミュニティとのパイプを確保するためには，現地の有力な研究者の取り込みが必要になるからである。

　ただ，研究所は，現地の研究コミュニティ（ネットワーク）の一部でなければならない一方で，多国籍企業のネットワークに連結されていなければならない。研究成果は，いかに優れたものであっても，多国籍企業にとって価値のある事業化に結びつかない限り意味がないからである。

　そこで研究リーダーの選任が重要になる。Kuemmerle（1997）は，HBASの研究リーダーの条件として，①研究者としての能力と名声があること，②現地における研究管理能力に富むこと，③本社の方向性やニーズに対する理解があること，④異文化協働のファシリテーターたり得ること，の4つを挙げている。現地の特異な研究コミュニティから最大限のものを引き出すことができる一方で，多国籍企業ネットワークのリンクとして動ける人が求められているのである。本社から管理者を送っても①や②ができない。したがって，現地の研究者の登用が基本である。ただ，単に現地で名声のある研究者というだけでは③や④ができないかもしれない。このため，登用に際しては，候補者の行動特性（コンピテンシー）に細心の注意を払う必要があるし，本社から橋渡し役（リエゾン）を送ることで能力を補完する必要があるように思われる（Casson, Pearce & Singh, 1992; Kuemmerle, 1997）。

(2) 研究活動におけるプランニングとコントロール

　Behrman & Fischer（1980）は，研究開発活動に影響する4つのマネジメントスタイルを定義している。①絶対的集権，②参加的集権，③監督下にある自由，④全面的自由である。このうち，①と④が見られるのは稀であり，多く見られるのは，②と③である。グローバルな研究活動の管理は，②の立場に立つのか，③の立場に立つのかで，スタイルが全く異なり得る。まず，参加的集権の立場に立ってグローバル研究管理のプロセスを説明しよう。

　プランニングプロセスは，科学会議で始まる。各研究者がやっていること

や，その科学的な可能性，実現可能性についてプレゼンが行われ，科学者の目から見て多様な視角から討議が行われる．次いで本社の戦略計画部門やビジネスユニットが議論に参加する．企業が投資したいと思うような科学技術領域のポートフォリオが作られる．金を出してくれる分野の絞り込みである．中央の研究所もこのセッションに参加し，新しく生まれてくる技術のビジネス上の可能性について説明する（De Meyer, 1991, 1992）．次いで中央の研究管理者が各研究所の管理者と密接に協働して全体的な研究アジェンダを作り，様々なパートを個々の研究所に割り振る．この間，各研究所の管理者は，グローバルな調整者としての役割を果たす（Kuemmerle, 1997）．こうしたプランニングプロセスで，各研究所は研究上の指針（技術上の目的と商業上の目的，リサーチプログラムやプロジェクトのターゲット）を得，研究所の中で討議する．研究者はタイムプランニングとコストを記したプログラムシートを提出し，資金供給者と検討する．この間，中央の研究スタッフが各研究所を訪れ，研究計画と資金配分をレビューする（De Meyer, 1991, 1992）．

　実行プロセスでは，問題を抱えている研究者を，答えを持っている研究者に繋いだり，成果を上げるのに不可欠な知識を持つ研究者同士を繋いだりする試みが行われる（De Meyer, 1992）．参加的集権では，中央のスタッフが相互を繋ぐのが原則であるが，研究者間の人脈も重要な役割を果たし得る．

　コントロールプロセスでは，本社によって在外研究拠点のリサーチプロジェクトの進捗状況のモニタリングが行われ，全体的な研究開発戦略に基づきアジェンダに対するコントロールが行われる．すなわち，本社による撤退，継続，強化，変更に関する決定である．そのためにも，現在の研究プロジェクトのステイタスと従事している研究者を掌握できる情報システムが必要とされる（Kuemmerle, 1997）．

　一方，監督下にある自由の下では，主客は逆転する．アジェンダや研究の進め方は言うまでもなく，資金配分についても，決定権限を握るのは，在外研究拠点の方である．この場合，活動の統合は，基本的には社会化による．つまり，目的の共有や，国境を越えて形成された人脈の下に，各研究所が主体的に横方向で複雑な調整をするのが原則である（Granstrand, Håkanson

& Sjölander, 1992)。ただ一方で，本社レベルの研究開発スタッフが，グループ全体の研究ポートフォリオが全般的な企業戦略に一致することを確実ならしめるために，また，ビジネスユニットの研究開発スタッフが，その製品領域に関する研究活動がビジネスユニットの目指すところに一致するようにするために，働きかけを行うかもしれない（De Meyer & Mizushima, 1989）。

こうしたヘテラルキーのような運営のあり方は，実際には，能力の重複や，制御不全を招きやすく，少数の研究所しか持たない企業やICT（情報通信技術）企業のような限られた企業でしか用いられていない（De Meyer, 1991; Westney, 1998）。

4. 開発活動におけるネットワーク

(1) 適応とグローバル製品開発

次に開発活動について見よう。ローカル市場への適応だけを目的とする開発拠点の場合，技術が本社や他の拠点から移転された後は，コミュニケーションは現地の中だけで完結する。したがって，現地の自由度は高い（De Meyer & Mizushima, 1989）。こうした適応モデルも他の拠点にとっての学習対象になり得るが，開発の時点では技術移転を巡るやり取りを除き，国境を越えるやり取りはほとんどないといってよい。しかしながら，最初からグローバル市場を目指して行われる開発や，グローバルな潜在性のある重要市場を目指した開発では，国境を越えるやり取りが必要とされる。

(2) ホームベース型によるグローバル製品開発

Lee, Chen, Kim & Johnson（2008）は，ホームベース型でグローバル製品開発が行われる場合について，次のような関係を見出している。
① 本社－子会社間の双方向の知識のやり取りは，グローバル市場に投入される新製品の成果に寄与する。ローカルの市場や技術や競争者についての知識が取り込まれるからである。
② 多国籍企業全体のネットワーク（絆）の強さも，同成果に寄与する。

誰もが他の市場の状況が分かっているので，製品への拒否反応が出にくいからである。
③　グローバル市場におけるマーケットタービュランス（顧客ニーズや競争の乱気流）は，同成果にネガティブな影響を及ぼす。マーケットタービュランスが強いと，市場で得られる知識にノイズが入り，本社は子会社から送られてくる知識の意味が分からなくなるからである。
④　反対にグローバル市場における技術的タービュランスは，同成果に寄与する。技術の諸発展を取り込めるからである。
⑤　ネットワーク（絆）が強い企業ほど，本社-子会社間の知識のやり取りと同成果との結びつきが悪くなる。ネットワークを構成する組織単位同士が共通の信条を持っていると，安易に合意を形成しがちだし，親密な関係を維持しようとするあまりコンフリクト（衝突）そのものを避けようとするからである。
⑥　マーケットタービュランスの強い企業ほど，本社-子会社間の知識のやり取りと同成果との結びつきが悪くなる。得られる知識にノイズが入るからである。
⑦　技術的タービュランスの強い企業ほど，本社-子会社間の知識のやり取りと同成果との結びつきが良くなる。製品に最先端の技術的諸発展を取り込めるチャンスが増すからである。

ホームベース型では，シーズ（製品化に繋がる技術やノウハウ）が主に本国の市場や周辺産業との濃密なやり取りを経て新製品に具現化されていくが，これを世界展開するには海外拠点との間にも知識のやり取りが必要とされるということであろう。興味深いのは，絆が強すぎると，やり取りと成果との結びつきが弱くなるという点である。ネットワークは意見の衝突を許すようなものでなければならない。

（3）多元的なホームベース型によるグローバル製品開発

多元的なホームベース型の場合は，開発センターがリードマーケットに置かれているので，リードマーケット及び周辺産業とのやり取りが中心にな

る。また，集積の中にある大学も，抱える問題の具体的な解決に結びつく有益な知識を与えてくれる（Casson, Pearce & Singh, 1992）。しかしながら，そこで生まれようとしている新製品を世界展開しようとする場合には，ホームベース型に見られたのと同じやり取りが必要とされるように思われる。ただ，問題は，GBUの事業が本業から離れている場合には，本社にも既存の子会社にもGBUの開発センターが生み出そうとしている製品がよく分からないということである。例えば，ホンダにとってのホンダジェットがそうである。この場合は，独自にセンサー拠点を置く必要があるのかもしれない。

(4) 分散型のグローバル製品開発

グローバル市場を目指した開発の中には分散拠点が多数参加して行われるものがある（De Meyer & Mizushima, 1989）。この場合のやり取りは，上下方向だけでなく横方向でも行われる。コミュニケーションは幾何級数的に難しくなる。この場合の成功の鍵は，横方向のやり取りを極力少なくする工夫と分散型開発を支援するITにあるように思われる。詳細については第5節のケースで言及する。

(5) メタナショナル型の開発

分散型のうちのもう1つの選択肢であるメタナショナル型の開発では，潜在性の高いニーズのあるところに，課題を解決するのに必要な知識を持つ人や技術が，多様な拠点や外部から集められ，プロジェクトが組まれ，一気呵成に片付けられる。この場合，開発時のコミュニケーションは，プロジェクトの中だけで完結する。GEヘルスケアの超音波診断装置の開発は，「リバースイノベーション」のケースとして注目を浴びたが，運営のあり方はメタナショナル型と言えるものである（Immelt, Govindarajan & Trimble, 2009）。

このやり方の利点は，オンサイトで，濃密な対面的コミュニケーションが可能だということである。問題の解決を必要としている状況（現場）に皆が立ち合っており，形になっていないものを伝え合うことが可能である。また，丁々発止な掛け合いの中から，優れたアイデアが生み出される可能性がある。それ故，このやり方は，未踏のものを，比較的短期間で創り出すのに

向いているかもしれない。

5. ケース— IBM における分散型のグローバル製品開発—

　本節では先に示したグローバル製品開発の諸類型のうち，分散型のグローバル製品開発について，IBM の事例を見てみよう。

　Boutellier, Gassmann, Macho & Roux（1998）は，IBM の OS の分散型開発について詳細に記述している。開発は，リクワイアメント（要求仕様）の収集→プランニング→デザイン→実行→テストというフェイズを辿っている。

　リクワイアメントは，世界規模のユーザーや自社サービス組織から集められ，データベースに格納される。そこには世界中からアクセスできる。

　プランニングは，コンセプト策定のフェイズである。このフェイズは，全ての拠点の代表者が参加する対面的な会議で始められ，詳細が定まるにつれ，e メールで文書として共有される。最終調整も対面的な会議で行われる。プランニングにおける対面的な協働は，バーチャルチームにおけるチームビルディングを促す。

　続くデザインは，プランを製品に変換するフェイズである。このフェイズの前半では，全ての拠点が，システム構造と，コンポーネントと製品とのインターフェイスの定義に関与する。フェイズの後半では，各拠点の中で，モジュール間のインターフェイスが定義され，コンポーネントとモジュールの構造が開発される。調整は，いずれも対面的な会議で行われる。そして，定義が定まるにつれ，文書が e メールによって交換される。

　続く実行フェイズでは，各拠点の中で，デザインが実行可能なコードに変換される。デザインフェイズを通して，明確な構造化と機能間の分離が行われている時でさえ，こうした労働の分業がいつも可能であるとは限らない。前工程で判明した欠陥が，後工程の仕事に甚大な影響を及ぼし得る。このため，このフェイズでも，拠点間での調整が必要になる。関与する全ての拠点が同じ目的に向かって仕事をしているという共通の理解と信頼のもとに，毎週定期的に電話とビデオ会議で連絡が取られる。このフェイズでは，拠点間のコミュニケーションは，システム構造やインターフェイスに関して起こる問題が中心になっている。実行フェイズでは，よりフォーマルなプロセスが

取られる。全て問題が解決されていることを確実ならしめるために，チームは，事前に定義された報告手続きを使う。

そして，続くシステムテストのフェイズでは，OSがハードウェアに乗せて実際に動くか，OSとハードとの相互作用がテストされる。個々の技術者は，ほとんど全てのテスト活動を，会社のグローバルネットワークを通して自分の机から行うことができる。

6. ケースの解説

　IBMのケースが物語っていることは，信頼形成における対面的なコミュニケーションの重要性である。国を異にする人々が協働するためには，会わねばならない。同様に，創造的な側面でも，対面的な議論は極めて重要である。Boutellier et al. (1998) は，アイデア創出におけるグループウェアの可能性に言及しつつも，実際には，分散型の開発プロジェクトのブレーンストーミングにそれがほとんど使われていないことを認めている。アイデア創出は，実際には対面的な丁々発止のやり取りの中で行われている。

　また，IBMで分散型開発ができているのは，デジタル主体のモジュールアーキテクチャ（デジタル‐モジュール）がとられているためであることを理解する必要がある（Andersen, 2006）。実行が各拠点で行われているのは，モジュールアーキテクチャが構築され，モジュール間のやり取りが極限まで抑えられているからである。また，実行段階で調整が電話とビデオ会議で行われているのは，製品がデジタル（情報）で，コストをかけずに移転できるためである。オンサイトで現物（モノ）を挟んでの議論が必要という場合には，会わなければならない。

7. おわりに

　日米間で，研究者や技術者のマネジメントに違いがあることが指摘されてきた（Sakakibara & Westney, 1985）。大学との関係に基づく定期採用，中央の研究所→事業部の研究所→研究管理部門あるいは生産管理部門という典型的なキャリアパス，部門間で統一された役職とその地位，評価と金銭的報酬との弱い結びつき，といった点に日本企業の特色があるとされている。こ

うした特徴は，日本企業が得意としてきたモノ主体のインテグラルアーキテクチャ（フィジカル－インテグラル）によく適合しているように思われる（Andersen, 2006）。部門間の擦り合わせが容易だからである。一方，必要に応じた柔軟な採用，多様なキャリアパス，生産からの隔絶，評価と金銭的報酬との強い結びつき，といった点に米国企業の特徴があるとされている。必要に応じて才能がスカウトされ，研究や開発だけに集中し，青天井で処遇される様子は，米国企業が得意としてきたデジタル主体のモジュールアーキテクチャに適合しているように思われる。

　ただ，日本企業がいかにモノ主体のインテグラルアーキテクチャが得意だといっても，電子化・情報化に伴い，製品の中にデジタルな技術が取り込まれるようになっている。そして，研究開発の現場でも，デジタルな領域での研究や技術開発の重要性が増している。こうした領域では，日本型のマネジメントは，必ずしも生産的とは言えない。そして，日本に集積がない場合には，集積があるところに出す方がよくなってきている。その際のマネジメントスタイルは，言うまでもなく現地のものである。一方，国境を越えるネットワークも，重要性を増している。必要とされるのは，マネジメントのあり方が多様でありながら，国境を越えて協働し合えるネットワークである。こうしたネットワークでは，コンフリクトが多発し得る。しかしながら，そのコンフリクトを乗り越えるところに創造性が生まれてくるように思われる。

安室憲一のワンポイントコメント

　グローバルな研究開発活動を理解する鍵は，企業の基本戦略にあると考えられる。単一の製品分野，例えば自動車に特化した企業は典型的な垂直統合戦略を取るので，研究開発の組織化は「ホームベース型」になる。大規模な製品多角化戦略，例えば電気・電子・半導体・機械・化学等の事業部を持つ企業は，各事業部の拠点（事業本部）を本国以外の国や地域に置くことで「多元的なホームベース型」研究開発拠点を持つことになる。クロスボーダーM&A（企業買収）戦略で成長した企業は，被買収企業が持っていた研究開発（R & D）機能を継承することで「分散型」の研究開発拠点を持つことになる。また，コンサルティング・ファームは，グローバル企業のクライアントに対して，グローバルなスタッフチームを組織してソリューションを提供する。この場合は，典型的な「メタナショナル」な研究開発

スタイルになる。本章では，グローバル企業がとる戦略のタイプによって，その後の研究開発のスタイルが影響を受けることが示されている。問題は，垂直統合型の企業がクロスボーダー M&A で多角化（異業種買収）した場合や分社化したグローバル事業部が新たに新製品の開発を開始した場合である。研究開発活動が錯綜して，いたるところで重複が起こるだろう。また，新たに BOP（base of the economic pyramid：貧困層）市場向けの新製品開発を計画する場合も問題である。どこが（本社，ビジネスユニット，地域本部，子会社のいずれが）リーダーシップを取るべきか，研究開発の費用はどこが負担すべきか，混乱が起きるだろう。専門家集団になりがちな「メタナショナル」ソリューションは，リーダーシップ不在に陥りやすい。いずれにせよ，グローバルな規模での研究開発の組織化・マネジメントが今世紀最大の課題になるだろう。ICT や AI の活用で研究開発は飛躍的に促進されるが，同時にミスマネジメントや情報漏洩のリスクも高まる。企業価値を生み出す中核的機能，「研究開発の管理」こそ今世紀最大の経営課題なのである。

● **参考文献**

Andersen, P. H. (2006) "Regional Clusters in a Global World: Production Relocation, Innovation, and Industrial Decline", *California Management Review*, Vol. 49(1), pp.101-122.

Bartlett, C. A., & Ghoshal, S. (1989) *Managing Across Borders: The Transnational Solution*, Boston, USA: Harvard Business School Press.

Behrman, J. N., & Fischer, W. A. (1980) *Overseas R & D Activities of Transnational Companies*, Cambridge, USA: Oelgeschlager, Gunn & Hain.

Boutellier, R., Gassmann, O., Macho, H., & Roux, M. (1998) "Management of Dispersed Product Development Teams: The Role of Information Technologies", *R & D Management*, Vol. 28(1), pp.13-25.

Casson, M., Pearce, R. D., & Singh, S. (1992) "Business Culture and International Technology: Research Managers' Perceptions of Recent Changes in Corporate R & D", In O. Granstrand, L. Håkanson & S. Sjölander (eds.), *Technology Management and International Business: Internationalization of R & D and Technology*, Chichester, UK: John Wiley & Sons, pp.117-135.

De Meyer, A. (1991) "Tech Talk: How Managers Are Stimulating Global R & D Communication", *Sloan Management Review*, Vol.32(3), pp.49-58.

De Meyer, A. (1992) "Management of International R & D Operations", In O. Granstrand, L. Håkanson & S. Sjölander (eds.), op. cit., pp.163-178.

De Meyer, A., & Mizushima, A. (1989) "Global R & D Management", *R & D Management*, Vol. 19(2), pp.135-146.

Doz, T., Santos, J., & Williamson P. (2001) *From Global to Metanational: How Companies Win in the Nowledge Economy*, Boston, USA: Harvard Business Shcool Press.

Granstrand, O., Håkanson, L., & Sjölander, S.（1992）"Summary and Overview", In O. Granstrand, L. Håkanson & S. Sjölander（eds.）, op. cit., pp.1-18.

Immelt, J. R., Govindarajan, W., & Trimble, C.（2009）"How GE Is Disrupting Itself", *Harvard Business Review*, October, pp.56-65.

Lee, R. P., Chen, Q., Kim, D., & Johnson, J. L.（2008）"Knowledge Transfer between Multinational Corporations' Headquarters & Their Subsidiaries: Influences on and Implications for New Product Outcomes", *Journal of International Marketing*, Vol. 16 (2), pp.1-31.

Kuemmerle, W.（1997）"Building Effective R & D Capabilities Abroad", *Harvard Business Review*, March-April, pp.61-70.

Sakakibara, K., & Westney, D. E.（1985）"Comparative Study of the Training, Careers, and Organization of Engineers in the United States and Japan", *Hitotsubashi Journal of Commerce and Management*, Vol. 20(1), pp.1-20.

Song, J., & Shin, J.（2008）"The Paradox of Technological Capabilities: A Study of Knowledge Sourcing from Host Countries of Overseas R & D Operations", *Journal of International Business Studies*, Vol. 39(2), pp.291-303.

Westney, D. E.（1998）"Research on the Global Management of Technology Development"『一橋ビジネスレビュー』（第46巻第1号），1-21頁。

第6章

国際人的資源管理

古沢　昌之

現地化，グラス・シーリング，高コンテクスト文化，O型組織とM型組織，内なる国際化，パナソニック，現地適応とグローバル統合，トランスナショナル企業モデル，規範的統合と制度的統合，2つの忠誠心

1. はじめに

　国際人的資源管理の枠組みは，従業員の採用・配置・評価・育成といった人的資源管理の諸機能に関して，多国籍企業が活動する「国」（ホスト国＝host country，本国＝parent country，第三国＝third country）と「従業員のタイプ」（現地人＝ host country nationals：HCNs，本国人＝parent country nationals：PCNs，第三国籍人＝third country nationals：TCNs）という2つの次元を組み込んだものとして捉えられる（Morgan, 1986: 図表6-1）。

　こうした中，これまでの国際人的資源管理論の研究は，「本国人の海外派遣」（駐在員に関わる施策）と「現地人の登用」（現地化）を巡る議論が中心であった（Furusawa, 2014）。そして在外日系企業に関して言えば，「現地化の遅れ」がアキレス腱とされ，その弊害が幾多の研究で論じられてきた（Bartlett & Yoshihara, 1988；吉原, 1996；古沢, 2008 など）。

　そこで，本章では日本企業の現地化問題について，理論とケースの両面から考察する。具体的には，まず代表的研究のレビューを通して，在外日系企

図表 6-1 国際人的資源管理の概念図

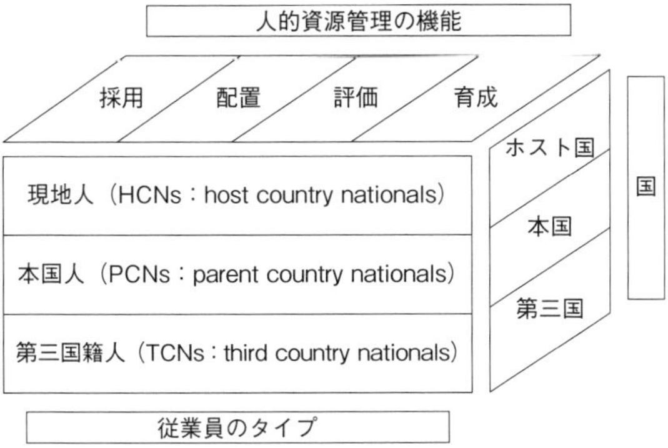

```
            人的資源管理の機能
      ┌─採用─┬─配置─┬─評価─┬─育成─┐
                                        ホスト国   国
    現地人（HCNs：host country nationals）
                                        本国
    本国人（PCNs：parent country nationals）
                                        第三国
    第三国籍人（TCNs：third country nationals）
      └─────従業員のタイプ─────┘
```

出所：Morgan（1986），p.44 をもとに一部筆者が加筆。

業における「現地化の遅れ」を指摘するとともに，その背後に潜む諸要因と弊害に関して解説する。続いて，日本を代表する多国籍企業であるパナソニックの現地化に向けた取り組みを紹介し，ケースからのインプリケーションを提示する。

2. 日本企業における「現地化問題」

(1) 在外日系企業における「グラス・シーリング」の存在

前述したように，国際人的資源管理における「現地化」とは，海外子会社の経営幹部ポスト（典型的には社長ポスト）に「現地人」（HCNs）を登用することを意味する。

日本企業の海外子会社の「現地化」に関する代表的研究をいくつかのタイプに分けてレビューすると，まず「日本企業のみを対象とした研究」としては吉原（1996）がある。吉原は在外日系企業の現地人社長比率を設立時期別に分析し，1980年代・90年代に設立された企業では各々22%・39%であるのに対し，60年代・70年代にできた企業のそれは20%・15%に留まることから，時間の経過とともに現地化が進展するという発展段階論的な見解は日本企業には妥当しない旨を論じている。

次に「欧米企業との比較研究」では，Kopp（1994）やHarzing（2004）が日系企業は相対的に本国人社長比率が高いことを問題視している。例えばKoppは，日本企業の海外子会社の日本人社長比率は74％で，欧州系（48％）及び米国系（31％）を大きく上回ることを示し，日系企業における「グラス・シーリング」（glass ceiling）の存在を明らかにしている。グラス・シーリング（ガラスの［透明の＝見えない］天井）とは，現地人の昇進に見えない障壁がある様子を描写した言葉である[1]。同様にHarzingの研究でも，日系企業の本国人社長比率は調査した11ヶ国で最高の76.5％となっている（他は英国系＝23.1％，スウェーデン系＝34.2％，ドイツ系＝40.9％など）。

さらに「特定の国を対象とした研究」として，Rosenzweig（1994）が実施した在米外資系企業のトップマネジメントの国籍調査では，日系企業の現地人トップ比率が29％であるのに対し，日系以外の各国企業の平均は68％に達する。また白木（1995）は，インドネシア子会社で大卒者がトップまで昇進している企業は，日系においては21.7％にすぎないが，欧米系では52.9％に及んでいることを述べている。加えて，古沢（2005）の在中国の日系企業と米国系企業に対するアンケート調査によると，現地人総経理（社長）比率は日系が僅か9.8％であるのに比べ，米国系では83.2％と全く対照的な結果が示されている（図表6-2）。

上で見た各種データは，調査の時期や場所を問わず，一貫して日本企業の海外子会社の「現地化の遅れ」を指し示すものである。かような状況下，在

図表6-2 在中国の日系及び米国系企業の総経理の国籍

	日系企業			米国系企業		
	合弁企業	独資企業	全体	合弁企業	独資企業	全体
本国人	82.1％	90.7％	86.6％	10.4％	17.1％	13.2％
現地人	17.9％	2.3％	9.8％	89.6％	74.3％	83.2％
第三国籍人	0.0％	7.0％	3.6％	0.0％	8.6％	3.6％
合計	100.0％	100.0％	100.0％	100.0％	100.0％	100.0％

出所：古沢（2005）を加工。

---

1 「グラス・シーリング」という言葉は，女性の昇進に対する障壁という意味で使われることもある。

外日系企業におけるグラス・シーリングは時間的要因（発展段階論的視点）や地理的要因（進出先の特性）では説明できない「構造的問題」として取り扱われてきたのである（古沢, 2008）。

(2)「現地化の遅れ」の背景に関する議論

次に日本企業の「現地化の遅れ」の背景に関連する４つの代表的な見解を見ておきたい。第１は安室（1982）が提示した「異文化コミュニケーション」の視点によるもので、日本の「高コンテクスト文化」（Hall, 1976）が現地化を妨げているという主張である。コンテクスト（context）とは「文脈」や「前後関係」のことで、「コミュニケーションを行う者同士が共有する前提条件」を意味する。日本は高コンテクスト文化の典型とされ、コミュニケーションの当事者同士が前提条件を高く共有化しているため、「あうんの呼吸」に象徴される非明示的なコミュニケーションスタイルが支配的となる。安室によれば、高コンテクスト文化の中で成長・発展を遂げてきた日本企業には、明示化・コード化されていない経営のノウハウや仕組み（暗黙知）が多く、海外子会社の経営に際しては組織の体系に精通した「ヒト」（日本人駐在員）を媒介とした「直接的コントロール」が図られる。これに対し、低コンテクスト文化を基盤とした欧米企業では、主要な経営ノウハウは公式化（形式知化）されているので、海外子会社の「間接的コントロール」（現地化）を可能にする余地が生まれる。

第２は「職務・組織構造」の視点からアプローチした議論で、石田（1994）は日本人の職務観は柔軟で融通性があるのに対し、外国人は職務を明確で固定的なものと考えるなど、両者が当然と考えることにギャップがある点を現地化に向けた障害として指摘している。また林（1994）は、先述した「コンテクスト」概念と「アナログ知覚・デジタル知覚」の視点を融合させて、「Ｏ（有機的）型・Ｍ（機械論的）型」の組織論を展開している（**図表6-3**）。**図表6-3**の白色の部分は、個人に明確に割り当てられた職務を指すが、林に従えば、高コンテクスト文化の知覚特性はアナログ的であるので、ルーチン化・専門化された仕事以外は戦略的なものも含めて特定の個人には配分されない「Ｏ型」の組織が導かれる。他方、低コンテクスト文化ではデジタル

図表6-3 O型組織とM型組織

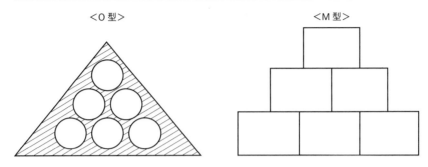

出所:林(1994), p.57及び石田(1994), p.7を加工。

知覚が支配的なため,その組織構造は各人の仕事の境界が明快で,職責と権限が職務記述書に明示される「M型」となる。林はO型において特定個人に所属していない職務領域を「グリーンエリア」(**図表6-3**の斜線の部分)と呼び,その有無がO型とM型を区別する最大の要因であるとしている。グリーンエリアは,O型の視点では「1つの目的やアイデンティティの下に情報の共有化がなされ,戦略的コンセンサスが形成される場」として積極的ニュアンスで理解されるが,「組織は職務の体系である」と考えるM型の視点に立てば「理解しにくいグレーエリア」となる。林の調査によると,アジア・アフリカ諸国では文化の基調は「高コンテクスト」であるが,日本以外の国においては自己文化に基づく経営スタイルが開発される前に欧米の強烈な影響にさらされた結果,M型組織が主流となっている。それ故,在外日系企業が現地化を進めることは困難であるという[2]。

　続いて,第3の視点は吉原(1989, 1996)が論じた「内なる国際化」に関わるものである。「内なる国際化」とは「本社の国際化」を意味し,「親会社の意思決定過程に外国人が参加していること,あるいは外国人が参加できる状態にあること」である(吉原, 1996: p.117)。吉原(1989, 1996)によると,日本本社の社長や役員の多くは国内畑で,海外経験のある幹部は少数派であるため,現地人が英語など外国語でコミュニケーションをしようとしても,

---
2　O型とM型は,石田(1994)では各々日本型,外国型に相当する組織編成モデルである。

本社サイドがそれに応じられない場合が少なくない。こうした親会社の「内なる国際化の遅れ」が現地化にブレーキをかけると考えられるのである。

最後に第4はYoshino（1976）やFernandez & Barr（1993）に代表される「社会構造」の視点である。Yoshinoによれば，日本の社会構造の特徴は「同質性」と「集団志向」にあり，その帰結として「排他的な社会的連鎖」（exclusive social nexus）が形成される。こうした状況下，Yoshinoは閉鎖的で排他的な日本企業が「異質な要素」（heterogeneous elements）を受容することは難しいと述べ，戦略や組織構造面においては米国型への収斂が見られるものの，経営システム面での可能性については否定的な見解を示している。またFernandez & Barrは，1850年代まで続いた鎖国が，人々の間に「『我々とあの人たち』というメンタリティ」（'us-versus-them' mentality）を育むとともに，日本人は「集団志向」の伝統も相俟って「同質性」を成功への鍵と考え，同質性に対するいかなる脅威も否定的に捉えるようになったと主張する。その結果，在外日系企業では，非日本人を排除・差別する民族主義的でエスノセントリック（本国人中心主義的）な経営が進行するというのである。

（3）「現地化の遅れ」による弊害

第1の弊害は「現地の有能人材の採用・定着難」である[3]。Kopp（1994）は，前述の日・欧・米多国籍企業の比較研究から，「有能人材の採用難」に直面しているのは欧州系・米国系が各々26％・21％であるのに対し，現地化が遅れている日系においては44％に及ぶことを報告している。また「現地人の高い離職率」に悩む企業は，欧州系・米国系については9％・4％に留まるが，日系では32％となっている。

第2は「現地適応力の弱い経営による業績へのマイナスの影響」である。逆に言うと，海外子会社が現地化を通して「ローカルのインサイダー」になることができれば，現地の環境に埋め込まれた知識・情報へのアクセスという点で優位性を発揮できよう（浅川, 2002; 安室, 2012）。事実，先に示した吉原（1996）の日系企業調査では，「利益率＝2％以上」の海外子会社の比

---
3 本項で論じている様々な弊害は，現地化によるメリットの裏返しであると考えられる。

率は，日本人が社長を務めるケースにおいては47%であるのに対し，現地人社長では58%と高く（5%水準の有意差），現地化が海外子会社の業績を説明する要因の1つであることが述べられている。

第3の弊害は「駐在員派遣に付随するコストアップ」である。これには「住居費」「子女教育費」などの直接的（金銭的）コストに加え，駐在員及び帯同家族の「異文化適応」や「帰任後の再統合（再適応）」といった間接的（非金銭的）コストも含まれる[4]。

3. ケース―パナソニックにおける国際人的資源管理の変革[5]―

本章では，日本企業のアキレス腱としての「現地化問題」を論じてきたが，近年その状況に変化の兆候が見え始めている。日本在外企業協会（2012）によると，日系企業における非日本人（≒現地人）社長比率は，2007年に16%であったものが，12年には29%まで上昇してきている[6]。こうした潮流変化の背景にある要因として次の3つが考えられる。

第1は「経営のグローバル化」である。すなわち，日本市場の成熟化に伴い，海外市場への注力が求められるようになった結果，現地市場に精通した人材の必要性（人材オプションとしての現地人の相対的重要性）が高まってきたということである。また一方では，グローバル化による海外拠点の増加が駐在員供給の物理的限界を惹起しているという状況も重要と考えられる（古沢, 2008, 2016）。

第2は先に日本企業の現地化を阻む要因の1つとして取り上げた「内なる国際化」の進展である。例えば古沢・盛岡・安室（2018）の調査によると，最近では「TOEICスコアの昇格要件化」や「海外勤務をキャリアとして重視する姿勢」を打ち出す日本企業が珍しくなく，「日本人社員の英語能力の

4　例えば日本人駐在員を中国へ派遣する場合，一般的に1年間の人件費は約3000万円／人に達すると言われる。
5　本ケースは，筆者（古沢）のパナソニックへのヒアリング調査に基づいている。
6　正確に言えば，非日本人は必ずしも「現地人」とは限らず，「第三国籍人」である可能性もある。しかしながら，日本企業に関しては，かねてより指摘されているように，第三国籍人の海外子会社トップは極めて稀であることから（Kopp, 1994），実態上は非日本人を現地人の代理変数と捉えて差し支えないものと考える。なお，日本在外企業協会は2014年にも同様の調査を行っているが，非日本人社長比率の算出方式が従来のものから変更され，非日本人社長は25%となっている。同協会によれば，12年データ（非日本人社長比率＝29%）を新方式で再計算すると22%になるとのことである。

向上」「海外駐在経験を有する本社役員の増加」といった変化が観察される旨が示されている。

そして第3の要因は，日本企業における「国際人的資源管理の変革」である。つまりは，海外事業が拡大・深化する中，日本本社が現地の有能人材の採用・育成・定着に本腰を入れ始めたということである（古沢, 2008, 2016; Furusawa, 2014）。

上記の問題意識を踏まえ，本節では日本企業で最も多くの海外子会社を有するパナソニック株式会社の国際人的資源管理に関する事例研究を行いたい[7]。

(1) 「新現地化アクションプログラム」の始動

パナソニックにおいて，国際人的資源管理の変革が本格化したのは，2000年に「新現地化アクションプログラム」（責任者＝本社代表取締役人事担当）が始まってからである。その背景としては，海外子会社におけるグラス・シーリングがもたらす海外の有能人材の採用・定着難という問題があった。こうした中，現地人社長比率を2000年の15%から07年には25%にまで引き上げるという目標を掲げて同プログラムがスタートした。

「現地化」実現のためのステップは，以下の4つで構成されている。第1は社長ポストを現地化すべき子会社か否かを見極めることである。ここでは，①マネジメントの視点（親元事業部との関係性＝求められる連携の頻度・密度），②コーポレートガバナンスの視点（現地人社長を監督・牽制する日本人駐在員を配置できるか否か），③マーケットの視点（現地化によるインサイダー化のメリットの大きさ）を勘案して判断が下される。次に第2のステップは，現地化すべきとなった場合，候補者の有無を明確化することである。第3に，候補者がいないのであれば，内部で育成するか外部人材を招聘するかを決定する。最後に第4として，内部で育成・登用する場合は，次項で述べるグローバルな「サクセッションプラン」（後継者育成計画）との連動を図ることになる。

---

7 東洋経済新報社（2017）によれば，同社は海外現地法人数が日本企業の中で最多である。

(2) サクセションプランの概要

　サクセションプランは，パナソニックの「グローバル・タレントマネジメント」の一環として実施されているもので，その目的は「経営職ポスト」（本社が統一的に管理するグローバルな基幹ポスト：全世界で約500ポスト）の後継者となりうる「ハイポテンシャル人材」をグローバルに発掘し，育成することにある（古沢，2008，2016）。ハイポテンシャル人材は「実績評価」に「コンピテンシー」の発揮状況を加味して，各カンパニーからノミネートされる[8]。その際，実績評価は「目標管理制度」（management by objectives：MBO），コンピテンシー評価に関しては「経営理念」をベースとした「パナソニック・グローバル・コンピテンシー」がツールとして用いられる。

　現在，ハイポテンシャル人材として登録されている従業員は全世界で約2000名（うち約2割が非日本人）に及び，HP1（3年以内に経営職ポストへの昇進が見込まれる者），HP2（5年以内の同ポストへの昇進が見込まれる者），HP3（将来の経営幹部候補）の3つの区分で管理され，毎年見直し・入れ替えが行われる。

　次にハイポテンシャル人材の育成については，Off-JTとOJTの両面からのアプローチがなされている。まずOff-JTに関しては，"Panasonic Executive Development Program"と呼ばれる教育研修があり，毎年半年間に渡って開催される。例年，同研修には日本も含めた世界各国から約60名の経営幹部候補が参加し，リーダーシップや意思決定，ビジネスシミュレーション，さらにはアクションラーニング等からなるプログラムを受講する。一方，OJT関連では「2×2×2」の原則に基づき多様なアサインメントが課されていく。「2×2×2」の原則とは，複数の事業場経営，複数の国及び複数の機能での経験を経営職ポストへの昇進要件としていくことを意味するものである。

　そして経営職ポスト昇進後についても，グローバル統一の考え方で「パナソニック・グローバル・コンピテンシー」が人材要件の1つとして活用されている。

8　パナソニックは「カンパニー制」を導入している。

(3)「内なる国際化」の推進

パナソニックでは，上記の施策と並行して「内なる国際化」の推進も図られた。その第1は「日本採用の外国人社員」（日本勤務者）の増強で，2018年時点の在籍者数は2007年と比べて2倍以上になっている。また外国人社員に対するメンター制度，情報交換ホームページ，フォローアップ面談等の支援策が整備され，採用後の定着にも注意が向けられた。第2は「現地人社員の逆出向や日本研修」の推進で，具体的には"Working in Japan"と呼ばれる日本勤務と研修を結合させた仕組み（3ヶ月〜2年間）が始まった。他方，日本人社員に対しては，上位等級群登用や海外駐在に際する「TOEICスコア」の要件化がなされ，主務職登用の基準は550点，海外駐在は650点である。加えて，近年では「海外駐在」がキャリアパスとして重視されるようになっているという。そしてグローバル・タレントマネジメントが奏功し，2004年には非日本人が初めて本社役員に登用された。その結果，日本本社の役員に占める「海外駐在経験者＋外国人」の比率は，「プラザ合意」のあった1985年には僅か13.0%であったが，95年＝23.3%→05年＝34.1%→15年＝43.6%と上昇してきている（社外取締役・監査役を除いて算出）。

(4) 変革による成果

上述した一連の変革を経て，パナソニックでは，2000年に15%であった現地人社長比率が2007年には25%まで伸び，新現地化アクションプログラムで掲げた目標を達成するに至った。同比率はその後も上昇傾向を辿り，12年には31%となった（古沢，2016）。また，外国人の本社役員の数も18年時点では4名まで増えている。

4. ケースの解説

上記ケースからのインプリケーションの第1は「本社・経営トップのコミットメントの必要性」である。「現地化」は，現地人の採用・育成・定着に関する中長期にわたる体系的な取り組みを必要とするが故に，現地任せで

はなく本社と経営トップのコミットメントを通してその実現が図られるべきと考える（古沢, 2008; Furusawa, 2014）。パナソニックについて言えば，本社の代表取締役が責任者となるなど，経営トップのイニシアチブによるグローバルなプロジェクトとして現地化の推進がなされてきた。そして現地化を本社が主導する「グローバル・タレントマネジメント」のプロセスと結合させ，海外子会社トップという重責を任せられる人材のプールの拡充に取り組んだことが目標達成に向けたポイントの1つであると感じる。

第2は「日本企業の弱点を克服するための取り組みの重要性」である。別言すれば，先に見た「現地化の遅れ」の背後に横たわる諸問題への対応である。パナソニックの場合，グローバル・タレントマネジメントに注力すると同時に，日本採用の外国人社員の増強，現地人社員の逆出向・日本研修，TOEICスコアの上位等級群登用・海外駐在への要件化，海外勤務経験の重視等を通して「内なる国際化」を促進していった。

第3のインプリケーションは「現地化を越えた国際人的資源管理の追求」である。「現地適応」と「グローバル統合」という多国籍企業が直面する二律背反的圧力の両立を謳った「トランスナショナル企業モデル」（Bartlett & Ghoshal, 1989）に従えば，現地化は競争優位に向けた必要条件ではあるが，十分条件とは言えない。これからの海外子会社トップには「ローカルのインサイダー」であることに加え，本社及び他の海外子会社との国境を越えた協働（イノベーションの創造や活用に向けた協働）によって「グローバルネットワークへの貢献者」となることが求められるのである（古沢, 2008）。そして子会社トップが「糸の切れた凧」になることを防ぎ，彼・彼女らをグローバルな枠組みに統合していくためには，国際人的資源管理における「規範的統合」と「制度的統合」が必要となる（古沢, 2008; Furusawa, Brewster & Takashina, 2016）。規範的統合とは自社の経営理念・価値観の共有化により国民文化の違いを超克した「信頼関係」の構築を目指すことであり，制度的統合は「グローバルに統合した人事制度」を通して「グローバル最適の人材活用」と「有能人材の採用・定着」を図ることを意味している。また規範的統合と制度的統合は「車の両輪」として相互に連動させていくことが重要である。すなわち，規範的統合なき制度的統合は現地人の「機会主義」の温

床となり，「国境を越えた協働」の基盤となる協力精神を損なう恐れがある。一方，制度的統合なき規範的統合への取り組みは現地人に対して「エスノセントリック」なイメージを植え付け，有能人材の敬遠・離反を招く危険性を内包していると考えられる。パナソニックに関しては，経営理念に立脚した「パナソニック・グローバル・コンピテンシー」を策定し，グローバルな行動規範としてその共有化を図ることで規範的統合を企図している。他方，制度的統合面ではハイポテンシャル人材の発掘基準をグローバルに統一し，グローバルな適材適所の実現に取り組むと同時に，キャリア機会を「見える化」させて有能人材の採用・定着・活性化を追求していると言える。加えて，規範的統合の中核となる「パナソニック・グローバル・コンピテンシー」をハイポテンシャル人材の発掘基準として，さらには経営職ポスト昇進後の人材要件の1つとして活用するなど制度的統合にも組み込むことで，2つの統合の連動を実現させているのである。

5. おわりに

　本章では，日本企業の国際人的資源管理の中で「現地化問題」に焦点を当て議論を展開してきた。具体的には，在外日系企業におけるグラス・シーリングの存在を指摘し，それが時間的要因や地理的要因では説明不可の構造的問題であることを述べるとともに，その弊害を論じた。

　一方，近年では日本企業の海外子会社において現地人社長比率が徐々に上昇していることに言及し，ケースとしてパナソニックにおける現地化推進に向けた諸施策を取り上げた。同社の取り組みは，現地化とは現地任せを意味するのでなく，本社によるグローバルな観点からのアプローチがなされねばならないことを示唆している。そしてトランスナショナル企業が主唱する「現地適応とグローバル統合の同時達成」を果たすには，国際人的資源管理において，現地化を最終目的地とするのでなく，海外子会社トップを規範的・制度的に統合し，ローカルとグローバルの双方に対する「2つの忠誠心」（Black, Gregersen, Mendenhall & Stroh, 1999）を有した人材を確保することこそが肝要であると言えよう。

安室憲一のワンポイントコメント

　組織が環境に適応するためには，外部環境の複雑性・多様性の増加以上に，内部環境の多様性を増加させることが必要になる。これは認知科学では「最小多様性の法則」(the law of requisite variety) として知られている。企業が国際化し，多様な環境や市場に接するようになると，組織内部の人的資源も「多様化・多国籍化」しなければならない。これを怠ると，環境適応が困難になり，組織のパフォーマンスが低下する。

　ところが，内部環境の多様化は，組織の出身母体（国や文化圏）の違いによって容易な場合とそうでない場合がある。概して，組織の凝集性が高い場合は，多様化が困難になる。他方，人種や文化が多様で，労働市場を通じて標準化された職務(job) が取引される国や地域（低コンテクスト社会）では，「経営の現地化」が比較的たやすい。ところが，共同体意識が強く，終身雇用・年功序列意識の強い国や地域では「経営の現地化」に時間がかかる。経営理念やコーポレートカルチャーの共有（学習）に意識的努力が必要だからである。欧米でも経営理念を重視する「ビジョナリー・カンパニー」は，経営人材の現地人登用に時間と投資（教育訓練）を費やしている。

　こう考えると，ここで取り上げたパナソニックの「グローバル・タレントマネジメント」は，日本企業がベンチマークすべき実務（ベスト・プラクティス）と言える。日本は高コンテクスト社会であり，アメリカ（低コンテクスト社会）で見られる標準的な職務の労働市場は成立していない。労働市場からタレント（能力）をスカウトして「経営の現地化」を図るということが難しい。グローバル企業にとって重要なのは，経営人材の「国籍ミックス」を最適に保つことである。この「最適ミックス」のあり方は，企業の出身国や規模，移転される技術のレベル，国際経験年数，進出先国や地域の特質，業種等で様々であろう。日本的経営を維持したい企業は，外部環境の多様性を制限する戦略もありうる。つまり，アジア地域（高コンテクスト社会）にだけ進出するという選択もありうる。人的資源管理の能力が限られる日本の中堅・中小企業は，そうした選択肢も考えるべきであろう。また，欧州系企業のように，本国人派遣者に現地の国籍を取得させ，「現地人化」させる方法や現地に滞在する本国人（self-initiated expatriates：SIEs）の採用という方法もある（古沢, 2017）。「経営の現地化」には，様々な方法があることを視野に入れておきたい。

● 参考文献

Bartlett, C. A., & Ghoshal, S.（1989）*Managing Across Borders: The Transnational Solutions*, Boston, USA: Harvard Business School Press.

Bartlett, C. A., & Yoshihara, H.（1988）"New Challenges for Japanese Multinationals: Is Organization Adaptation Their Achilles Heel?", *Human Resource Management*, Vol. 27（1）, pp.19-43.

Black, J. S., Gregersen, H. B., Mendenhall, M. E., & Stroh, L. K.（1999）*Globalizing People Through International Assignments*, Reading, USA: Addison-Wesley Publishing Company.

Fernandez, J. P., & Barr, M.（1993）*The Diversity Advantage: How American Business can Out-perform Japanese and European Companies on the Global Marketplace*, New York, USA: Lexington Books.

Furusawa, M.（2014）"Global Talent Management in Japanese Multinational Companies: The Case of Nissan Motor Company", In A. Al Ariss（ed.）, *Global Talent Management: Challenges, Strategies, and Opportunities*, Berlin, DEU: Springer, pp.159-170.

Furusawa, M., Brewster, C., & Takashina, T.（2016）"Normative and Systems Integration in Human Resource Management in Japanese Multinational Companies", *Multinational Business Review*, Vol. 24（2）, pp.82-105.

Hall, E. T.（1976）*Beyond Culture*, New York, USA: Doubleday and Company.

Harzing, A. -W.（2004）"Composing an International Staff", In A. -W. Harzing & J. V. Ruysseveldt（eds.）, *International Human Resource Management*, second edition, London, UK: SAGE Publications, pp.251-282.

Kopp, R.（1994）"International Human Resource Policies and Practices in Japanese, European, and United States Multinationals", *Human Resource Management*, Vol. 33（4）, pp.581-599.

Morgan, P. V.（1986）"International HRM: Fact or Fiction?", *Personnel Administrator*, Vol. 31（9）, pp.43-47.

Rosenzweig, P. M.（1994）"Management Practices in U.S. Affiliates of Foreign-owned Firms: Are 'They' Just Like 'Us'?", *The International Executive*, Vol. 36（4）, pp.393-410.

Yoshino, M. Y.（1976）*Japan's Multinational Enterprises*, Cambridge, USA: Harvard University Press.

浅川和宏（2002）「グローバルR＆D戦略とナレッジ・マネジメント」『組織科学』（第36巻第1号），51-67頁。

石田英夫編著（1994）『国際人事』中央経済社。

白木三秀（1995）『日本企業の国際人的資源管理』日本労働研究機構。

東洋経済新報社（2017）『海外進出企業総覧（国別編）2017』。

日本在外企業協会（2012）「『海外現地法人の経営のグローバル化に関するアンケート調査』結果報告について」。

林吉郎（1994）『異文化インターフェイス経営』日本経済新聞社。

古沢昌之（2005）「日本企業における国際人的資源管理の変革―『統合-現地適応』の両立に向けて―」『国際ビジネス研究学会年報』（第11号），13-27頁。

古沢昌之（2008）『グローバル人的資源管理論―「規範的統合」と「制度的統合」による人材マネジメント―』白桃書房。

古沢昌之（2016）「日本企業の国際人的資源管理における『現地化問題』を再検討する―変化の兆候とその背景―」『地域と社会』（第 16 号），57-71 頁。
古沢昌之（2017）「在中国日系進出企業における『現地採用日本人』の活用に関する研究―日系企業及び現地採用者本人に対する調査を踏まえて―」『国際ビジネス研究』（第 9 巻第 1-2 号），19-34 頁。
古沢昌之・盛岡貴昭・安室憲一（2018）「日本企業における『内なる国際化』の進展に関する一考察―『言語投資』の視点を中心として―」『地域と社会』（第 21 号），153-183 頁。
安室憲一（1982）『国際経営行動論』森山書店。
安室憲一（2012）『多国籍企業と地域経済―「埋め込み」の力―』御茶の水書房。
吉原英樹（1989）『現地人社長と内なる国際化』東洋経済新報社。
吉原英樹（1996）『未熟な国際経営』白桃書房。

第3部

国際ビジネスの地理的拡大
―チャイナ・プラス・ワンの時代―

第7章

中国と日本企業

山部　洋幸

　国際人的資源管理，世界の工場，チャイナ・プラス・ワン，共立精機（大連），現地人トップ，金型，日本的経営，5S，自動車産業，中小企業，高付加価値製品

1．はじめに

　日本企業にとって地理的に近い大国である中国は製造拠点・販売市場として重要な役割を果たしてきた。一方で中国における生産コストの上昇やカントリーリスクに対応すべく，「チャイナ・プラス・ワン」として中国に加えてASEAN等のアジア地域に新たな拠点を設けるといった話も盛んである。こうした中，日本企業の中国事業展開は新たな局面を迎えていると言える。

　そこで，本章では中国での今後の現地経営のあり方について考察したい。具体的には，まず近年の中国の経営環境と日本企業の動向に関して，各種統計データを用いて議論する。そして，中国で自動車用金型の製造を手掛ける日系進出企業（共立精機（大連）有限公司）の「現地化」のケースを取り上げ，インプリケーションを導出する。

2．中国の経営環境

　中国の経営環境を考察するに当たって，まず2017年末時点の統計をまとめた中国国家統計局（2018）を見ていく。総人口は約13.9億人（世界第1位），GDP総額が82兆7121億7000万元（世界第2位）で，産業種別に見

図表 7-1 中国の GDP 推移

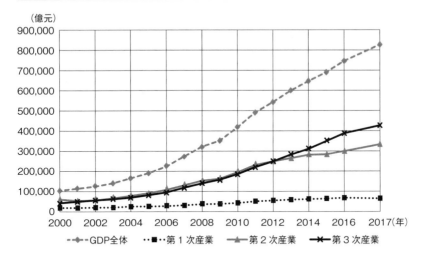

出所：中国国家統計局（2018）をもとに筆者作成。

ると第 1 次産業が 6 兆 5467 億 6000 万元（7.9％），第 2 次産業が 33 兆 4622 億 6000 万元（40.5％），第 3 次産業が 42 兆 7031 億 5000 万元（51.6％）である（**図表 7-1**)[1]。12 年に第 3 次産業の比率が第 2 次産業の比率を逆転して以来，第 3 次産業が GDP の半分以上を占めるようになっている。

次に日本貿易振興機構（2017）の調査[2] を参考に，中国進出日系企業の「事業展開の方向性」の変化を時系列で見ていくと，「今後 1～2 年で中国事業を拡大する」との回答の割合は近年低下傾向にあったが，2015 年に底を打ち，16 年からは上昇に転じている（**図表 7-2**）。

このように，日本企業は中国の事業を（再び）拡大しようとする傾向が読み取れるが，中国の経営環境は現在どのような状態にあるのだろうか。海外での事業展開における指標として重要な賃金の傾向を見ていく（**図表 7-3**）。日本

---

[1]　1 元＝16.21 円：2018 年 8 月時点。
[2]　（資料）日本貿易振興機構（2017）「2017 年度 アジア・オセアニア進出日系企業実態調査」（https://www.jetro.go.jp/ext_images/_Reports/01/b817c68e8a26685b/20170085.pdf：2018 年 8 月 31 日 最終アクセス）を参考にしている。本調査の対象は北東アジア 5 ヶ国・地域，ASEAN9 ヶ国，南西アジア 4 ヶ国，オセアニア 2 ヶ国の計 20 ヶ国・地域に進出する日系企業（日本側による直接または間接の出資比率が 10％以上の企業）である。本調査（2017 年度）は 2017 年 10 月 10 日～11 月 10 日に行われ，1 万 1944 社に回答を依頼し，4630 社から回答（有効回答率 38.6％）を得た。

図表 7-2 中国進出日系企業の今後 1〜2 年の事業展開の方向性

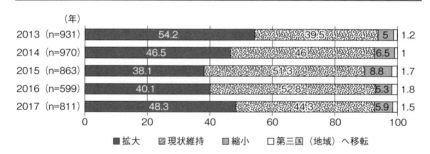

注：図表の数値は四捨五入しているため合計が必ずしも 100％とならない。
出所：（資料）日本貿易振興機構「2017 年度 アジア・オセアニア進出日系企業実態調査」
（2017 年 12 月）をもとに筆者作成。

　貿易振興機構（2017）を参考にすると，中国（北京市）の賃金は東南アジアの都市と比べワーカーレベルでは倍以上の差があり，エンジニア，中間管理職レベルにおいても他国よりも高い水準を示している。中国の平均賃金は年々上昇しており，2006 年時点で製造業は年額 1 万 8225 元であったのが 17 年には 6 万 4452 元となっており，全産業平均でも 06 年の 2 万 856 元から 17 年は 7 万 4318 元へと上昇している（中国国家統計局，2018）。この期間の賃金上昇率は全産業平均が 12.2％，製造業が 12.2％であり，製造業の賃金は全産業平均と似たような上昇傾向を示し，賃金水準においても全体平均と大差ないと言える。では，中国の人件費について日本企業はどのように感じているのであろうか。国際協力銀行（2017）がわが国の製造企業を対象に実施した調査[3]では，中国における現地経営上の課題の上位 5 項目は「労働コストの上昇」（64.7％），「他社との厳しい競争」（57.4％），「法制の運用が不透明」（54.2％），「知的財産権の保護が不十分」（40.0％），「為替規制・送金規制」（35.8％）の順となっている。本調査は毎年実施されているが，「労働コストの上昇」は 10 年以降毎年 1 位で，回答企業の比率も 60％超という高水準が続いている。このように，日本の

---

[3] 同調査の対象は製造業で原則として海外現地法人を 3 社以上（うち生産拠点 1 社以上を含む）を有する企業である（発送数＝1001 社，回答数＝602 社，回答率＝60.1％）。直近の調査では 2017 年 7 月に調査票が発送され，同年 7〜9 月にかけて回収された。中国における課題の回答については「中期的（今後 3 年程度）に有望と考える事業展開先国名」を一企業につき 5 つまで記入してもらい，そのうち中国と答えた企業の中でさらに中国における課題について回答した企業（190 社）の集計（複数回答）である。

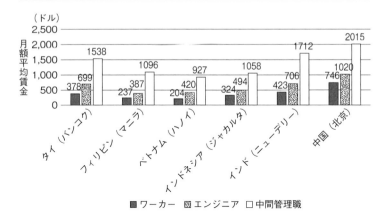

図表 7-3 アジア主要都市の製造業の平均賃金の比較

注：同データは（資料）日本貿易振興機構「2017年度 アジア・オセアニア進出日系企業実態調査」（2017年12月）のデータから作成したもので，米ドルへの換算は2017年10月の平均レートを適用している。
出所：日本貿易振興機構「投資コスト比較」（https://www.jetro.go.jp/world/search/cost.html：2018年9月7日最終アクセス）をもとに筆者作成。

製造企業にとって，中国の人件費は進出の誘因として弱いように思われる。

次に，日本企業の海外投資に際する意思決定のポイントについて考える。経済産業省（2018）の「海外事業活動基本調査」をもとに，海外投資を決定した際のポイント（中国に限らない）について，上位4つの要因を時系列で見ると（**図表 7-4**）[4]，「①現地の製品需要が旺盛または今後の需要が見込まれる」（71％）は3年連続増加している。「②進出先近隣3国で製品需要が旺盛または今後の拡大が見込まれる」（28.3％）も2年ぶりに増加し，「③納入先を含む他の日系企業の進出実績がある」（27.8％）を初めて上回った。一方で「④良質で安価な労働力が確保できる」（16.5％）は長期にわたって低下傾向にあることが読み取れる。

続いて，アジア諸国と中国の状況を比較することで現在の中国に期待される拠点としての機能を明らかにしていく。日本貿易振興機構（2017）の調査

---

4 同調査の対象は本社企業（発送数＝9645社，回答数＝6903社，回収率＝71.6％）で，各年度に新規投資または追加投資を行った企業に投資を決定した際のポイントについて該当する項目を3項目まで選んでもらい，集計している。構成比は回答企業総数に対する該当項目の回答企業比率となる。

図表 7-4 投資決定のポイントの上位4項目の時系列比較

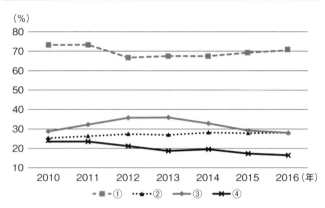

出所：経済産業省「海外事業活動基本調査」（各年度）をもとに筆者作成。

図表 7-5 「拡大する」機能における「生産（高付加価値製品）」の比較

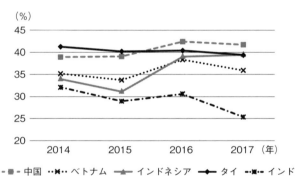

出所：（資料）日本貿易振興機構「2017年度 アジア・オセアニア進出日系企業実態調査」（2017年12月）をもとに筆者作成。

は今後の事業展開で「拡大する」機能について複数回答で問うている（**図表7-5**）。全体の上位5項目は「販売機能」，「生産（高付加価値製品）」，「生産（汎用品）」，「物流機能」，「研究開発機能」であるが，中国において特筆すべき点は「生産（高付加価値製品）」（41.3％）の割合が他のアジア諸国よりも高くトップとなっていることである。中国と並ぶ大国であるインド（25.3%）と比較すると対照的な結果である。

図表 7-6 中国事業からの撤退理由

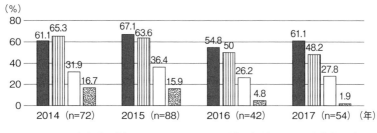

出所：(資料) 日本貿易振興機構「2017年度 アジア・オセアニア進出日系企業実態調査」(2017年12月) をもとに筆者作成。

　また，日本貿易振興機構 (2017) は中国事業からの撤退理由も尋ねている。**図表 7-6** は上位3つの要因 (売上げの減少，コストの増加，成長性・潜在力の低さ) に加え，「高付加価値製品への低い受容性」の割合を表したものであるが，高付加価値製品への低い受容性は年を追うごとに低下していることが分かる。

　ここまでの議論をまとめると，中国の経営環境と日本企業の動向に関しては次のことが読み取れる。近年の中国においては平均賃金が年々上昇しており，人件費削減目的での投資は今後難しく，労働コストの上昇を中国における経営課題として捉えている日本企業が多い。その一方で，「拡大」する機能として「生産 (高付加価値製品)」を挙げる比率が他国よりも高く，中国からの「撤退」理由として「高付加価値製品への低い受容性」が年々低下傾向にあることから，中国に対する高付加価値製品の生産拠点・市場としての期待の高まりを感じ取ることができよう。

3．ケース―共立精機(大連) における現地化について―[5]

(1) 現地化の必要性

　巨大な中国市場における高付加価値製品に対する需要を理解するには，日

5　ケースの記述は共立精機(大連)孟強董事長への聴き取り調査 (2018年4月13日)，同社提供資料及

本から派遣される日本人駐在員主体ではなく，現地を深く知る現地の人材によるマネジメントが求められると考えられる。よって，ここでは，国際人的資源管理における「現地化」（本書第6章参照），つまり海外子会社の社長ポストに現地人を登用した日系進出企業のケースを取り上げる。具体的には，現地人社長が日本本社の経営理念を理解し，それを中国での経営にどのように結びつけているのかを明らかにする。この分野は先行研究が少なく（韓，2010），本ケースを通して新たな国際経営論の展望を示すことを試みる。

（2）中国の金型産業

ケースについては，製造業，中でも金型製造の会社を選択した。製造業を選んだのは，先に見たように中国における製造業の賃金が国全体の特徴と同じ傾向を示していることも理由の1つであるが，岡本（1998: p.1）によれば，製造業は経営活動の内容が多岐にわたり，経営のシステムの複合的な体系的特徴を把握することに適するからである。一方，中国の製造業に関する先行研究では，「世界の工場」である中国がどのようにして製造能力を身に着けたのかという問題意識のもと産業基盤の形成に着目し，最重要基盤の1つは金型産業の高度化であるとの主張がなされている（兼村，2011；李他，2015）。そこで，金型製造企業に着目したい。

では金型産業とはいかなるものであろうか。金型産業の特徴について浅井（2008）を参考に説明していこう。まず，金型は金属・プラスチックなどの原材料から同じ製品を大量に生産する際に用いられる金属製の型である。この金型から生み出される製品は，自動車・家電・各種機械部品など多くの産業にわたっており，製造業を代表する自動車や家電産業では多くの部品が金型によって成形され組み立てられている。このことから，最終製品の品質は金型の品質・精度によって決まってくる。金型の製造は設備投資をすれば誰でもできるわけではない。金型製造には，顧客から提供された製品設計データと顧客との打ち合わせを基に行われる金型の設計，材料及び加工法の選択，工作機械のCAMデータのプログラミング，金型完成後の組み立て・修正といったスキルが求められる。これらのスキルは金型構造や材料特性など

び李・天野・金・行本（2015），駒形（2016）の記述を参考にしている。

複数の技術分野にまたがる形で金型全般について理解する必要があり，高度な技術が要求される。以上のように，金型産業は多くの製品の生産にとって基盤をなす点がケースとしての代表性を有し，高度な技術を必要とする高付加価値製品としての特質も持つことから興味深いケースと言えるだろう。

　中国における自動車金型市場の動向[6]を見ていくと，概ね自動車市場と連動している。国内では2017年において中国の自動車生産と販売台数はともに2800万台を超えて，8年連続で世界一を記録している。長らく輸入がほとんどを占めていた中国の金型市場であるが，05年頃から輸出が伸び始め，10年には輸出と輸入の金額がともに20億ドルとなった。そして，15年には輸入金額については20億ドル弱でさほど変化が見られなかったものの，輸出金額は50億ドルを超えた。このことから中国の金型産業が成長産業であることが分かる。

(3) 共立精機（大連）の経営

　今回取り上げる企業は共立精機（大連）有限公司である。親会社である共立精機株式会社は1959年に大阪府堺市で創業し，91年には三重県に松阪工場を設立し発展してきたダイカスト[7]金型企業である。日本の従業員は54名で経営規模としては中小企業に位置付けられる[8]。主たる事業は自動車部品向けのダイカスト製品の製造である。

　共立精機の海外進出先として選ばれたのは中国遼寧省の大連市で，1995年11月に共立精機（大連）有限公司が設立された。進出のきっかけは，後に中国現地法人の董事長となる孟強氏と日本本社の松本昇社長（当時）との出会いである（天野，2015: p.99）。孟氏はもともと河南省の洛陽市で中国郵電部傘下のオートバイメーカーに勤務していた。専門は生産管理で，86年に日本生産性本部と中国郵電部による研修生制度を利用して来日し，共立精機の本社で1年間工程管理の勉強をした。この時，指導役として工場長であっ

6　本節は共立精機（大連）より提供いただいた資料を参考に記述している。
7　ダイカストとは鋳造方式の一種。鋳造とは溶けた金属を型に注入して製品を作る生産方法であり，ダイカストは高い圧力をかけて金属を注入する方式で行われる。他の鋳造方式に比べ大量生産，寸法精度，製品の表面のきれいさ等に優れるとされる。
8　中小企業基本法第2条によると，製造業において「資本の額または出資の総額が3億円以下の会社並びに常時使用する従業員の数が300人以下の会社及び個人」が中小企業に該当する。

たのが日本本社の 18 年現社長である尾花久男氏であった。当時本社では中国進出が検討されていたが，政治状況もあり一時中断となった。その後，92 年に中国進出を再度検討していた松本社長から孟氏に手紙が届き，共同で進出先の検討を始めた。最終的に大連に決めたのは，日系の商社や物流会社が進出していて，物流システムが整備されていたこと，金型製作は根気のいる仕事なので，寒い東北地域に住む人は我慢強く適性があるのではないかと考えたことなどの理由からであった。

　売上（2017 年時点）は 16 億 6000 万円で，日本本社の売上（14 億 3000 万円）と概ね同じ規模である。事業の内訳の 8 割を占めるのが自動車部品の金型で，残りの 2 割が汎用機器，自動二輪，産業機器の部品の生産となっている。特に自動車部品のダイカスト金型は 7 割が日系企業との取引であり，3 割がその他の中国民営企業との取引である。国有企業との取引はほとんどない。日系企業との取引の中で 6 割を占めるのが日本のホンダ系列で，残りの 4 割は日系の自動車部品メーカーになる。これら取引のある会社は 20 社ほどである。また，競合関係については，日系の金型メーカーと中国国内の地場メーカー 10 社がライバルである。

　1995 年の設立時は，共立精機が独資で 357 万ドルを出資し，32 名でスタートした。07 年には取引先である株式会社ホンダトレーディング[9]から出資を受け入れ 85 万ドルへと増資した。12 年に大連市内から郊外の開発区に移転し，さらなる増資を受け入れ資本金は 709 万ドル，出資比率は共立精機の日本本社が 81%，ホンダトレーディングが 19% となっている。なお，ホンダトレーディングから人的な派遣は行われておらず，独立性が保たれている。ホンダトレーディングの出資の目的の 1 つとしては金型生産の拡大があり，中国国内販売だけでなく輸出も行っている。輸出先はベトナム，インド，パキスタン，ブラジルなどであるが，いずれの国についてもホンダにとって金型供給体制が未整備であり，輸入に依存しているところである。

　共立精機（大連）が設立された際，孟氏は管理担当の副総経理となった。設立から 2004 年までは日本本社から技術担当を兼ねた総経理として前出の

9　ホンダトレーディングは，ホンダグループ唯一の商社である。ホンダグループの生産工場で必要とされる各種生産設備・金型・工具・消耗品などの供給を主に行っている。

尾花氏が派遣されていたが，同年孟氏が副総経理から総経理へと昇格し，現在は董事長の役職に就いている。日本人の常駐はなく現地人によって日本本社の理念をもとにした経営を実践している。

共立精機本社の経営ビジョンは「1．ダイカスト金型の専業メーカーとして日本から世界に通じる金型メーカーへ脱皮する」，「2．時代の流れに即応し顧客第一主義をもって事にのぞむ」，「3．ガラス張りの経営と公正な配分で高能率，高賃金を実現する」，「4．品質の向上とコストダウンを徹底的に追求する」，「5．明るく，安全で快適な職場を作る」で，世界へ視野を向けた経営を実践している。共立精機（大連）においてもこの経営ビジョンを引き継ぎ，品質を重視している。そのため人を育て，技能を磨き，生産能力を上げ，結果として売上が上がることが経営の理想と捉えている。よって，1人当たり売上高を経営指標として重視している。1人当たり売上高＝100万元が1つの基準で，2018年は120万元になると予測している。

このような経営ビジョンのもと，共立精機（大連）は，高い技術力が要求され，今後市場が伸びていくと考えられるダイカストの金型に強みを持っている。例えば，自動車のドアは現在板金で行われているが，製造には31回の溶接が必要とされる。ダイカストであれば1回の工程で済むようになるので，生産の効率化を図るに当たって非常に有効であると考えられる。今後はドアも含め他の自動車部品でダイカストに置き換わるものは設備投資を行い，技術力を向上させていく方針である。

高技術の蓄積には従業員の定着が重要となる。共立精機（大連）の社員は98人[10]である。平均勤続年数は11年を超え，課長クラスでは平均約17年で，それに該当する従業員が14人いる。従業員の平均年齢は37歳で，男女の内訳は男性＝79人，女性＝19人である。学歴は大学卒以上が34人（うち大学院修了が3人），専門学校卒相当が40人，高卒相当が19人，その他が5人となっている。地域別では地元の大連出身者が33人である（**図表7-7**）。

採用方針としては長期的に働く人を求めている。熟練になるためには4〜5年必要であり採用の面接の際に長期的に働いてくれる意思がない人は採用

10　提供資料の時点では98人だが，聴き取り調査を行った2018年4月13日時点では100人である。なお図表7-7の資料が社内で作成された時点では97人であった。

図表 7-7 勤続年数と人数

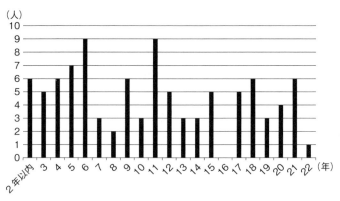

出所：共立精機(大連)提供資料をもとに筆者作成。

をしない。こうした採用方針には，新しい設備投資をして成果になるのにも同様に4～5年を要することが関連している。新卒に関しては地域の技術学校と連携してインターンシップを実施し，一部はそのルートで採用している。最近は定年の人もちらほらと出てきており，新しく入社する従業員は大卒が増えているという。初期のメンバーである32人のうち，17人が現在でも在籍している。孟氏の理念として，社員は家族でありブルーカラーであろうがホワイトカラーであろうが同じ会社の従業員として同格とし，相談しながらやるというのが基本になっている。これは日本本社の「ガラス張りの経営と公正な配分で高能率，高賃金を実現する」というビジョンが孟氏の理念として結実していると言える。

　このような理念を具現化するための取り組みとして，現場からの意見を吸い上げる提案票がある。従業員はいつでも提案内容を用紙に記入し，提出することができ，上層部が2～3ヶ月に一度，会議の中で検討し，採用されれば実行される。提案の内容は現場における改善活動に関するものの他，会社で行われる従業員向けの勉強会のやり方に対する改善が多い。例えば，5S（整理・整頓・清掃・清潔・躾）に関する提案として現場の整理整頓についてこのままではまずいという意見や加工プロセスにおける意見も出されたという。提案した従業員にはどのように社内で検討しているのかを伝え，提案

が放置されたと思われないように常時リプライし,配慮している。採用された提案は総経理特別賞として年2～3回表彰される。この仕組みは徐々に導入し,同業他社の失敗や各種セミナーを参考にしながら社内に浸透させ15年ほど前に形となった。

　経営ビジョンとして品質向上を重視している共立精機の戦略には技術力が核となる。このような技術力の向上は,共立精機(大連)において,どのように図られているのであろうか。1つが本社との協働である。本社とのやり取りは,本社からの技術者派遣に加え,大連からも本社へ社員を派遣し,技術指導を受けている。また,実務においても,例えば大連が受注した製品について,技術的に困難なところがあれば大連からまず案を出し,本社の場合どのような方法で行うのか相談することもあるという。大連で作る方が日本で作るより安く済むと思われがちであるが,実際のところは為替レートの関係で値段が高くなる場合もある。基本的に顧客から受注を受ける際,大連と日本のどちらで製造するかを決めるのは日本の本社である。価格については品質が第1の方針であるため,質を下げてまで価格を下げることは行わない。大連では調達部材においても日本製のものを用いるが,コスト改善努力として一部中国のメーカーが作った部材を選定し,必要に応じて利用することも行われている。

　技術力向上に向けた取り組みは本社による技術指導だけに限らない。取引先であるホンダエンジニアリング株式会社[11]とも共同で技術交流会を行うことで技術力の強化を図っており,この時日本本社は関わらない。ホンダエンジニアリングから教えてもらうのはクランクシャフトや鍛造の金型といった金型そのものに関わる技術で,共立精機(大連)は金型が出来上がった後の組み立てや加工といった技術を主に伝えている。さらに,中国で開始した取引関係から日本での新たな取引関係の構築に繋がることもあるという。例えば,大連で取引を行っている日系の自動車部品会社を日本本社に紹介している。品質を重視した姿勢は中国自動車市場が拡大するにつれ,主たる取引先

11　ホンダエンジニアリングは,ホンダの生産技術研究・開発部門が分離・独立した会社である。主にホンダの新製品を量産化・大量生産するための生産技術の開発を担っている。その業務は,生産ライン全体の仕様を企画するところから始まり,生産ラインの各工程の設備,装置,金型の設計・製造といった生産に関わるもの全てに及ぶ。

であるホンダ以外のメーカーとも間接的に取引を行うという結果をもたらした。それは，例えば外資系自動車メーカーが自動車部品の調達を地場メーカーから行う際，部品の製造に当たって共立精機の金型を指定されることなどに見られるという。その他，日系自動車部品メーカーからも金型の依頼がある。

4．ケースの解説[12]

以前から現地化についてはメリットとデメリットの双方が指摘されていた（川井, 2000; 古沢, 2008, 2013）。メリットについては「現地のヒト，モノ，カネ，情報といった経営資源の有効利用」，「現地従業員とのコミュニケーションの円滑化」，「現地社会・政府からの評価の向上」，「本社の国際化の進展」，「駐在員コストの削減」などが指摘される。一方で現地化のデメリットとしては「現地人幹部の専門的・経営能力の不足による子会社パフォーマンス低下の恐れ」，「本社からの経営方針・その他コントロールの困難さ」，「本国人のキャリア機会の減少」などが挙げられる。

共立精機（大連）におけるケースの整理をすると，日本本社の品質重視の理念を実現するため，孟氏は技術力向上と従業員定着に向けた取り組みを行っている。技術力向上に関しては本社からの定期的な技術指導及び本社への技術相談を行うことで技術力向上と本社との関係が適切に構築されている。また，取引先であるホンダエンジニアリングとの技術交流会を実施することで本社以外からも新たな技術の獲得が行われている。一方，人的資源管理面では，長期的な視野での採用，ブルーカラーとホワイトカラーを同格に取り扱うこと，現場からの意見を吸い上げる提案票制度の導入などを行い，従業員の高い定着率を達成した。さらに，金型製品の評価から中国で新規の取引先を開拓し，新たな取引先を本社に紹介するなど本社のグローバルな取引関係の拡大にも貢献している。以上のように，共立精機は先述した「現地化」のメリットを享受しつつ，デメリットの部分を克服していると言える。

12　本ケースの作成に当たってご協力していただいた共立精機の尾花久男代表取締役社長，藤井正則取締役総務部長，共立精機（大連）の孟強董事長，慶應義塾大学の駒形哲哉教授には，ご多忙の中，多くの貴重なご教示を賜りました。ここに感謝申し上げます。

同社が現地化のデメリットを回避できている背景には，孟氏と日本本社との「信頼関係」がある。本社と孟氏の関係を紐解くと，孟氏は1986年に研修生として来日した当時，日本本社の工場長で現社長の尾花氏から指導を受け，中国進出検討時には当時の社長である松本氏とともに進出先候補地の選定に注力した。そして，96年から04年までは，孟氏は尾花総経理のもと，副経理として共立精機（大連）の発展に貢献してきた。現在も孟氏と尾花氏はお互いが忌憚なく意見を交わせる関係である。筆者が孟氏に理念を尋ねた際，次のように答えている。「共立精機（大連）の方針について私に影響を与えたのは松本会長でした。インタビューのはじめに弊社について『日本人の常駐者ゼロで経営をされている点』に興味を持ったと聞きましたが，日本人が中国にいるかどうかということは関係ない。それは会長からも言われていた。共立精機の方針は中国でも日本でも不変である」。この話からも，共立精機（大連）では，本社の理念の共有及び浸透が行われていることが窺えよう。

　以上より，本社のトップが率先して中国事業に関与し，現地人幹部との長期に及ぶ信頼関係の構築により理念の共有が行われていると読み解くことができる。よって，「現地化」が長期にわたって有効性を持つには現地人トップを据えて終わりではなく，本社と子会社の間で理念を結びつける関係構築と子会社内部で理念を実践する仕組みの2つを考慮する必要があると言える（古沢, 2008）。

5. おわりに

　本章では，まず総人口，GDP総額及び成長率から巨大市場である中国を描写した。「世界の工場」として発展を遂げてきた中国であるが，賃金の上昇によりコスト削減目的の進出は困難になりつつある。こうした中，我々は日本企業の中国における高付加価値製品の生産機能拡大と市場としての可能性を論じた。そして，巨大市場中国における高付加価値製品の需要を理解する上で，現地人による経営の重要性を指摘し，品質重視の理念を掲げる共立精機（大連）における「現地化」のケースを考察した。

　ケースから明らかになったことは，同社では本社からの理念の移転・共有化が行われ，現地人トップによる経営理念を実践するための独自の仕組みが

機能する様子であった。そこから，「現地化」は現地人をトップに据えることが最終ゴールではなく，経営理念の共有化を媒介とした本社 – 子会社間の信頼関係と子会社内部で理念を実践する仕組みの2点の重要性を指摘した。

共立精機の今後の課題は，中国子会社において定年を迎える社員も出始める中，新たな世代にどのようにして経営理念を引き継ぎ，人材を育成していくのか，という点にあろう。

安室憲一のワンポイントコメント

　良い経営の基本は，進出先国や規模の大小，業種に関係なく，社内のコミュニケーションがオープンで，業績評価が公平に行われ，社員に納得の行く報酬が与えられることである。この内部環境は社員の国籍や職位に関係なく平等に与えられなければならない。マネジメントの中央集権や官僚主義による煩雑さを避けるためには，権限が現場（現地）に委ねられなければならない。そのためには会社の価値観が組織の末端まで浸透し，コーポレート・カルチャーが共有されていなければならない。会社の価値観を日頃の行動を通じて体現しているか，上司・同僚・部下・顧客・サプライヤーが客観的に評価する。これが満たされて初めて「信頼」が成立する。その意味で，共立精機は「良い経営」の見本と言える。ただし，ここで注意しなければならないのは，従業員の数が多くなるほど，社内のコミュニケーションや業績評価の公平性，会社の価値の共有が難しくなる（伝言ゲームで実験してみるといい）。したがって，規模の拡大とともに，人材教育や評価制度の公式化，コーポレート・カルチャーの浸透に多大なエネルギーを投入しなければならない。もう1つの解決策は，少数精鋭主義である。経営規模を大きくせず，柔軟なチームワークと「信頼」関係でマネジメントの複雑化を避ける。中小企業だからこそ可能な経営スタイルがあることを，共立精機の事例から学んでほしい。

● 参考文献

浅井敬一郎（2008）「日本における金型産業の特徴」『愛知淑徳大学論集―ビジネス学部・ビジネス研究科編―』（第4号），1-13頁。

天野倫文（2015）「大連：日系金型企業の進出と国際分業の展開」李端雪・天野倫文・金容度・行本勢基編著『中国製造業の基盤形成―金型産業の発展メカニズム―』白桃書房，78-104頁。

岡本康雄編（1998）『日系企業 in 東アジア』有斐閣。

国際協力銀行（2017）「わが国製造企業の海外事業展開に関する調査報告─ 2017 年度　海外直接投資アンケート結果（第 29 回）─」（https://www.jbic.go.jp/wp-content/uploads/press_ja/2017/11/58812/shiryo00.pdf：2018 年 9 月 15 日最終アクセス）。

兼村智也（2011）「中国における日系自動車 1 次部品メーカーの取引優位性─プレス金型取引にみる欧米系メーカーとの比較から─」『国際ビジネス研究』（第 3 巻第 2 号），15-27 頁。

川井伸一（2000）「日系企業経営人材の現地化課題─最近の中国調査事例から─」『経営総合科学』（第 74 号），99-117 頁。

韓敏恒（2010）「在中国日系製造業における現地管理職人材の育成に関する研究─中国天津における日系製造業の事例を踏まえて─」『産業経営』（第 46・47 合併号），71-100 頁。

経済産業省（2018）「海外事業活動基本調査」（http://www.meti.go.jp/statistics/tyo/kaigaizi/index.html：2018 年 8 月 31 日最終アクセス）。

駒形哲哉（2016）「中国進出日本中小企業の現状と課題─自転車部品メーカーと金型メーカーの事例から─」松野周治・今田治・林松国編著『東アジアの地域経済発展と中小企業』晃洋書房，38-59 頁。

中国国家統計局（2018）『中国統計年鑑 2017』中国統計出版社。

日本貿易振興機構（2017）「2017 年度　アジア・オセアニア進出日系企業実態調査」（https://www.jetro.go.jp/ext_images/_Reports/01/b817c68e8a26685b/20170085.pdf：2018 年 8 月 31 日最終アクセス）。

古沢昌之（2008）『グローバル人的資源管理論─「規範的統合」と「制度的統合」による人材マネジメント─』白桃書房。

古沢昌之（2013）『「日系人」活用戦略論─ブラジル事業展開における「バウンダリー・スパナー」としての可能性─』白桃書房。

李端雪・天野倫文・金容度・行本勢基（2015）『中国製造業の基盤形成─金型産業の発展メカニズム─』白桃書房。

第8章

ベトナムと日本企業

古沢　昌之

キーワード▶ ベトナム，チャイナ・プラス・ワン，低廉・豊富かつ優秀な労働力，将来の消費市場，良好な対日感情，ドイモイ，労使関係，ストライキ，中農製作所，中小企業，現地人社長

1. はじめに

「チャイナ・プラス・ワン」の1つとしてベトナムが注目されている。例えば国際協力銀行（2017）が実施した「わが国製造業企業の海外事業展開に関する調査（2017年度）」によれば，ベトナムは中期的（今後3年程度）に有望な事業展開先国・地域として，中国・インドに次いで3位に位置している。同調査は毎年行われており，ベトナムは2012〜15年度＝5位，16年度＝4位であったことから，最近徐々に順位を上げてきていることが分かる。

そこで，本章ではベトナムでの現地経営について考察する。具体的には，日本企業の進出状況を概観した後，ベトナムの投資環境の魅力を論じるとともに，企業経営上の留意点として労使関係システムの特殊性に言及する。そして大阪府東大阪市の中小企業である株式会社中農製作所のベトナム進出の事例を取り上げ，ケースからのインプリケーションを導出したい。

2. 日本企業のベトナム進出状況と投資先としてのベトナムの魅力

(1) 日本企業のベトナム進出状況

　日本貿易振興機構（2017a）によると，2016年の日本からベトナムへの直接投資件数（新規・拡張合計，認可ベース）は574件で，過去最高を更新した（投資額は25億1000万ドル）。国・地域別では，日本は件数・額ともに韓国に次いで第2位のベトナムへの投資国である。在ベトナム日系進出企業は1753社に達し，現地の日本商工会議所・商工会の会員数は，ベトナム日本商工会議所（ハノイ）＝684社，ホーチミン日本商工会議所＝952社，ダナン日本商工会＝117社となっている[1]。上記3組織の中で最大のホーチミン日本商工会議所の会員数の推移を見ると，1994年は69社にすぎなかったが，10年後の2004年には264社，その10年後の14年には690社へと急速に増加し，直近では前掲の通り1000社に迫る勢いである[2]。

(2) 投資先としてのベトナムの魅力

　ここでは，各種データを踏まえ，日本企業にとってのベトナムの魅力を提示する。

①低廉・豊富かつ優秀な労働力の存在

　日本貿易振興機構が2017年12月〜18年1月に実施した調査によれば，ベトナム最大の経済都市であるホーチミン市に所在する日系進出製造企業のワーカー（実務経験3年程度）の平均月額基本給は234ドル，平均年間人件費（基本給・諸手当・社会保障・残業代・賞与等）は4042ドルである。これらの数値を中国最大の経済都市である上海市と比較すると，月額賃金は上海の約42％，年間人件費は約30％の水準に留まる（上海のワーカー：月額基本給＝560ドル，年間人件費＝1万3630ドル）[3]。

1　日本貿易振興機構「ベトナム　概況」（https://www.jetro.go.jp/world/asia/vn/basic_01.html#block6：2018年8月25日最終アクセス）による。会員数はいずれも2017年12月時点。
2　ホーチミン日本商工会議所のウェブサイト（https://jccvn.org/jp/history.php：2018年8月25日最終アクセス）による。
3　日本貿易振興機構「投資コスト比較」（https://www.jetro.go.jp/world/search/cost/：2018年8月25日最終アクセス）による。

また，若年労働力が豊富（総人口の約半数が30歳未満[4]）であることに加え，高い識字率（約95%）を誇ることもベトナムの強みと言えよう（日本在外企業協会, 2008）。

②将来の消費市場としての期待

ベトナムの人口は約9370万人（2017年時点）で，ASEANではインドネシアとフィリピンに次いで3番目に多い。そして人口ボーナス期（15～64歳未満の「生産年齢人口」が0～14歳以下及び65歳以上の「従属人口」の2倍以上の期間）が2041年まで続くとされる（椎野, 2015）。また実質GDP成長率は，1988年以降，99年（4.4%）を除いて毎年5%以上をキープしており，最近3年間も2015年＝6.7%, 2016年＝6.2%, 2017年＝6.8%と高成長が続いている（日本貿易振興機構, 2018）。こうした状況下，前出の国際協力銀行（2017）の調査では，ベトナムを「中期的に有望」と回答した企業の71.2%がその理由として「現地マーケットの今後の成長性」を挙げており，第1位となっている（2位は「安価な労働力」で50.3%: 複数回答可）。

③良好な対日感情

日本の外務省が2008年にASEAN主要6ヶ国（インドネシア・マレーシア・フィリピン・シンガポール・タイ・ベトナム）において実施した対日世論調査によると，ベトナムは「自国の友邦として，今日の日本は信頼できる」，「第2次世界大戦における日本について，悪い面はあったが，今となっては気にしていない」，「日本はアジアの一国として，アジアのために積極的役割を果たしている」，「日本企業の進出・投資等を歓迎する」との回答が6ヶ国の中で最も多かった。また同調査では，ベトナムの回答者が日本及び日本人に対して「科学技術が発達した国」，「経済的に進んでいる国」，「生活水準の高い国」，「勤勉である」，「能率的である」，「伝統的価値を重んじる」というイメージを強く有していることも示されている[5]。これら良好な対日感情は，反日リスクを抱える中国と比べた場合，ベトナムの優位性の1つと

---

[4] 国際連合 "World Population Prospects: The 2017 Revision"（https://esa.un.org/unpd/wpp/：2018年8月25日最終アクセス）による。

[5] 外務省「ASEAN主要6か国における対日世論調査（平成20年）」（http://www.mofa.go.jp/mofaj/area/asean/yoron08.html：2018年8月25日最終アクセス）による。

考えられる[6]。

④中小企業の進出も歓迎

　ベトナムの魅力の4点目は，中小企業の進出を歓迎していることである。その背景には，ベトナムは裾野産業が脆弱とされる状況が存在する。こうしたサプライ・チェーン面での弱点を補強し，外資系進出企業の部品・原材料の現地調達率（ローカルコンテント）向上に資するべく，ベトナムは技術力のある中小企業を欲している。そして中小企業誘致のための施策として，レンタル工場が多数設置されている。例えば，ホーチミン市に隣接するドンナイ省に開設された日系中小企業向けのレンタル工場「JSCレンタル工場」（JICA［国際協力機構］が海外投融資を通して支援）は，288～1万m^2までの区画が用意され，共用の応接室・会議室も併設している。月額賃貸料（目安）は，4.2ドル/m^2で，企業は自社工場を建設した場合と比べ，大幅にイニシャルコストを抑えることができる（日本貿易振興機構，2017b）。また，ベトナムには5Sや日本語を教える日系企業向けの職業訓練校が設立されていることも中小企業の人材確保の一助となるであろう（古賀・近江，2012）。他方，こうした諸施策に呼応するかのように，日本サイドでも中小企業のベトナム進出を支援する動きが見られる。一例を挙げると，神戸市と公益財団法人ひょうご産業活性化センターは，ベトナム北部の第2タンロン工業団地（住友商事が出資）と協定を結び，兵庫県内の企業が同団地のレンタル工場へ入居する際には費用面で優遇措置を施している[7]。かような環境下，先に見た国際協力銀行調査では，対象を中堅・中小企業に限った場合，ベトナムは中期的に有望な事業展開先として第2位となり（先述の通り全体では3位），同国への関心度は大企業よりも中小企業の方が相対的に高い様子が窺える。

6　日本企業の投資先としての中国とベトナムの関係について付言すると，日本貿易振興機構（2017c）の調査で，中国からASEANへ拠点の移管を過去2～3年の間に行った，または今後2～3年の間に行う予定があるとの回答（70件）のうち，38件が移管先にベトナムを選んでいることも注目に値しよう。

7　ひょうご産業活性化センター　ひょうご海外ビジネスセンターのウェブサイト（http://www.hyogo-kaigai.jp/modules/xdbase/?action=DataView&did=177：2018年8月25日最終アクセス）による。

3. 労使関係面の特質と留意点

　今日のベトナムの基本政策は，1986年の第6回ベトナム共産党大会で採択された「ドイモイ」（日本語では「刷新」を意味する）で，「企業の所有形態の多様化」，「市場メカニズムの重視」，「国際分業への積極的参加」などを主な内容としている（寺本，2011）。つまりドイモイは，ベトナム版の「改革・開放」政策であると言える。その経済システムについては，2001年の第9回党大会で「社会主義志向市場経済」(socialist-oriented market economy) という概念が提起され，共産党一党独裁下での市場経済化に対する思想的・理論的根拠が付与された（トラン，2010）。これらの点を踏まえ，本節では，現代ベトナム（ドイモイ開始以降のベトナム）における労使関係システムの特質を述べるとともに，山猫ストの発生など現地経営上の留意点を提示する。

(1) 現代ベトナムの労使関係システムの特質

　現代ベトナムにおける労使関係の特質は，個別的労使関係面（企業対従業員の関係）では「市場経済化」に即した改革がなされる一方，集団的労使関係面（企業対労働組合の関係）においては「計画経済時代」の労働組合制度が維持されている点にある（古沢，2014，2015）。まず個別的労使関係面について述べると，かつてのベトナムでは国家が従業員の採用から退職までの人事サイクルを行政的に管理していたが（Oudin, 2004; 藤倉, 2011; Pringle & Clarke, 2011），ドイモイ後は1995年施行の「労働法」で企業と従業員の間の「労働契約」が義務付けられることになった。特に外資系企業では，ホワイトカラー・ブルーカラーを問わず，1～3年の有期の労働契約が普及しており，労働力流動化の促進要因となっている。またそれと並行し，各企業に賃金の水準や体系，さらには解雇等に関する広範な自主権が付与されたことから「能力主義・成果主義」人事が進展している。これら個別的労使関係面での変革が人と組織の活性化をもたらし，近年のベトナムの経済成長を牽引したものと考えられよう（古沢，2014，2015）。

　一方，集団的労使関係面では，前述の通り，ドイモイ以降も計画経済時代の労働組合制度が温存された。すなわちベトナムの労働組合は，日本をはじ

めとする自由主義諸国の労組とは性格を大きく異にしている。その第1の特徴は「共産党指導下の労働者団体」という点にある（Edwards & Phan, 2008; Clarke & Pringle, 2009; 古沢, 2014, 2015）。端的に言えば, ベトナムの労組はいわば体制側の組織である。第2に労働組合の「唯一代表性」（斉藤, 2007）が挙げられる。これは唯一のナショナルセンター（労働組合の全国中央組織）である「ベトナム労働総同盟」（Vietnam General Confederation of Labour：VGCL）傘下外の組合の設立は法的に不可ということを意味する[8]。第3の特徴は「社会主義特有のプロレタリアート独裁のイデオロギーを反映したメンバー構成と組織運営」である（古沢, 2014, 2015）。ベトナムの「労働組合法」で規定されている組合員の範囲は, ベトナム人労働者全員で, そこに職制での地位や権限による制限は見当たらない。日本では経営幹部・管理職など使用者側の利益を代表する者が加入している組織は労働組合法上の労働組合として認められないが, 社会主義国であるベトナムでは経営幹部・管理職も労働者であり, 労働組合のメンバーとなる。実際, 古沢（2014）がホーチミン市近郊のビンズオン省「ベトナム・シンガポール工業団地」（Vietnam Singapore Industrial Park：VSIP）に入居している日系企業を対象に実施したアンケート調査によると, 経営幹部・管理職も含めたベトナム人従業員の「組合加入率」は平均98.3%に達し, 「100%加入」の企業も7割強となっている。また労働組合に対する使用者側からの経費援助は日本では「不当労働行為」となるが, ベトナムの労働組合法では会社側が当該企業の賃金総額の2%を労働組合費として拠出しなければならないことが定められている。

（2）集団的労使関係の機能不全

これまで述べてきた「市場経済化に即した人事・雇用システムと社会主義的な労働組合制度の並存」を特徴とするドイモイ後のベトナムの労使関係システムは, 「社会主義市場経済」（socialist market economy）を掲げる現代

---

[8] 第2組合を認めないという方針の背景には, 自主労組の容認が社会主義体制の崩壊にまで繋がった旧東欧の教訓があると言われている（藤倉, 2011）。なお, ベトナムはILO（国際労働機関）の「結社の自由及び団結権の保護に関する条約」（第87号条約）を批准していない。

中国(1978年末開始の「改革・開放」以降の中国)のそれと同様の基本構造を有すると言える(Clarke, Lee & Do, 2007; 藤倉, 2011)[9]。しかし,その一方で,現代ベトナムでは,中国が全国レベルの法規において未だ踏み込めていない「ストライキ権」が認められている(香川, 2006)。こうした中,近年のベトナムでは外資系企業を中心に数多くのストが発生しているが,そのほとんどは「労働法」の規定から逸脱した「違法スト」(労働組合が組織・指導しない「山猫スト」)とされる(Do, 2008; 藤倉, 2011, 2017; 古沢, 2014, 2015)[10]。山猫ストの背景の1つには,前述した「体制側組織としての労働組合に対する労働者の不信感」があるものと思われる(Edwards & Phan, 2008)。そしてストライキの発生は順法精神が高いと言われる日系企業も例外ではない(Do, 2007)。前掲の古沢(2014)の調査によると,ストを経験した日系企業は27.5%に及び,その全てが山猫ストであった。原因は「賃金・賞与・手当の改善要求」が81.8%と圧倒的に多く,「食事の改善要求」(18.2%),「テト(旧正月)休暇の増加要求」「生産性向上施策への反発」(ともに9.1%)が続いている(複数回答可)[11]。これら違法ストの頻発は,ベトナムの集団的労使関係システムが「機能不全」(斉藤, 2007)に陥っていることを物語っていると言えよう。

---

9 竹内(2001)によれば,「社会主義志向市場経済」と中国の「社会主義市場経済」の差異は,国営・集団企業が支配的となった時点を社会主義と呼ぶか(中国),それに加えて一定程度の工業化が進展した時点を社会主義と呼ぶか(ベトナム)にあるが,共産党一党独裁の下で市場経済化を推進するという点で全く同一である。
10 斉藤(2013)やDo(2017)によると,ベトナムのストライキ件数は1995~2002年まで年間100件未満であったが,翌年からは3桁が続き,2011年には978件に達した。その後,ストは減少傾向にあるが,それでも年間300件以上の水準にある(2015年までのデータ)。
11 ストの原因として「賃金等の改善要求」が圧倒的に多かった点について,関連情報を補足すると,本文で見た国際協力銀行(2017)の調査では,ベトナムでの現地経営上の課題は「労働コストの上昇」(38.3%)が第1位となっている(第2位=「法制の運用が不透明」[35.5%],第3位=「他社との厳しい競争」[31.2%]:複数回答可)。事実,ハノイやホーチミン等を含む「ゾーン1」と呼ばれる地域の最低賃金は,2009~18年の10年間で120万ドンから398万ドンへと上昇している(1ドン=0.0048円:18年8月時点)。また,「食事の改善要求」に関しては,古沢(2015)の現地ヒアリング調査で,多くのベトナム人労働者にとって,勤務先で支給される昼食が1日で最も重要な食事であるので,企業は昼食の質と量に気を配らねばならない旨が各社の日本人駐在員から語られた。

4. ケース―中農製作所のベトナム事業展開における現地人社長の登用―[12]

(1) ベトナム人を日本本社の正社員として雇用

　株式会社中農製作所（会長＝中農康久氏，社長＝西島大輔氏。創業＝1949年）は，「モノづくりのまち」として知られる大阪府東大阪市に所在する企業である。資本金は1450万円，日本本社の従業員は約60名で，自動車・半導体装置・医療機器・省力化機器・産業用溶接ロボット等の精密部品の加工及び組み立てを行っている。経営理念は「私たちはひとづくりの一流企業を目指します，私たちはものづくりの一流企業を目指します，私たちは企業づくりの一流企業を目指します」である。なお，同社は2008年に東大阪商工会議所会頭賞を受賞している。

　中農製作所のベトナムとの関わりは，2003年にベトナム人の技能実習生を雇用したことに始まる。当時売上の約80％を占めていた自動車関連部品の製造は，労働集約的で単純作業が多く，日本人の若手社員を確保することが困難であった。そうした中，ベトナム人実習生の活用に踏み切ったわけだが，西島氏ら経営幹部は，真面目で根気強く，手先が器用といったベトナム人労働者の優れた資質を実感することになる。他方，その頃同社は値下げ要求の厳しい自動車事業への依存体質からの脱却も模索していた。しかし，新分野への進出は多品種少量生産と高度な製造技術が求められるため，実習期間に制限のある外国人技能実習制度（以前は最長3年間，現在は2017年11月の「技能実習法」施行で最長5年間）の枠組みの中で対応するには限界があった。そこで，今度はベトナム人を正社員として雇用し，会社側としては彼・彼女らを長期的な視野で育成する一方，ベトナム人にはより安定的な環境下で就労し，活躍してもらえるよう方針を転換したのである。

　西島社長は，2008年にベトナムを自ら訪問し，現地で応募者への面接を行い，4人を日本本社の正社員（在留資格は「技術・人文知識・国際業務」）

12　本ケースは，筆者（古沢）の中農製作所本社，Nakano Precision（ベトナム現地法人）へのヒアリング調査，及び松川佳洋氏の国際ビジネス研究学会第44回関西部会での研究報告資料「ベトナムの海外子会社の現地人社長登用プロセスの分析と効用―現地化が進む大阪の中小企業の分析―」（2017年5月20日）に基づいている。

として採用することを決定した。4人はいずれもベトナムの工科大学卒（ベトナムでの勤務経験あり）で，全員が現在でも中農製作所に勤めている。うち2人は後述する同社のベトナム現地法人 Nakano Precision Co., Ltd. で社長を務めるホー・ダン・ナム氏と副社長のグエン・コン・リー氏である。入社当初，4人は必ずしも日本語が堪能ではなかったが，自助努力で語学の習得に努めるとともに，中農製作所の日本人社員も仕事面・生活面の双方において献身的にベトナム人社員をサポートした。例えばホー氏の場合，製造と技術・設計の現場を経験した後，製造ラインの長としてマネジメントの技術も磨いていった。なお，現在日本本社にはベトナム人の正社員が15名，技能実習生が5名勤務している。

(2) ベトナム進出の背景

中農製作所のベトナム進出を後押しした要因としては，次の2点が挙げられる。1つは，部品の海外調達を望む顧客の存在である。リーマンショック以降，取引先の海外生産が加速し，現地で部品供給が可能な企業へ優先的に見積依頼が出されるようになってきた。こうした中，西島社長は，生き残りに向けて，海外進出の必要性を感じ始めたという。

もう1つの要因は，2010年に同社が実施した「10年後の中農製作所を考える」という社内合宿研修での出来事である。同研修では，自社のSWOT分析を行い，どのようにすれば会社と社員がwin-winの関係になれるかが議論されたが，前掲のホー氏らベトナム人社員から「海外進出するならベトナムへ進出してほしい」という提案がなされた。彼・彼女らは，日本で培ったモノづくりの技術をベトナムで活用し，母国と中農製作所の発展に寄与したいとの想いを持っていたのであった。

そこで，中農製作所ではベトナム進出に向けた検討を本格化させることになる。ただし，中小企業の宿命で経営資源に限りがあるため，中小企業基盤整備機構の無料相談や日本貿易振興機構（Japan External Trade Organization：JETRO）の無料セミナー，中農会長の個人的ネットワークの活用など費用を最小限に抑えつつ情報収集に努めた。そして2011年にベトナム・ホーチミン市で開催された同国最大級の総合工作機械展示会「MTAベトナム」に

出展する機会を得た。同展示会では，JETRO が「ジャパンパビリオン」を設置し，出展料の3分の1が助成された。ジャパンパビリオンには，日本企業約20社が出展したが，中農製作所のブースが圧倒的な人気を誇ったという。それは同社の技術力や製品の品質に対する賞賛もさることながら，プレゼンテーションの仕方によるところが大きかった。他の日本企業は，日本人社員が説明し，日本語を学ぶ現地の大学生が通訳するというスタイルをとっていたが，それでは製品や技術の細部にわたるコミュニケーションが難しい。これに対し，中農製作所ではホー氏ら日本で製造に携わるベトナム人社員が，ベトナム語で直接来訪者に語りかけた。その効果の差は歴然としていた。この経験から，西島社長は「ベトナム進出はベトナム人を中心に進めるべき」と考えるようになったのである。

(3) ベトナム駐在員事務所，ベトナム現地法人を設立

こうした中，西島社長は，ベトナム進出に必要な各種書類の作成作業をホー氏に命じるとともに，日越双方の関係機関との折衝や市場調査等に彼を帯同した。西島社長は当時を振り返り，「資料の作成や役所への同行を通して，ホーは中農製作所の経営理念や経営方針，さらにはベトナム事業のミッションをより深く理解するようになった」と述べている。その結果，同社は2014年6月，ホーチミン市にベトナム駐在員事務所を設置するに至った。所長は西島社長が非常勤で兼務したが，実質的な責任者は副所長のホー氏であった（他に専任スタッフとして日本人・ベトナム人各1名を日本から派遣）。同駐在員事務所は，将来の現地法人化に向けた準備を進めると同時に，展示会や商談会，さらにはホー氏の人脈等を通してベトナムでの協力会社（部品の外注先）を発掘していった。そして，それら協力会社に対する技術指導を行い，その部品を中農製作所が買い上げて製品化し，日本の顧客に供給するという体制を整えた[13]。この技術指導を通して，中農製作所はベトナムでのモノづくりの実際を実地に学習する一方，協力会社は日本企業の優れた管理手法を学ぶことで自社の技術力とブランド力の向上を図るという互恵的な関係が構築された。そして中農製作所は，2017年10月，ホーチミン市

---

13 Nakano Precision によると，2018年8月時点の協力会社数は8社である。

に現地法人 Nakano Precision Co., Ltd. を設立することになった。

(4) Nakano Precision の現況

　2018年8月現在，Nakano Precision の従業員は，ベトナム人20名，日本人1名で，既述のとおり社長をホー氏，副社長をグエン氏が務めている。ホー氏，グエン氏以外のベトナム人スタッフの中核は駐在員事務所時代から勤務する人材である。Nakano Precision は，協力会社への技術指導を通した日本本社への部品供給を継続する一方，協力会社製の部品を使った自社工場での組立生産も開始している。現状，製品は全量日本へ再輸出しているが，日本の顧客からは「日本品質」の部品を低廉な価格で調達できるため高い評価を受けており，ベトナムでの生産は順調に拡大している。Nakano Precision によれば，初年度約8000万円であった売上は，2018年度は約1億5000万円に達する見込みであるという。他方，ベトナム進出の当初の目的であった在越日系企業向けのビジネスも成約し，今後は日系のみならず他の外資系企業や地場企業を含めたベトナム内販にも注力する計画である。さらに中農製作所は，2022年にベトナム中部のダナン市に第2工場を開設することを決定した。

5. ケースの解説

　日本企業の国際経営に関しては，かねてより海外子会社の幹部人材の「現地化の遅れ」がアキレス腱とされ，その弊害が数多くの研究で指摘されてきた（本書第6章参照）。それに対し，中農製作所のベトナム現地経営の特徴は，現地人をトップに登用（現地化）し，着実な成長を遂げている点にある。そこで，本節では，同社のケースからのインプリケーションを提示したい。

　これまでの多国籍企業においては，「本国人駐在員の派遣か，現地人幹部の登用か」という二分法的な人的資源管理がなされてきた。しかし，両者には各々厄介な問題が伴う（古沢，2017）。まず駐在員については，各種フリンジベネフィットを含む「高い人件費」がコストアップ要因となる他，「異文化適応」の難しさ，デュアル・キャリアや子女教育をはじめとする「帯同家

族」問題，さらには逆カルチャーショックや海外経験が本社で活用されないことへの不満といった「帰任」を巡る課題も存在する。また，中小企業に関して言えば，「駐在員候補となりうる人材の不足」も頭の痛い問題である。他方，現地人については，「能力・資質」に対する不安に加え，低い「忠誠心」「帰属意識」や高い「転職志向」「離職率」を論じた研究も多い。そして現地人幹部と本社従業員との「コミュニケーション」及び本社 – 子会社間の「活動の調整」の難しさを指摘する声も聞かれる（Mayrhofer & Brewster, 1996; 鈴木, 2000; 馬, 2000; Scullion & Collings, 2006; Brewster, Sparrow, Vernon & Houldsworth, 2011 など）。

　こうした中，中農製作所では，日本本社での勤務を通して，経営理念を内面化し，モノづくりに関するノウハウを体得するとともに，西島社長をはじめとする本社幹部との信頼関係を構築したベトナム人を現地法人の社長に起用した。すなわち，現地の経済社会に精通したベトナム人社員に対し，日本においてスキルとマインドの両面から「中農ウェイ」を十二分に注入した上で彼らを現地へ派遣することによって，現地化のメリットを享受すると同時に，その短所の回避を企図していると言える。その成果は，対顧客の面では，先述したように，日本品質の製品を廉価で提供し，高い評価を受けていることに現れている。他方，内部管理面に関しては，Nakano Precision は従業員の定着率が極めて高い。ベトナムをはじめとする新興国では，スキルや待遇の向上を目指し転職を繰り返す「ジョブホッピング」が進出企業の悩みの種とされるが（古沢・安室・山口, 2015），同社では駐在員事務所時代も含め，出産で離職した 1 名を除き，退職者はゼロであるという。もろちん，ストライキが発生したこともない。第 3 節で述べたように，近年のベトナムでは，個別的労使関係面で市場経済化に即した能力主義・成果主義人事が進展する一方，集団的労使関係面においては社会主義計画経済時代の労働組合制度が温存される中，日系企業でも山猫ストの発生が伝えられている。こうしたリスクを未然に防ぐには，ベトナム人社員のニーズや不満を的確にキャッチし，対応することが必要と思われるが，ホー社長によると，多くの日系企業は日本人駐在員が社長を務め，社長と現場のワーカーの心理的距離が遠いため，日本人社長がワーカーの生活状況や思考・行動様式を理解でき

ていないケースが多いとのことである。それに対し，Nakano Precision では，経営トップとローカル社員が言語と文化を共有化していることで労使のコミュニケーションが円滑なものとなり，そのことが従業員満足の向上に繋がっている可能性を指摘できよう。

　以上のように，中農製作所の国際人的資源管理施策は，従来型の二項対立的な視点（日本人駐在員 vs. 現地人）を超克し，「本社で採用・育成した現地人」という新たな人材オプションを通して現地化を推進している点でユニークであるとともに，「本国人の駐在員候補のストック不足」といった中小企業のボトルネックにも1つの処方箋を提供するものと言えよう。そして今日の多国籍企業に求められる「現地適応とグローバル統合の両立」という組織能力に鑑みれば（本書第6章参照），中農製作所は現地人社長を登用してベトナムの経済社会に適応する一方，本社と海外子会社の信頼関係や日本品質の製品供給により経営のグローバルな統合も同時に実現している。さらに付け加えるならば，第2工場が建設されるダナン市はホー社長の出身地でもある。「故郷に錦を飾りたい」というホー社長の夢を本社がサポートすることで，有能人材の一層の活性化を図り，会社と社員の win-win の関係構築を目指している点も柔軟な組織運営が可能な中小企業ならでは取り組みとして注目に値しよう。

6. おわりに

　本章では，チャイナ・プラス・ワンの1つとして期待されるベトナムの経営環境について考察した。具体的には，低廉・豊富かつ優秀な労働力，消費市場としてのポテンシャル，親日国といった魅力を論じるとともに，中小企業の進出が歓迎されている点にも触れた。他方，現代ベトナムの労使関係システムについて，個別的労使関係面においては市場経済化に即した労働力の流動化や能力主義・成果主義人事が進展する一方，集団的労使関係面では社会主義計画経済時代の労働組合制度が維持されていることを論じ，山猫ストの発生に留意すべき旨を訴えた。こうした労使関係システムの特殊性は，「社会主義志向市場経済」を掲げるベトナムにおける現地経営が，他のASEAN諸国の延長線上では捉えられない側面を有していることを指し示し

ていると思われる。

　またケースとして中農製作所のベトナム進出を取り上げたが，同社の事例は，日本企業の弱点とされる「現地化」に向けた取り組みや中小企業の海外進出といった点において示唆的である。そして日本本社で育成したベトナム人を現地法人社長に登用するという現地化施策は，良好な労使関係の構築など「現地適応」度の高い経営を可能にすると同時に，本社との信頼関係や日本品質の実現を通して「グローバル統合」にも資するものと言えよう。

安室憲一のワンポイントコメント

　アメリカと中国の間の貿易関係が悪化の兆しを見せる中，ベトナムの生産拠点としての位置付け（ネクスト・チャイナ）がますます重要になっている。ベトナムは日本的経営との相性が良く，ASEAN の中でタイに次ぐ日本企業の立地場所として評価されている。また，ベトナムは日本が主導する TPP11 の主要メンバーでもある。つまり，ベトナムは，中国，ASEAN，TPP11 を連結する製造センターの位置付けを獲得しつつある。ベトナムは親日的で，政治の安定した国だが，基本的に中国に類似した社会主義志向市場経済の国である。したがって，労使関係に社会主義国特有の難しさがある。特に人事労務管理は外国人には扱い難く，ベトナム人管理者に委ねる方が良い。中国と同様，経営スタッフの現地化が必要である。中農製作所のように，日本国内でベトナム人幹部を育成し，現地子会社の責任者として抜擢・派遣する方法が最善と言える。しかし，中国と同様，ベトナムでも賃金上昇が著しく，いつまでも人海戦術に頼ってはいられない。最近では将来の賃金上昇を見越して，製造工程の自動制御化やロボットに投資する日系企業が増えてきた。この新技術の学習・活用という点でベトナムはハンデを負っている。なぜならば，優れた技術系大学や社内での技術教育システムが整っていないからである。第4次産業革命がベトナムなどの新興国にどのようなマイナスの影響を及ぼすのか，今後の動向を注視しなければならない。

● 参考文献

　Brewster, C., Sparrow, P., Vernon, G., & Houldsworth, E.（2011）*International Human Resource Management*, third edition, London, UK: CIPD.
　Clarke, S., Lee, C.-H., & Do, Q. C.（2007）"From Rights to Interests: The Challenges of Industrial Relations in Vietnam", *Journal of Industrial Relations*, Vol. 49（4）, pp.545-568.

Clarke, S., & Pringle, T.（2009）"Can Party-led Trade Unions Represent Their Members?", *Post-Communist Economies*, Vol. 21（1）, pp.85-101.

Do, Q. C.（2007）"Evolution of a New Pattern of Strike in Vietnam", *NGPA Project Research Report*.

Do, Q. C.（2008）"The Challenge from Below: Wildcat Strikes and the Pressure for Union Reform in Vietnam", *Paper presented to Vietnam Update 2008 Conference*.

Do, Q. C.（2017）"The Regional Coordination of Strikes and the Challenge for Union Reform in Vietnam", *Development and Change*, Vol. 48（5）, pp.1052-1068.

Edwards, V., & Phan, A.（2008）"Trade Unions in Vietnam: From Socialism to Market Socialism", In J. Benson & Y. Zhu（eds.）*Trade Unions in Asia: An Economic and Sociological Analysis*, London, UK: Routledge, pp.199-215.

Mayrhofer, W., & Brewster, C.（1996）"In Praise of Ethnocentricity: Expatriate Policies in European Multinationals", *The International Executive*, Vol. 38（6）, pp.749-778.

Oudin, X.（2004）"Labour Restructuring in Vietnam Since the Economic Reform", In R. Elmhirst & R. Saptari（eds.）, *Labour in Southeast Asia: Local Processes in a Globalised World*, London, UK: Routledge, pp.311-327.

Pringle, T., & Clarke, S.（2011）*The Challenges of Transition: Trade Unions in Russia, China and Vietnam*, New York, USA: Palgrave Macmillan.

Scullion, H., & Collings, D. G.（eds.）（2006）*Global Staffing*, London, UK: Routledge.

香川孝三（2006）『ベトナムの労働・法と文化』信山社出版。

古賀健司・近江健司（2012）「日系企業向け人材育成に商機」『ジェトロセンサー』（2012年9月号），62-63頁。

国際協力銀行編（2017）『わが国製造業企業の海外事業展開に関する調査報告―2017年度 海外直接投資アンケート調査結果（第29回）―』。

斉藤善久（2007）『ベトナムの労働法と労働組合』明石書店。

斉藤善久（2013）「アジアに進出した日系企業の労使紛争処理 ベトナム」（アジア法学会2013年度春季研究大会研究報告資料）。

椎野幸平（2015）「人口ボーナス期で見る有望市場は」『ジェトロセンサー』（2015年3月号），58-59頁。

鈴木滋（2000）『アジアにおける日系企業の経営―アンケート・現地調査にもとづいて―』税務経理協会。

竹内郁雄（2001）「ベトナム経済の現状と展望」『世界週報』（第82巻第21号），30-33頁。

寺本実編著（2011）『現代ベトナムの国家と社会―人々と国の関係性が生み出す＜ドイモイ＞のダイナミズム―』明石書店。

トラン・ヴァン・トゥ（2010）『ベトナム経済発展論―中所得国の罠と新たなドイモイ―』勁草書房。

日本在外企業協会編（2008）『ベトナムビジネスリスクハンドブック』。

日本貿易振興機構編（2011）『BOPビジネス潜在ニーズ調査報告書―ベトナムの教育・職業訓練分野―』。

日本貿易振興機構編（2017a）『ジェトロ世界貿易投資報告（2017年版）』。

日本貿易振興機構編（2017b）『ホーチミン市近郊レンタル工場リスト』。

日本貿易振興機構編（2017c）『2016 年度日本企業の海外事業展開に関するアンケート調査— JETRO 海外ビジネス調査—』。
日本貿易振興機構編（2018）『ベトナム一般概況—数字で見るベトナム経済—』。
藤倉哲郎（2011）「ドイモイ政策下ベトナムにおける労使関係の一局面— 1994 年労働法制定に対するベトナム労働総連合の論理と行動—」『相関社会科学』（第 21 号），21-37 頁。
藤倉哲郎（2017）『ベトナムにおける労働組合運動と労使関係の現状』東海大学出版部。
古沢昌之（2014）「現代ベトナムにおける『労使関係』の特質と留意点—違法ストライキの急増など『集団的労使関係』面を中心として—」『多国籍企業研究』（第 7 号），19-40 頁。
古沢昌之（2015）「ベトナムの労使関係の特質—ストライキの増加と日系企業の課題—」古沢昌之・安室憲一・山口隆英編著『新興国における人事労務管理と現地経営—ベトナム・インドネシア・インド・バングラデシュ・ブラジルの労働事情と日本企業 7 社のケーススタディ—』白桃書房，27-43 頁。
古沢昌之（2017）「在中国日系進出企業における『現地採用日本人』の活用に関する研究—日系企業及び現地採用者本人に対する調査を踏まえて—」『国際ビジネス研究』（第 9 巻第 1-2 号），19-34 頁。
古沢昌之・安室憲一・山口隆英編著（2015）『新興国における人事労務管理と現地経営—ベトナム・インドネシア・インド・バングラデシュ・ブラジルの労働事情と日本企業 7 社のケーススタディ—』白桃書房。
馬成三（2000）『中国進出企業の労働問題—日米欧企業の比較による検証—』日本貿易振興会。
松川佳洋（2017）「ベトナムの海外子会社の現地人社長登用プロセスの分析と効用—現地化が進む大阪の中小企業の分析—」（国際ビジネス研究学会第 44 回関西部会研究報告資料）。

第9章

インドと日本企業

梅野　巨利

 インド，新興経済国，多様性の中の統一，BRICs，新田ゼラチンインディア，ハラル認証，CSR，多国籍企業，現地子会社の自立的成長，現地適応とグローバル統合

1. はじめに

　本章では南アジアの大国インドの経営環境と，同国において国際ビジネスを展開する日本企業のケースを紹介することにより，国際経営における海外子会社の自立的成長について検討する。

　はじめにインドの経営環境を紹介し，次にインド南部のケララ州において40年以上にわたって活動を行っている日本企業，新田ゼラチン株式会社（Nitta Gelatin Inc.：以下NGI）の現地子会社，新田ゼラチンインディア（Nitta Gelatin India Limited：以下NGIL）の現地経営について述べる。同社のユニークさは，現地子会社が自主的に成長を志向し事業を拡大させていることにある。それは現地子会社自身の努力はもちろんのこと，これを支援する日本親会社の経営姿勢，そして現地子会社が立地するインド並びにインド南部ケララ州という立地条件の優位性の活用が相乗効果として表れたものである。最後に，本ケースから学習できるポイントをまとめて結論とする。

2. インドの経営環境

　インドの経営環境についてはさまざまな情報源があるが，中でも国際協力

銀行（2017）が同国の投資環境全体を網羅しており有用である。本節では同資料に基づきインドの経営環境を紹介する。

（1）"Unity in Diversity" の国

"Unity in Diversity"（多様性の中の統一）は，インドの初代首相ネルーが国家建設の目標として掲げたスローガンであるが，今なお，この表現はインドを的確に表している（古沢・安室・山口, 2015）。インドは実に多様である。同国は29の州と7つの連邦政府直轄領からなり，国土面積は日本の約8.7倍，人口は約12億人で中国に次ぐ世界2位である。民族別では，インド・アーリア人が大半を占め，ドラヴィダ人，モンゴロイド人と続く。宗教別では人口の約80％がヒンドゥー教で，イスラム教が14.2％，キリスト教2.3％と続く。公用語はヒンディー語であるが，州ごとに言語が異なる。同国憲法では22言語が州公用語として規定されているが，方言も合わせると言語総数は約2000とも言われている。したがって，州を異にするインド人同士の会話では，準公用語としての英語が使用されている（国際協力銀行, 2017）。

民族，宗教，言語，習慣など，いずれをとっても多様性（diversity）が際立つインドであるが，同時に，1つの国家としてのまとまり，すなわち統一（unity）が保たれている。平林（2017: pp.43-45）によれば，その統一性を保つ仕組みとして，連邦政府と各州とを行き来しながら両者の連結役を果たすインド高級官僚と，州政治の混乱時に大統領直轄政治のもとにおかれる各州知事が，統一性の確保において重要な役割を果たしているという。

（2）インド経済の概観

① 1947年の独立から1991年の経済自由化まで

1947年の独立から91年の経済自由化まで，インドでは社会主義的な経済政策がとられていた。50年代半ば以降，鉄鋼，通信，電力などの主要な産業は国家主導のもとにおかれ，高率関税やライセンス制によって国内産業を保護する政策がとられるようになった。こうした社会主義的かつ閉鎖的な経済政策は工業部門の停滞を招いた。80年代に入ってから部分的に経済自由

化政策がとられるようになると，経済成長率も上昇した。しかし，90年の湾岸危機による原油価格の高騰と中東諸国への出稼ぎ労働者からの送金急減によって，インドは経済危機に陥った。これを打開するため，91年に経済自由化が始まった。

1991年6月に誕生したラオ政権は，金融・財政緊縮政策や通貨切り下げと合わせて，貿易自由化や外資導入を中心とした経済自由化を進めた。外資導入では，中央銀行によって34業種で出資比率51%を上限とする海外直接投資が自動的に認可されるようになった。92年度から20年間の経済成長率は6.8%で，1980年代を上回った（国際協力銀行, 2017）。

② BRICs の一員としてのインド

2000年代に入り，途上国の中でも急速な勢いで経済成長を遂げている諸国が新興経済国として注目を集めるようになり，インドも BRICs（Brazil, Russia, India, China）と呼ばれる4大新興経済国の1つとして名を連ねた。

インドの経済成長をさらに後押しするように，2014年5月に首相に就任したモディは，インド経済の改革を促す，いくつかのスローガンを打ち上げた。代表的なものが「メイク・イン・インディア」である。これは製造業の振興を目指したもので，GDPに占める製造業の比率をその当時の15%から25%にまで引き上げることを目標とし，政府が産業振興を図る25業種を指定した。例えば，自動車，自動車部品，航空，バイオテクノロジー，化学，建設，防衛，重電，電気電子，食品製造，ITなどがある。

モディ首相は，この他にも，「デジタル・インディア」（さまざまな分野をデジタル化して知識経済社会へ変革する），「クリーン・インディア」（インドの街や人々の生活を衛生面から改善する），「スキル・インディア」（若年層に職業訓練を行い，若者により良い職を与える）などの改革スローガンを立て続けに打ち出した。

1991年以降の経済改革と諸政策の実施によって，インド向けの海外直接投資は増加傾向となった。特に，2012年以降は毎年流入額が増加し，15年度のインドへの海外直接投資流入額は，2000年以降で最も多い555億ドルとなった（国際協力銀行, 2017）。

(3) 日本企業にとっての有望投資先国

　国際協力銀行の2016年度の調査によれば，中期的（今後3年程度）に有望な事業展開先国・地域としてインドが1位となった。同国は2014年度の調査から3年連続で1位である（国際協力銀行, 2017）。調査回答企業がインドを有望先と考える理由で最も多いのが，「現地マーケットの今後の成長性」（85.2%），次いで「現地マーケットの現状規模」（30.9%）であり，人口大国インドとその消費市場としての有望性が大きな魅力となっていることが分かる（複数回答可）。この他「安価な労働力」（28.7%），「組み立てメーカーの供給拠点として」（20.6%），「第三国輸出拠点として」（12.1%）が有望理由として続くが，「安価な労働力」という魅力は，2016年度調査で有望理由の3位に後退しており，インドの労働コストの魅力が低下しつつある。

　他方，インド投資環境の問題点として回答企業が一番多く指摘するのが，「インフラが未整備」（51.4%）である。インフラ以外では，「法制の運用が不透明」（35.4%），「他社との厳しい競争」（34.9%），「徴税システムが複雑」（32.5%），「治安・社会情勢が不安」（28.8%）が上位に挙がっている。

　インドは巨大な消費市場と豊富な労働力，モディ政権の積極的な経済改革政策，そして第3章でも述べたように中東・アフリカ諸国への輸出拠点として魅力あふれる投資先である。反面，現地の地場企業との競争もあって利益を出すのが容易ではないことや，上記アンケート調査でも指摘されているように，インフラの未整備，法制度の運用における不透明さがあり，近年の地価・賃金の上昇傾向もある。さらには，日本人にとって生活面での不自由さ（日本食の少なさや日本語対応病院の少なさなど）もあり，日本企業にとってはタフな投資先であることは間違いない。

3. ケース―新田ゼラチンインディア（NGIL）の現地自主経営―

（1）NGIのインド進出経緯

　NGIは日本トップのゼラチン製造・販売会社である。創業は1918年，2018年に創業100周年を迎えた歴史ある会社である。同社がインドに進出

することになった経緯は，ゼラチンの主原料である牛骨を調達する目的にあった（梅野, 2012）。当初はインド他諸外国から牛骨原料を輸入調達していたが，1960年代後半になると，原産国インドが牛骨原料の輸出規制に動いたため，75年，NGIは原料確保の理由から，インド南部ケララ州に同州の産業開発公社（KSIDC）と合弁会社KCPL（NGILの前身会社）を設立した。

NGILは設立からしばらくの間，インドで調達した牛骨原料を加工したオセインと呼ばれるゼラチンの中間原料を生産し，その全量を日本親会社の工場に向けて輸出していた。1999年からNGILがゼラチン生産に着手するようになると，これを契機に同社は自ら成長志向へと舵を切るようになった。現在，NGILは，多国籍企業NGIグループの中でも自立性の高い重要な子会社に成長している。どのような経緯があったのだろうか。

本節では，NGILの自立的成長を示す事業を2つ紹介する。1つはハラルゼラチンの自主開発生産と市場創造，もう1つはCSR（企業の社会的責任）活動の自主展開である。前者についてはUmeno（2018），後者については梅野（2018）の研究成果に基づく。両ケースを通してNGILの自立的成長のプロセスとその背景要因を探る。

(2) ハラルゼラチンの市場創造

①ハラルゼラチン生産着手の経緯

ハラルゼラチンとは，イスラム教の戒律であるハラルに適合したゼラチンのことである。ハラルはイスラム教徒が日常生活で許される行為を意味し，通常は飲食において，豚やアルコールの混入したものを食さないという戒律である。ハラル製品と言えるためには，当該製品が販売される市場国でハラルに適格であること証明する，ハラル認証を取得しなければならない。

NGILがハラルゼラチンの生産に着手するようになったのは，1999年，同社がそれまで専業にしていたオセイン生産から一歩踏み込んで，ゼラチン生産にまで乗り出したことがきっかけであった。NGILのゼラチン生産決定に際し，親会社はNGILに対して，ゼラチン生産量の半分は自らの努力で販売責任を負うという新たな使命を与えた。同時に販売テリトリー制を敷いて，同社には，インド国内市場の他，中東，アフリカ，欧州が割り当てられた。

これはNGILにとって大きな試練であり挑戦あった。なぜなら，これまで社外への販売やマーケティング経験が皆無であったからである。しかも，インド国内市場はベジタリアンが多く，動物由来（牛骨原料）のゼラチンを食することがあまりないため，国内需要も限られていた。そこでNGILが目指したのは，中東，欧州の市場であった。イスラム教徒が大多数の中東市場でゼラチンを販売するためにはハラル認証が必要であった。

　NGILはインドのハラル認証であるJUMを取得した。インドは世界3位のイスラム人口を持つ国であり，JUMは中東市場でも通用したが，NGILはさらに厳格なハラル認証で知られるインドネシアのMUIも2006年に取得し，翌2007年にはアメリカのハラル認証IFANCAも相次いで取得した。これら3つのハラル認証を取得したNGILは，インド国内市場をはじめ，中東，欧州，アジア，北米の各市場においてハラルゼラチンを販売できることになった。

②**自助努力による認証取得と貴重な先行体験**

　ハラル認証の取得過程において，NGILはそのほとんどを自助努力で成し遂げた。同社内では認証取得に向けて，調達，品質保証，マーケティングの部門横断的なチームが作られ，全社一丸となって対応に当たった。NGILがハラル認証の取得を意識し始めたのは2000年に入ってからであったが，当時の親会社のハラルに対する認識は，NGILと比べると決して高いものとは言えなかった。したがって，NGILはその取得プロセスの全てを自前で行ったのである。

　NGILのハラル認証取得にとって，同社が貴重な先行体験を得ていたことは重要である。それは，EDQM（European Directorate for the Quality of Medicines）と呼ばれる欧州委員会が定める同地域市場における医薬品等販売における安全性の保証を求める認証を取得していたことである。EDQMは原料調達段階の安全性担保と，製造過程から市場販売までの追跡可能性，すなわちトレーサビリティの確立という2大原則の順守を求めるものであり，当時のNGILにとっては極めてハードルの高いものであった。事実，親会社も，NGILのEDQM取得の可能性については懐疑的であったという。しかし，NGILはほぼ自力でEDQM認証の取得を成し遂げた。

③2つの認証取得のタイミングと取得要件の類似性

NGILのハラル認証にとって幸運であったことは，EDQM認証が求める2要件，すなわち原料調達段階の安全性担保とトレーサビリティの確立が，まさにハラル認証の取得要件と同様のものであったことである。ハラル認証では牛骨原料が厳密にイスラム戒律に従って調達されているかどうか，そして，原料調達からゼラチン生産の全工程を経て市場に出るまでの過程で交差汚染（豚やアルコールといった忌避物質の混入や混在）がないことを証明しなければならない。すなわち，トレーサビリティの確立と証明である。EDQM認証の取得で苦労したNGILであったが，ハラル認証の取得に当たっては，少し前に経験したプロセスがそのまま応用できたのである。EDQM認証取得とハラル認証取得の必要性が，ほぼ同時期に起きたというタイミングの妙が功を奏した。

④インドの立地優位性の活用と親会社の子会社に対する経営姿勢

NGILが自らの努力でハラルゼラチンを開発し，それをもとに市場開拓に成功したもう1つの理由として，インドの立地優位性をNGIL自身が活用したこと，そして，子会社の自助努力を親会社が絶妙なバランス感覚と距離感でもってサポートし続けたことが指摘できる。

インドがイスラム人口大国であることに加え，NGILの立地するケララ州はインド他州よりもイスラム教徒の比率が高い。これらのことから，NGILは親会社よりもハラル対応のゼラチン開発の必要性を強く感じていたし，ハラルに対する理解度も高かった。特に，NGILのマーケティング部門にハラル認証について詳しいイスラム教徒社員がいたため，一層，その理解度は高かった。加えて，イスラム教徒が多いケララ州には，イスラム教の戒律に従った牛の屠畜業者数も多く，ハラル適合の牛骨原料がより多く入手できる立地優位性があった。

NGILがこれらの現地事情の優位性を十分に活用できた背景には，親会社の子会社に対する絶妙な距離感の置き方があった。親会社は過剰に子会社の経営に介入することはせず，ハラル認証取得やそれに先立つEDQM認証の取得に際しては，徹底して子会社の自主性に任せた。「つかず離れず，見放さず，必要に応じて支援を行う」という親会社の子会社に対する経営姿勢

が，NGIL によるハラルゼラチン市場創造を成功に導いたもう 1 つの要因として指摘できる。

(3) CSR 活動の自主展開

① 「2013 年会社法」制定以前の CSR 活動

　NGIL は CSR 活動においても自主的かつ自立的に展開している。インドでは 2013 年に新しい会社法が制定され，その中で，一定条件に該当する全ての企業は，過去 3 ヶ年の税引前利益の 2％相当額を CSR 活動に支出することが義務付けられた。同時に，会社法は CSR の具体的活動内容を 11 項目にわたって明記している。それらのうち代表的なものを例示すると，以下の通りである。

　飢餓・貧困・栄養失調の撲滅に対する活動，疾病・ヘルスケア・衛生環境の推進に関する活動，安全な飲用水の確保に向けた活動，教育促進と職業訓練，特に児童，女性，高齢者，障がい者に対する教育の促進と雇用促進に対する活動，男女平等の促進と女性の活躍支援に対する活動。

　「2013 年会社法」で特徴的なことは，CSR 活動の全てが社外の人々（地域住民や近隣市民，国民社会全体）に向けたものであり，社内向けの活動は一切含まない点にある。自社社員に対する福利厚生施策や社内環境の整備（ソーラーパネルの設置や省エネ対策等）に関わる活動は CSR 活動とは見なされない。会社法は CSR 活動の実施方法として，会社自身が直接行う，外部の NGO や NPO などの市民組織と協働で実施する，会社が設立した財団を通して活動を実施する，以上 3 つを示している。

　NGIL は「2013 年会社法」で CSR 法制化対象企業になったものの，法制化以前から自主的に CSR 活動を行っていた。同社のオセイン工場が立地する周辺地域は農村地帯であり，都心部から遠く離れたところであった。設立から 5 年後の 1980 年，NGIL は地元に病院を建設し，続いて公共図書館も設立した。それ以降毎年，同社はこれらの機関に医療機器類や設備品などを提供した。また，工場周辺の農家向けに灌漑用水設備を建設して農業用水の供給も行っている。2010 年，NGIL と地元地域との共存を目的として，「セイイチ・ニッタ＝K.T. チャンディ財団」が設立された。財団名称の 2 名は，

NGIL 設立時の日本側親会社社長の新田精一氏とインド側パートナーであった KSIDC 総裁の K.T. チャンディ氏である。後述する NGIL の CSR 活動は，この財団の他，同社自身，そして NGO との協働によっても実施されている。

② 「2013 年会社法」制定以降の CSR 活動

「2013 年会社法」が 2014 年 4 月から施行されるようになると，NGIL はこれまで行っていた CSR 活動を，会社法で定められた形式や体系に沿って改めて見直す必要に迫られた。

まず，会社法に従って，NGIL 社長と 2 名の独立取締役の計 3 名からなる CSR 委員会を取締役会内に新設した。次に，同社オセイン工場が立地する近隣地域について，どのような CSR ニーズがあるのかを調査することになった。ニーズアセスメントと呼ばれるこのプロセスは，NGIL 自身ではなく NGO に調査を委託した。同 NGO は近隣住民約 6000 世帯（2 万人強）に対して，職業，所得，家族構成，疾病罹患内容，トイレ設置状況に至るまで，実に詳細な住民基礎データの収集と分析を行った。それらの結果として，NGO は 8 つの活動領域を NGIL に提案した。NGIL はその中から 5 つの活動領域を選定し，以下に示す"Nalla Nadu"（ケララ州現地語マラヤラム語で「良い家」の意味）プロジェクトを作り上げた。

③ "Nalla Nadu" プロジェクトの内容と評価

"Nalla Nadu" プロジェクトは，教育，ヘルスケア，地域開発，生活の質の向上，環境保全の 5 領域からなっている。教育を例にとって具体的な活動を紹介しよう。NGIL は近隣地域の公立学校に通う児童に，学習ノートや筆記具，スクールバッグなどの教材・用具一式を無償提供している。また，近隣公立学校に対して，パソコン，プロジェクター，スクリーンなどの IT 機器類も無償提供している。さらに，児童に対する集団検診（小児科，眼科，歯科）の実施にかかる費用も負担し，学校での昼食提供にかかる費用負担も行っている。

これらの CSR 活動の結果は，対象となった受益者数と支出額という数値面での把握と合わせて，活動内容の質的側面についても NGO から成果評価を受けている。つまり，量的・質的の両面で成果測定を行っている。NGIL の 2017 年度の CSR 活動支出額は，会社法が定める 2% 基準をクリアしてい

る。また，同社は 17 年 6 月，インドにおける人事管理者のための全国的な専門職業人団体である NIPM（National Institute of Personnel Management）ケララ支部から「最良企業市民賞 2017」（Best Corporate Citizen Award-2017）を受賞した。

　以上のような NGIL の CSR 活動は，当然のことながら，インド子会社の主体的活動として実施されているものであり，親会社もそのように受け止めている。そもそも，「2013 年会社法」が規定する CSR 活動内容を見ても分かるように，CSR に対する考え方や具体的な活動内容が，日本のそれとはかなり異なっている。特に，NGIL の近隣地域住民がどのような社会的手助けを必要としているのか，それらの地域ニーズをいかにして把握し具体的な活動として展開していくのかは，現地から遠く離れた日本の親会社が行うべき活動ではないだろう。現地子会社に任せるより他ないのである。

4. ケースの解説

　本ケースから学ぶことができる国際経営上のポイントは，子会社の能力を生かすも殺すも親会社の経営姿勢次第，ということである。

　国際経営は，地理的距離はもちろんのこと，文化的にも経済的にも政治的にも「隔たり」のある中で展開されている。本ケースで見たとおり，ハラルゼラチンの開発についても，新しい会社法に従って CSR 活動を展開する上でも，インド子会社のイニシアチブが際立っていた。現地のことは現地子会社が誰よりもよく分かっている。とりわけ，本章が対象にしたインドは地理的にも文化的にも日本との隔たりが大きく，親会社にとっても不案内で不慣れな部分が多いことも確かであろう。本章冒頭でも紹介したように，インドは「多様性の中の統一」を体現する国である。一言で「インド」という国を表すことは難しい。インドのどこの州のどの地域で活動しているか，どのような背景を持った人たちを雇用しているのか。同じ一国でもあっても，企業を取り巻く様々な条件によって経営環境は大きく異なる。多様性の程度が高い国であればあるほど，親会社には現地子会社を信頼して経営を任せることが求められる。そうした親会社の子会社に対する経営姿勢が，ひいては子会社自身のさらなる自主性や自助努力を促進する。そのような好循環が作られ

ることが多国籍企業の経営にとって理想的と考えられる。本ケースで紹介した新田ゼラチンは，インド子会社設立当初から一貫して現地子会社社長ほか，経営陣が全てインド人であり，徹底した経営の現地化がなされている。

とはいえ，親会社が子会社に対して自由放任的な姿勢をとるべきと主張しているのではない。親会社は子会社の成長を促進するような方向づけを与え，必要ならば，子会社に対して資金面や技術面等で支援を施す必要がある。本ケースでは，NGI が NGIL に課したゼラチン自主販売責任が，NGIL のハラルゼラチン開発のきっかけを作り，同社自立化の第一歩となった。NGIL が自主販売で困難に直面すると，親会社はすぐにマーケティングの初歩から手厚い指導を行った。これらの親会社による初期段階の支援が実り，今では NGIL はマーケティング活動を自立的に行うところまで成長した。

CSR 活動については，その活動自体が地元地域社会に密着したものである必要性から，さすがに親会社が現地の CSR 活動に直接関与することはなかった。しかし，親会社は 2010 年に NGIL と地元の地域社会との共存を目的として，「セイイチ・ニッタ＝K.T. チャンディ財団」をインドに設立している。同財団は NGIL の社会貢献活動の 1 つのルートとして活用されている。その意味で，親会社は CSR 活動の基盤づくりに貢献したのである。

いずれのケースとも，親会社の子会社に対する距離感の取り方，すなわち，「つかず離れず，必要な支援は惜しまない」という絶妙な距離感の取り方が，子会社の自立的成長をもたらすことを示している。

5. おわりに

国際経営にとっての本質的課題は，現地適応とグローバル統合の両立である。現地子会社の自立的成長においても，この原理は通用する。現地事情はあくまで現地子会社が一番よく知っている。現地の立地優位性を十分に活かすためには，現地環境に直面している現地子会社の自主性や能力をいかんなく発揮させることが重要である。同時に，1 つの企業グループとして，現地子会社は，親会社を含むグループ会社の持つ経営資源の活用機会も与えられるべきである。親会社には，現地適応（現地自主経営）とグローバル統合（全社経営資源の共有と活用）という両者のバランス感覚が求められるので

ある。

安室憲一のワンポイントコメント

　先進国（OECD 諸国）では人口増加が停滞ないし減少傾向にあるが，インドやアフリカ諸国はまだ増加傾向にある。これらの国々では，経済成長のエンジンである「人口ボーナス期」（総人口に占める「生産年齢人口」（15 歳〜64 歳人口）が「従属人口」（0〜14 歳人口＋65 歳以上人口）の 2 倍以上の時期）が 21 世紀の半ばまで続く。将来の成長市場が中国からインドや発展途上国に移行することは，国際ビジネスの将来に大きなインパクトを与える。ところが，インドやアフリカはビジネスの難しさ・複雑さ・多様さという点で，それまでの国際ビジネス経験を凌駕している。ヒンドゥー教徒は牛を食べないが，イスラム教徒は豚を食べない。菜食主義者とハラルの人が混在している。しかも，貧困層（BOP）の人々のための企業のCSR が強く（法律で）求められる。この「難しい」市場では「本国での常識」は通用しない。製品開発やマーケティングはもちろんのこと，経営意思決定も地元の人々に委ねるべきである。その成功事例が「新田ゼラチンインディア」（NGIL）である。同社は，40 年の歴史を持つが，パートナーのケララ州産業開発公社（KSIDC）から歴代の会長を迎えるとともに，社長他の経営陣には日本人駐在員でなく，インドでの企業経営に精通した現地人を起用してきた。「この一歩引いた姿勢」がインド子会社の創造性を引き出したと言える。しかし，インド子会社が困難な課題に直面すると，例えば高い品質水準で原料のオセインからゼラチンを生成する手法や欧米への輸出マーケティングなどは日本の本社が丁寧に指導している。また，インド子会社の製品は「新田ゼラチン」のグローバル・ブランドでマーケティングしている。このようにインドの特殊性を上手く活用して，難しいハラル市場を開拓することは，通常の日本人や日本企業（の本社）には不可能である。現地人活用のグローバル経営のメリットが，この事例から理解できるのである。世界は広く，多様である。企業の人材も多様でなければならない。

● 参考文献

Umeno, N. (2018) "Market Creation Through Leveraging Subsidiary Capabilities: A Case Study of Nitta Gelatin India Limited (NGIL)",『大阪商業大学論集』（第 13 巻第 3 号），19-30 頁。

梅野巨利（2012）「インドにおける海外子会社の自立的成長―新田ゼラチンインディアの事例―」大石芳裕・桑名義晴・田端昌平・安室憲一監修，多国籍企業学会著『多国籍企業と新興国市場』文眞堂，203-220 頁。

梅野巨利（2018）「インドにおける CSR 活動の検討―新田ゼラチンインディアの事例を中心に―」（日本経営学会関西部会第 638 回例会報告資料）。

国際協力銀行（2017）『インドの投資環境』（http://www.jbic.go.jp/wp- content/uploads/page/2017/09/57659/inv_India02.pdf: 2018 年 6 月 21 日最終アクセス）。
平林博（2017）『最後の超大国インド―元大使が見た親日国のすべて―』日経 BP 社。
古沢昌之・安室憲一・山口隆英編著（2015）『新興国における人事労務管理と現地経営―ベトナム・インドネシア・インド・バングラデシュ・ブラジルの労働事情と日本企業 7 社のケーススタディ―』白桃書房。

第10章

アフリカと日本企業

山口　隆英

キーワード▶ アフリカ，ODA，TICAD，加工貿易，天然資源確保型，市場開拓型，投資協定，ブートストラッピング開発，味の素，制度のすきま

1. はじめに

　本章ではアフリカ諸国と日本とのビジネスの関係を示していく。まず，アフリカと日本とのビジネスの関係を説明する。次に，アフリカ諸国においてプレゼンスが大きくなっている中国のアフリカビジネスを取り上げる。そして，アフリカに進出している日本企業のケースとして，エジプトに進出した味の素株式会社のケースを取り上げる。このケースは，アフリカへの直接投資において，資源獲得型の直接投資ではなく，アフリカの低賃金を利用した生産拠点型の立地でもなく，アフリカを市場と見なして，新たな市場開拓を行ったケースである。このケースの分析を通じて，市場としてのアフリカの可能性を考える。

2. アフリカの投資環境

　まず，アフリカが持つビジネスのポテンシャルを考えていく。第1に，デイヴィス＆マクドナルド（2015: p.24）は，日本とアフリカの関係が2000年以降大きく変わったと指摘している。かつての日本とアフリカの関係は，日本からのODA[1]を中心とするもので，政治的に支援として資金提供がなさ

1　ODAとは，Official Development Assistance（政府開発援助）の略で，開発途上地域の開発を主た

れた。日本企業は，日本政府のODAとは関係なく，自社のビジネスに関わる範囲でアフリカに関わっていた。それが，2000年以降，日本政府が外交政策と経済的な利益を結びつける方針に転換して，日本政府と企業の関係は強まることとなった。ODAの実施には，日本貿易振興機構（JETRO），国際協力銀行（JBIC），日本商工会議所（JCCI）といった機関が関わるようになっている。日本のODAにおいて政府とビジネス分野の関わりが増してきており，影響の大きい日本からのODAがアフリカにどれくらい投資されているのかを見ていくことにする[2]。

　図表10-1に示したように，外務省（2018）によると日本からアフリカへのODAは，2013年に約32億ドルであったが，14年以降は約20億ドル前後の数字になっている。また，15年の数字で見ると，アメリカ（約96億ドル），イギリス（約43億ドル），ドイツ（約34億ドル），フランス（約33億ドル）といった国々に次ぐ数字となっている。ODAは，保健・医療，食糧援助，給水，電力供給を含むインフラ整備等の生活向上のための支援が中心であった。16年から18年の3年間に，日本の強みである質の高さを活かした約1000万人の人材育成をはじめ，5年間で官民総額300億ドル規模の質の高いインフラ整備や強靭な保健システム促進，平和と安定の基盤づくり等，アフリカの未来への投資を行うことを，安倍総理はTICAD Ⅵ[3]の席上発表している（外務省，2018）。TICAD Ⅶが実施される19年までに，ODAだけでなく，民間投資を巻き込む形でTICAD Ⅵでの公約にコミットメントしていくことが求められている。要するに，ODAという日本政府が投資する公的資金を呼び水に，アフリカ諸国での日本の直接投資を増加させ，アフリカ諸国との良好な関係の構築という日本政府の戦略が民間企業の経営活動に影響を及ぼす形になっている[4]。

　　る目的とする政府及び政府関係機関による国際協力活動を意味している。
2　ODAは多国間協力と2国間協力があり，2国間協力は無償資金協力，技術協力，有償資金協力の3つからなっている。
3　TICADは，Tokyo International Conference on African Developmentの略。日本語ではアフリカ開発会議と呼ばれている。デイヴィス＆マクドナルド（2015: p.29）によれば，1993年にアジアで最初に開催されたアフリカフォーラムであり，総会は5年ごとに日本で開催され，協議会はアフリカで開催されている。日本とアフリカの関係が協議されている。
4　デイヴィス＆マクドナルド（2015: p.25）は，中国への対抗策，国連の安全保障理事会の常任理事国入り，エネルギー資源やレアメタルの確保といった外交戦略が背後にあると指摘している。

図表 10-1 アフリカへの日本の ODA の実績（金額）

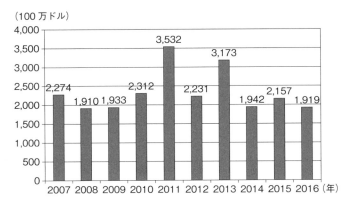

出所：外務省（2018）をもとに筆者作成。

図表 10-2 日本とアフリカの貿易の状況

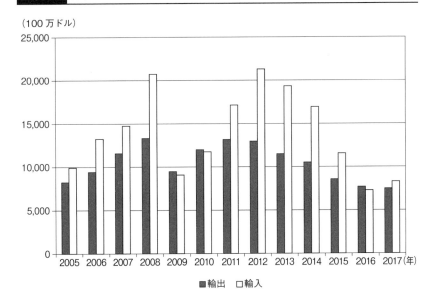

出所：日本貿易振興機構「貿易概況」（https://www.jetro.go.jp/world/japan/stats/trade/：2018年8月31日最終アクセス）のデータより筆者作成。

それでは次に民間の動きはどうだろうか。アフリカ諸国と日本との貿易を見ると，2012 年はアフリカからの輸入（約 213 億ドル）が輸出（約 130 億ドル）を上回る貿易赤字の状態であった（図表 10-2）。日本の原油，液化天然ガス，非鉄金属の輸入が大きな割合を占めていた。

　2017 年は，日本からの輸出が約 75 億ドルであり，日本への輸入が約 83 億ドルであった。日本からの輸出では自動車の輸出が一番大きく，日本への輸入では非鉄金属の割合が大きかった。様々な非鉄金属については，アフリ

図表 10-3 アフリカの鉱物資源の埋蔵量

鉱物資源	アフリカの鉱物資源埋蔵量の世界に占める割合	アフリカの鉱物資源生産の世界に占める割合	アフリカの主な産出国	主な産業用途
プラチナ	95%	77%	南アフリカ，ジンバブエ	排気ガス触媒
クロム	42%	48%	南アフリカ，ジンバブエ	特殊鋼，スーパーアロイ
コバルト	54%	60%	コンゴ民，ザンビア	二次電池，特殊鋼，超硬合金
ジルコニウム	19%	30%	南アフリカ	排気ガス触媒，研磨剤
バナジウム	23%	24%	南アフリカ	自動車，船舶，橋梁
タンタル	―	67%	コンゴ民，ルワンダ	コンデンサ，光学レンズ
チタン	24%	34%	南アフリカ，ケニア，シエラレオネ，モザンビーク，マダガスカル	ジェットエンジン，発電タービン，塗料
マンガン	38%	47%	南アフリカ，ガボン	特殊鋼，乾電池，二次電池
ウラン	21%	15%	ナミビア，ニジェール	原子力発電燃料
銅	6%	9%	ザンビア，コンゴ民	自動車，電線，電子基板
ボーキサイト	26%	6%	ギニア	自動車，航空機，サッシ，缶

資料：Mineral Commodity Summaries2016, OECD/NEA-IAEA Uranium 2014, World Nuclear Association から作成。
出所：経済産業省『通商白書（2016）』（HTML 版）第Ⅱ部第 4 章第 1 節「アフリカ」(http://www.meti.go.jp/report/tsuhaku2016/2016honbun/i2410000.html：2018 年 8 月 31 日最終アクセス）による。

図表 10-4 日本からアフリカへの海外直接投資

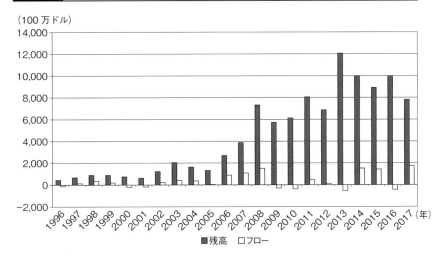

出所：財務省「対内・対外直接投資（地域別・業種別）（国際収支マニュアル第6版準拠）」(https://www.mof.go.jp/international_policy/reference/balance_of_payments/bpfdii.htm：2018年8月31日最終アクセス）による。

カに多くの資源が埋蔵されている（**図表 10-3**）。貿易の構図としては，原料となる非鉄金属を日本が輸入し，工業製品を日本が輸出するという加工貿易の形になっている。

　貿易という形の国際取引に続いて，海外直接投資を説明する。日本からアフリカへの投資の推移は**図表 10-4**の通りである。1年のうちに，域内に投資される場合と投資が引き揚げられる場合があり，その動きが1年間のフローとして示され，撤退が多いとマイナスとなる。継続した投資が域内に留まっている場合，投資の残高として計算される。長期的に，企業がアフリカで存続する場合，直接投資残高は年々増えることになる。1996年に直接投資の残高は4.4億ドルであったが，2016年には99億9000万ドルになり，17年は78億2000万ドルへ減少したとは言え，約20年で日本からアフリカへの直接投資は約20倍に増加している。

　2016年の直接投資の分布を国ごとに見てみると，マイナスの国もある[5]（**図表 10-5**）。

5　その年の「投資額」から「撤退した投資額」を引いた差。

図表 10-5 2016 年の日本からアフリカへの直接投資（フロー）

(単位：億円)

エジプト	南アフリカ	モロッコ	リベリア	コートジボワール	ナイジェリア	ニジェール
−22.98	1,009.867	5.718	−1,523.861	5.230	7.975	2.590
コンゴ	ケニア	タンザニア	セーシェル	モザンビーク	モーリシャス	ザンビア
−0.019	3.475	0.470	−0.378	0.310	−95.674	2.882

出所：財務省「対外・対内直接投資（地域別・業種別）（国際収支マニュアル第6版準拠）」（https://www.mof.go.jp/international_policy/reference/balance_of_payments/bpfdii.htm：2018年8月31日最終アクセス）による。

　この図表から日本企業の投資が全てのアフリカ諸国で起こっているわけでないこと，投資の金額が大きくないこと（おそらく投資件数も少ない），撤退もあることが分かる。日本の直接投資は，エジプト，モロッコの北アフリカのエリア，リベリア，コートジボワール，ニジェール，ナイジェリアという西アフリカ，ケニア，タンザニア，モザンビーク，ザンビアに南アフリカを加えた南東アフリカといった形で行われている。中央アフリカは投資している国が少なく，コンゴへの直接投資が見られる。また，セーシェルやモーリシャスといったインド洋の島国で，リゾート地として発展した地域への投資も見られている。各国への投資の理由はいくつか考えられるが，その1つが現地で開発されている天然資源へのアクセスである。つまり，天然資源確保型の直接投資である。石油，天然ガス，プラチナ，リン鉱石，コバルト，リチウム，ダイヤモンドといった天然資源はアフリカで多く産出されており[6]，その産出国に日本からの直接投資がなされている。

　アフリカと日本の間では，投資協定の締結についても注目しておく必要がある。既に投資協定を締結し発効しているのは，1977年に締結し78年に発効したエジプトと2014年に発効したモザンビークである。投資協定とは，海外投資に関する規制をできる限りなくし，投資を自由に行える環境を整え，投資家及び投資財産を保護するという日本と外国の約束である[7]。年々

---

[6] 「一目でつかむアフリカ」『一橋ビジネスレビュー』(2015: p.8) にアフリカの鉱物資源の産出エリアが示されている。

[7] この説明は，外務省 (https://www.mofa.go.jp/mofaj/gaiko/investment/bit.html：2018年8月31日最終アクセス) による。この投資協定の2国間協定がBITと呼ばれている。

締結されているFTA（自由貿易協定）やEPA（経済連携協定）では，投資を扱う章が作られ，投資協定の内容が盛り込まれている。この協定の締結によって，日本企業が安心してアフリカ諸国に投資できるようになる。そのために，現在，アフリカ諸国との協定に向けて交渉が進められている[8]。

　他方で，市場としてのアフリカの重要性が増している。2017年のJETROの調査[9]結果によると，アフリカに拠点を構えている理由は「市場の将来性」が，07年の71％から76.4％に，「市場規模」が33.6％から37.9％に増加した半面，「天然資源」が29.9％から14.3％に，「日本のODA」が24.3％から11.8％に減少している。このことから，JETROでは，日本のアフリカへの直接投資が，10年間に，天然資源の確保や日本のODAに伴うビジネス以上に，市場としてアフリカを有望と考え，将来に備えて進出している企業が増加していると捉えている。国別では，モロッコ，モザンビーク，ナイジェリア，ケニア，エジプトが市場規模や成長率で日本企業を惹きつける要素となっている。

3. 中国のアフリカ進出

　ここで注目されている中国のアフリカ進出について触れておく。まず中国のアフリカへの直接投資の残高は，日本の約3倍であり，フランス，イギリス，アメリカという長年アフリカの影響を持ってきた国の半分といったところである（図表10-6）。

図表10-6　アフリカへの主要国の投資残高

（単位：100万ドル）

フランス	米国	英国	中国	日本	ドイツ	韓国
51,800	64,500	59,500	32,500	10,200	11,000	2,470

出所：経済産業省『通商白書（2016）』（HTML版）（http://www.meti.go.jp/report/tsuhaku2016/2016honbun/i2410000.html：2018年8月31日最終アクセス）による。元データはJETRO「アフリカビジネス・投資セミナー」（2016年3月3日発表資料）。

8　コートジボワール，タンザニア，モロッコ，アルジェリア，ザンビア，ナイジェリア，セネガル，ケニア，ガーナといった国と外務省が交渉を行っている（https://www.mofa.go.jp/mofaj/gaiko/investment/index.html：2018年8月31日最終アクセス）。
9　2017年8月10月にかけてJETROが行ったアフリカ24ヶ国に進出している日系企業に対する調査の資料（https://www.jetro.go.jp/ext_images/_Reports/01/26b8d0e8484278c5/20170090.pdf：2018年8月31日最終アクセス）による。

中国によるアフリカ投資は，2007年に44億6000万ドルだったものが，2015年には約8倍の346億9000万ドルへと急速に伸びている（苑，2018: p.14）。この急速な伸びがアフリカを席巻する中国投資のイメージを作っている。しかし，中国のアフリカ投資も変化している。中国の製造業に向けた原材料の供給拠点としてのアフリカから，中国の人件費の高騰・労働力不足を補う生産拠点としてのアフリカに直接投資が変化し，中国企業が多くのアフリカ人を雇用している（Sun, 2017）。

中国企業は，投資先国の政府組織等が不完全で発展途上であっても気にせず投資できている部分において，日本企業との違いになっている。Sun（2017）によると，中国企業は物事を進めながら完成させるブートストラッピング開発（bootstrapping development）を活用している。Sabel（2004）は，ブートストラッピング開発を，成長を実現する上で組織が継続的な社会学習を求められるという考え方であると述べている。つまり，自分の組織のあり方が成長を妨げる場合，問題が解決するように組織自体を変えることで成長を実現するという考え方である。アフリカという参入した環境が不明確なものであっても，参入した中国企業は，パートナーを利用することも含めて，現地の環境に適応して自組織を変化させながら対応している。この点において，日本企業と中国企業の直接投資に差があると言える。

4. ケース―味の素のエジプト進出―

日本企業のアフリカでの活動に戻って，注目され始めているアフリカを有望な市場と見なして投資をしているケースを紹介する。味の素株式会社のエジプト進出である。味の素がエジプトで市場を獲得するまでの経緯について説明する。

味の素は，2016年11月に，プロマシドール社の33.33％の株式を取得（約558億円）し，取締役を派遣し，経営に参加することをプレスリリースした。そのプレスリリースには次のように記載されている[10]。

---

10 味の素広報部（2016）「味の素（株），プロマシドール・ホールディングス社の株式33.33％を約558億円で取得」（https://www.ajinomoto.com/jp/presscenter/press/detail/2016_11_08_3.html：2018年8月31日最終アクセス）を参考に記述している。

当社は，1991年にナイジェリアにウエスト・アフリカン・シーズニング社を設立後，2011年にエジプト味の素食品社を，2012年にはコートジボワールに西アフリカ味の素社を設立し，うま味調味料「味の素®」を中心とした調味料事業をアフリカで展開しています。

プロマシドール社は，現在アフリカ36ヶ国で事業を展開する調味料・加工食品メーカーです。ナイジェリア，アルジェリア，ガーナ，コンゴ民主共和国，アンゴラの5ヶ国を主要展開国として，粉ミルク，粉末飲料，風味調味料，シリアル等を生産・販売し，同社のブランドはアフリカ市場に広く浸透しています。今回当社がプロマシドール社に出資し，同社のアフリカにおける強固な販売基盤と当社の幅広い製品開発力及び生産技術力を組み合わせることにより，アフリカ全域において事業基盤の強化を図り，アフリカ市場におけるリーディングプレーヤーの地位を中長期的に確立することを目指します。

味の素グループは，2014〜2016中期経営計画において，アフリカ・中東の新興国エリアを「Rising Stars（欧州・北米と合わせ事業拡大を加速させる国・エリア）」と位置付けています。飛躍的成長を図るための重要な成長ドライバーとして本エリアの事業拡大を加速させることで，「確かなグローバル・スペシャリティ・カンパニー」の実現を目指します。

味の素は1991年にナイジェリアに海外直接投資を行い，2018年には現地法人，調味料等の工場を所有している[11]。11年設立のエジプト味の素食品社は18年現在も存続しており，12年にコートジボアールに設立された西アフリカ味の素社は18年には現地法人として存続し，生産工場を有している。14〜16年の中期経営計画で示された前掲の「Rising Stars」は17〜19年の中期経営計画にも引き継がれ，プロマシドール社の販売網を通じてアフリカ主要5ヶ国プラス31ヶ国で事業の展開を行うとしている[12]。味の素は，アフリカでの事業展開を1つの成長のエンジンと考えている。

味の素のアフリカ進出が1991年と述べたが，味の素は設立当初から海外進出を試みてきた企業である。味の素の設立は09年である。その2年後の10年には台湾に特約店を設け，17年にはニューヨークに事務所を開設している（**図表10-7**）。

味の素は，2018年3月時点で，35の国や地域で事業を行い，製品は130

11　ここで述べる2018年のデータは味の素（2018）に基づいている。
12　味の素の2017年2月の中期経営計画説明会でのプレゼン資料に基づいている。

図表10-7 味の素の国際化年表

1909年（明治42）	「味の素®」一般販売開始【創業の日5/20】
1910年（明治43）	台湾に特約店設置
1917年（大正6）	ニューヨーク事務所開設
1918年（大正7）	上海出張所開設
1927年（昭和2）	シンガポール事務所開設
1956年（昭和31）	ブラジル味の素社設立
1958年（昭和33）	ユニオンケミカルズ社設立（現フィリピン味の素社）
1960年（昭和35）	タイ味の素社設立
1969年（昭和44）	インドネシア味の素社設立
1974年（昭和49）	ユーロリジン社設立（現味の素ユーロリジン社）（フランス）
1991年（平成3）	ウエスト・アフリカン・シーズニング社設立（ナイジェリア） B&W-Vietnam 社設立（現ベトナム味の素社）
2011年（平成23）	エジプト味の素食品社設立
2012年（平成24）	西アフリカ味の素社（コートジボアール）設立
2015年（平成27）	味の素ウィンザー社発足（米国）
2016年（平成28）	プロマシドール・ホールディングス社（英領ヴァージン諸島）の株式33.33％を取得
2017年（平成29）	LTS社（フランス）を買収（欧州味の素食品社を通して）

出所：味の素の2018年「味の素　会社概要」（https://www.ajinomoto.com/jp/aboutus/pdf/ajinomoto_profile.pdf?scid=av_ot_pc_comjheadbp_aboutus_ajinomoto_profile：2018年3月18日最終アクセス）に記載の年表から国際化に関わるものを筆者が抽出し，アフリカの情報を加筆。

の国や地域で販売されている[13]。味の素の全体の売上は1兆1502億円で，従業員は3万4452人である。国内の売上は5223億円，海外の売上は6278億円で，国内が45％，海外が55％となる（味の素，2018）。日本国内のビジネスよりも，海外のビジネスの方が大きくなっている。味の素の海外での売上が大きくなった理由に，新興国での味の素独自の市場開拓方法がある。ここでは，エジプトでの味の素の市場開拓がどのようになされているのかを明らかにしていく[14]。

味の素は，革命直後の2011年にエジプトに進出した。エジプト味の素食品社の社員たちは，首都カイロに点在するスーク（市場）に並ぶ小さな商店に，1袋25ピアストルのうま味調味料を売り込んでいく[15]。周囲に食料品

---
[13] 以下の数値は，味の素（2018）に基づいている。
[14] 以下の味の素のエジプトでの活動についての記述は，木村（2013a，2013b，2013c）に基づいて記述したものである。別の資料を利用する場合はその都度示していく。
[15] 2018年8月末時点で，為替レートを確認すると，1エジプトポンド＝6.2049円である。1エジプトポンドは100ピアストルなので，25ピアストルは1.16円となる。

を扱う雑貨店を見つければ，もれなく足を運ぶ。手売りの現金商売である。商品を補充したり，陳列品のホコリを払って目立つ場所へ置き直したりと，根気強い営業を行っている。スークで，低所得者の需要を掘り起こし，そこで知名度を上げ，大手スーパーなどに販路を拡大する戦略をとっている。味の素は，この行商スタイルと呼ばれる方法で，多くの市場開拓を行っているが，これはアジアや南米で市場開拓を成功させたやり方である。グローバル食品企業のトップ10入りを目指すことを，味の素は公表しており，それに向けてエジプトでも市場開拓が進められている[16]。

現在，エジプトの人口は約9304万人であり，人口は年々増加している[17]。世界銀行のデータを見ると，65歳以上の人口の割合日本が約27％であるのに対し，エジプトでは約5％で，エジプトが若い世代で構成されており，今後も人口が増加し，消費市場が拡大することが予測できる[18]。2017年の1人当たりのGDPは2357USドル，GDPの実質成長率は4.2％である。所得水準が上がるとともに，経済成長も堅調であり，今後も市場として有望であることが分かる。

このようなエジプトの市場環境の中で，味の素が開拓を進める市場が，庶民層が多く住む下町エリアである。スークを「毎日のように家庭の主婦たちが買い物にやって来る」という観点でターゲットにしていたからである。そのため，スークで小売店オーナーや消費者たちと直接会い，調味料としての味の素を知ってもらうことに重点をおいて活動をしていた。

2013年時点のエジプトでの実際の販売活動を説明する。第1に，ターゲットにしているスークの状況である。当時の宇治弘晃社長たちが最初に目をつけた市場の1つは，カイロ中心から東にあるマンシェイヤ・ナセル地区であった。モカッタムの丘と呼ばれる高台の下に広がる，住人が5万とも10

---

16 2017〜19年の中期計画の中で，グローバル食品企業トップ10クラスを目指すことが謳われている。グローバル食品企業トップ10クラスに向けて，グローバル企業レベルの事業と利益の規模，利益を生み出す世界水準の効率性，人と地球の未来の進歩に貢献，世界一のコアな技術と事業領域，世界レベルの多様な人財力が副次的な目標とされている。
17 エジプトの人口，GDP，経済成長の数字は，外務省が提供するエジプトの基礎データ（https://www.mofa.go.jp/mofaj/area/egypt/data.html：2018年8月31日最終アクセス）に依拠している。
18 エジプトの人口のデータは，世界銀行のデータサイト（https://data.worldbank.org/country/egypt-arab-rep：2018年8月31日最終アクセス）から検索したものである。日本のデータは総務省統計局（http://www.stat.go.jp/info/today/114.html：2018年8月31日最終アクセス）に依拠している。

万とも言われる町であり，行政もその居住者数を正確に把握できていない。このエリアには，スークだけでなくは，庶民レベルでの飲食店，食品店があり，生鮮食料品も豊富で，食料品も豊富でコメ，マメ，パスタなどを売る食料雑貨店も多い。そのような店舗に，味の素の小袋を吊るした，通称「カレンダー」が掛けられるようになり，小袋単位で売られる状況が作られていた。

　第2に販売戦略である。味の素のうま味調味料は，大規模な宣伝を打たずに，エジプト市場に浸透していった。エンドユーザーに近いところで行う手売り営業がメインであった。営業活動に当たっては，1つの料理を梃に進められた。それがロッズである。営業でも使われるコピーは次のものである。

あなたのロッズが25ピアストルでもっとおいしくなる

　25ピアストルは味の素の小袋1つの値段であり，ロッズとは，エジプト流に炊いたご飯のことである。エジプト人の主食はパンであるが，米食もある。日本のように水だけでシンプルに炊くのではなく，まず生米を炒め，短いパスタを加え，塩で味付けし炊く。エジプトの昼食で一般的に食べられる米食である。当初，エジプト味の素食品社では，味の素が合う食品探しが行われた。スークで売られているナスの炒め煮，揚げイモ，ターメイヤ（そら豆コロッケ），フール（そら豆スープ），キュウリとトマトのサラダなども試された。当初「トゥルシイ」と呼ばれる野菜のピクルス[19]を選択した。しかし，実際に街頭でエジプト人に試食してもらうと，半数の人が味の素をかけたトゥルシイをおいしくないと評価した。方向性が決まらない中で，エジプトに長く住む日本人から，スークで販売されていないが，エジプト人が家庭での昼ご飯にロッズという米食を食べているとの情報がもたらされた。この家庭で作るロッズなら1回の使用量も多く，頻繁に食べられ，味の素を加えることでロッズの味わいが劇的に変化することが分かった。そして，再び行われた街頭の嗜好テストで，味の素入りロッズを食べた人の97%がよりおいしいと支持した。この結果から，ロッズに味の素を入れることで，味の素をエジプトの味にするキャンペーンがスタートした。

19　ニンジンやカブなどを使ったエジプトの漬物。

このような努力の甲斐もあって，豆のスープに味の素を入れるとおいしくなるというように，だんだんとエジプト人が味の素の使い方を開発し始めている。味の素はうま味調味料であり，料理にうま味が加わることで，肉や魚介を使ったようなコクが増した味になる[20]。これによって肉がなくても肉のような味になるので，肉を買いたくても少ししか買えない貧困層にも，おかずをおいしくする調味料として認識され始めている。

　エジプト味の素食品社では次なるキャンペーンもスタートしている。ラマダン（断食月）期間中，イスラム教徒は日の出から日没まで一切水も食べ物も口にしない。しかし，日没後には家族や友人が集まり普段より盛大に食事をし，公共広場では貧しい人たちに無料で食事も振る舞う。この日没後の食事「イフタール」で，最初によく供されるのが鶏肉の煮汁である。味の素はエジプトでの次なるキーメニューとして，このイフタールのチキンスープを選び，新たなキャンペーンをスタートさせている。

5. ケースの解説

　新興国への海外直接投資の目的を考えた時，①その国の天然資源の開発・調達を目的とする投資，②その国の安い労働賃金を活用することを目的とする投資，そして，③その国の拡大が見込める未開拓の市場を開発することを目的とする投資の3つを挙げることができる。エジプト味の素食品社のケースは，3つ目の市場開拓を目的とする投資と言える。日本で開発された商品が，ほとんど改良を加えることなく，進出先国の市場の隠されたニーズにぴったりとはまり込むことがある。エジプト味の素食品社のように，ロッズのように，ニーズとしては顕在化していなかったが，エジプト人の味の好みという部分で求められているニーズを掘り起こし，味の素はエジプト市場を開拓していったと考えることができる。エジプトのスークで売られる味の素は，前述したように日本で販売されている瓶入りのものと違って，カレンダーと呼ばれる形状の小さな袋入りで，25ピアストル（約1.6円）という低価格で購入できるよう修正されているということ以外，大きな修正なく市場

20　近年では，うま味とは，甘味や酸味などと同じ味覚の1つとされている。味の素の主成分はアミノ酸の一種（グルタミン酸ナトリウム，MSG）であり，料理にうま味を加える調味料である。

に参入することができた。食品という国や地域によってニーズが違う領域で，日本の調味料が現地の市場ニーズに応える部分を発見して，市場開拓を行っていく状況は味の素固有の強みと考えることができる。

次に，新興国市場での市場開拓において，制度のすきま（institutional void）を考える必要がある[21]。どの国においても市場を上手く機能させる制度が整っていることが望ましいが，新興国においては制度が整わない領域，つまり，制度のすきまがあり，市場での取引コストが高くなると考えられる。スークでの販売という，あえて低所得であるが，人口の多い市場から市場開拓を行っている点は，スーパーマーケットなどの近代的な小売形態が未発達な状況においては重要である。先進国で見られるマスメディアによる広告，スーパーなどの大量販売ができにくい市場において，小規模販売の小売店を中心に市場を拡大することは，商品の知名度の向上を同時に達成する点で非常に優れている。また，制度のすきまを味の素は乗り越えることができたが，制度のすきまは依然存在しており，味の素以外の企業にとっては大きな参入障壁となっていると考えることもできる。

6. おわりに

本章では日本企業のアフリカビジネスについて説明した。アフリカ諸国は，経済活動の基盤となるインフラストラクチャーの整備が必要である。そのために，日本政府が行うODAが日本企業の経済活動と結びつく可能性が大きく，まずその点について説明した。日本政府がODAだけでなく民間資本を活用したアフリカ諸国の支援を約束している。このために，日本政府は自身が行うODAを民間企業の呼び水にしようとしている。アフリカと日本企業の関係としては，アフリカの豊富な天然資源と関わって，資源確保型の投資が日本企業とアフリカを結び付けており，日本から見ると，資源を輸入し，工業製品を輸出する加工貿易型の構図が日本とアフリカの間にできていた。また，中国企業について見ると，旧宗主国でないにもかかわらず，多くの投資をアフリカに行っており，中国企業が不確実な状況に対応できる組織を持っていることを示した。そして，最後に，市場開拓型の直接投資のケー

21　Khanna & Palepu（2010）において，制度のすきまに関する議論が行われている。

スとして，味の素のエジプト市場開拓の取り組みを示した。味の素は，地道な営業活動を行うことで，味の素を買ってもらう市場を見つけ出していた。また，そのことを通じて，新興国にある制度のすきまを上手く埋めると同時に，他企業の参入障壁を作り上げていた。

アフリカと日本企業の関係は将来的に深まることが見込まれる。今後は，アフリカのそれぞれの国に対応した研究が必要となってくるだろう。

安室憲一のワンポイントコメント

味の素は，日本を代表するグローバル食品会社である。その技術開発とマーケティングの歴史は，まさにイノベーションとグローバリゼーションの教科書と言える。池田菊苗博士は旨味成分がグルタミン酸であることを発見，「日本人の栄養状態を改善したい」という熱望を持っていた。それに共鳴した鈴木三郎助氏が事業化，世界初のうま味調味料「味の素」が発売された。国内販売に成功した後，すぐに海外販売に取り掛かる。アメリカでは料理の上に「振りかける」タイプの「味の素」は受け入れられず，缶詰を旨くする食品添加物として成功する。中国や東南アジア地区では日本のような「ふりかけ式」が受け入れられたが，日貨排斥運動による輸出困難や模倣品の出現により，現地生産に踏み切らざるを得なかった。中国東北部に「満州農業化学」（満濃）という近代的プラントを装備した大工場を1914年に建設した。このように，味の素は，戦前から国際マーケティングと海外子会社の運営の経験があり，それが戦後に大きく開花するのである。味の素にとってアフリカ大陸は未知の市場であるとしても，新興国市場の開拓はお手の物である。同社は洗練された生産技術を誇るスマートな会社に見えるが，その実態は，「泥臭い」マーケティング巧者である。特に，発展途上国のボリュームゾーンに食い込む特殊な能力を有している。味の素は，フランスのダノンやイギリス・オランダのユニリーバに対抗できる唯一の日本生まれのグローバル食品会社と言える。グローバル食品会社の次のターゲットは，BOP市場である。「世界の貧困層の人々の栄養状態を改善する」が，味の素の次の目標でなければならない。

● 参考文献

Khanna, T., & Palepu, K. G. (2010) *Winning in Emerging Markets*, Boston, USA: Harvard Business Review Press（上原裕美子訳（2012）『新興国マーケット進出戦略』日本経済新聞社）.

Sabel, C. F. (2004) "Bootstrapping Development: Rethinking the Role of Public Intervention in Promoting Growth", *Paper presented at the Protestant Ethic and Spirit of Capitalism Conference*, Ithaca, USA: Cornell University.

Sun, I, Y.（2017）"The World's Next Great Manufacturing Center", *Harvard Business Review*, May-June, pp.122-129.
味の素（2018）「味の素グループ 経営統合報告書2018」（https://www.ajinomoto.com/jp/aboutus/integrated_report/：2018年8月31日最終アクセス）。
外務省（2018）「政府開発援助（ODA）国別データ集2017」（https://www.mofa.go.jp/mofaj/gaiko/oda/press/shiryo/page1w_000024.html：2018年8月31日最終アクセス）。
木村聡（2013a）「エジプトの食卓に革命を起こす男（上）：なぜエジプトで"味の素"が売れるのか？」『東洋経済　online』（2013年7月11日）。
木村聡（2013b）「エジプトの食卓に革命を起こす男（中）：エジプトで"味の素"を売り込む秘訣」『東洋経済online』（2013年7月18日）。
木村聡（2013c）「エジプトの食卓に革命を起こす男（下）：なぜ味の素はアフリカ市場で強いのか？」『東洋経済online』（2013年7月25日）。
デイヴィス, マーティン＆マクドナルド, キーラ（2015）「"日本とアフリカ"地政学・地理経済学的関係の転換」『一橋ビジネスレビュー』（第63巻第1号），24-41頁。
苑志佳（2018）「中国の対アフリカ直接投資の動機分析」『経済学季報』（第67巻第4号），1-40頁。
米倉誠一郎（2015）「一目でつかむアフリカ」『一橋ビジネスレビュー』（第63巻1号），6-9頁。

第 4 部

国際ビジネスの新潮流

第11章

M&Aと国際ビジネス

崔　圭皓

> **キーワード**　M&A，シナジー，アライアンス，合弁会社，敵対的買収，TOB，デューデリジェンス，バリュエーション，PMI，企業再生，日本電産

1. はじめに

　グローバル経済の進展に伴い，多くの日本企業は日本国内だけに留まらず，国境を越えて事業を展開している。しかし日本企業の国際化は最近に始まったことではない。戦前から戦後しばらくの間，日本企業は海外から資源を調達し，それを加工して海外に輸出するという形（加工貿易）で成長してきた。それは，国内の未成熟市場と小さい内需市場から脱皮し，巨大な海外市場を目指すものであった。

　また，第2次国際化の時代とも言われる1980年代以降は，貿易摩擦を回避するため，また円高による輸出採算の悪化から脱却するための海外現地生産が進んだ。こうした意思決定は，日本企業にとってやむを得ない決断でもあった。

　そして，近年の日本企業は少子高齢化による国内市場の縮小と内需市場の飽和に直面し，さらなる成長を海外に求めるようになっている。こうした中，海外進出方式として，最近注目を集めているのがM&Aである。かつての日本企業の海外進出は，現地での経営資源を，時間をかけて自前で揃えていく「グリーンフィールド投資＝会社新設」が主流であった。しかし，昨

今ではICT化による「スピード経営」が求められる環境下，M&Aを通して「時間を買う」戦略が代案として重要度を増している。

そこで，本章では国際ビジネスの手段としてのM&Aを取り上げる。具体的にはまずM&Aとは何かを説明し，M&A契約に至るまでのプロセスについて解説する。続いて日本企業の国内外におけるM&Aを巡る状況に関して考察し，積極的なM&Aを通して成長を続ける日本電産株式会社のケースを紹介する。

2. M&Aとは何か

(1) M&Aの類型

M&Aとは「Merger（合併）and Acquisition（買収）」の略である。合併とは複数の企業が合体して1つになることで，買収はある企業が他の企業の全体または一部を買い取ることである。それによって，買収企業は被買収企業の全体あるいは一部事業の経営権を取得する[1]。

合併には一方の企業が他方の企業に吸収され消滅する「吸収合併」と複数の企業が新しい企業へ生まれ変わる「新設合併」がある。他方，買収には買収される側の合意のもとで行われる「友好的買収」と買収される側の意思に反して行われる「敵対的買収」がある。また，買収の動機や主たる目的によって，本業との融合を図る「戦略型買収」と投資ファンドなど第3者が転売による売買差益（キャピタルゲイン）を狙う「投機型買収」がある。この他，買収は株式取得の観点から以下のように類型化することもできる（東北大学経営学グループ，2016: p.130）。

①株式譲渡：大株主の同意のもとで株式を譲り受ける。
②買い集め：株式市場から流通している株式を買い集める。
③公開買収（take-over bid：TOB）：経営権取得を目的に証券取引法に沿った手続きを通して一定期間・一定価格で大量の株式を買い取る。

---
1 合併と買収の違いは，買収の方が，経営権をどちらの企業が持つかがより明確である点にある。また，買収の場合はその対象が企業のビジネス全体ではなく，一部特定事業に制限される場合が多いことにも注意が必要である。

④株式交換:互いの株式の交換により株式を取得する。
⑤新株引受:買収対象企業が新たに発行する株式を優先的に引き受け,株式を取得する。
⑥LBO(leveraged buy-out):買収対象企業の資産を担保に買収資金を調達し,株式を取得する。敵対的買収の手法として使われる。
⑦MBO(management buy-out):従業員を含む経営陣による株式取得を指す。一般に金融機関と組んで敵対的買収の防御目的として使われる。

なお,M&Aに類似した概念としてアライアンス(戦略的提携)がある。アライアンスとは,複数の企業が互いにメリットを共有する目的で,緩やかな協力体制(経営の独立性を維持した対等な立場)の下で提携を結ぶことをいう。

その中身としては,パテント他技術の共有,新製品の共同開発,販売網の相互利用といった業務提携をはじめ,共同出資による資本提携及び合弁会社(ジョイントベンチャー:JV)の設立が挙げられる。アライアンスにおける提携の範囲は,企業同士の利害関係が一致する特定分野に限られる。そのため,提携契約そのものは比較的簡単かつ迅速に結ぶことが可能である。また提携関係の解消においても同じことが言える。**図表11-1**はM&Aの類型を要約したものである。

図表11-1 M&Aの類型

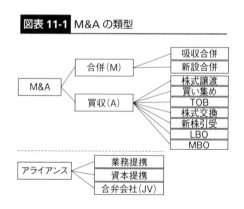

(2) M&A 契約のプロセス

次に M&A のプロセスについて触れておきたい。

①対象企業の選定

買収対象の企業を選別することから M&A は始まる。海外 M&A においては，現地事情に疎いことから，エージェントや仲介会社から持ち込まれた案件の検討が一般的である。そして，自社の中長期戦略の延長として1件ずつ綿密な検討が求められる。その時，自社独自の物差しを用意することで，むやみに案件に飛びつく軽率な判断を未然に防ぐことができる。

②機密保持契約の締結と予想価格の算定

仲介会社から提示された資料をもとに初期の検討が行われる。まずは，買収価格の算定（バリュエーション）である。M&A の価格算定は，複数の評価手法を組み合わせて決めていくが，最終的には取引交渉によって決められる。ここでは，一般的に使われるバリュエーションの手法を紹介しておく。

・DCF（discount cash flow）

事業が将来生み出すフリー・キャッシュフロー[2]を予測し，現在価値を求めるに当たって一定の割引率を適用し，計算する最も一般的なツールである。

・純資産方式（net asset approach）

総資産から負債総額を引くことで純資産を計算し，1株当たりの買収価格を計算する。

・類似案件の比較

業界の前例あるいは類似した件の価格を基準として計算する。例えば業界の株価収益倍率（price earnings ratio：PER）他関連指標（マルチプル）を参考にする。

③企業の実態調査の実施

先に算出した買収価格をもとに，企業の実態調査（デューデリジェンス）を行い，企業の価値を精査する。例を挙げると，財務諸表に記載されている資産の状況や収益の集計が正しいものであるかどうか確認する。他に，対象企業の潜在的リスク（税務・法務・人事他）について検討することも欠かせない。

---

2 企業が生み出すキャッシュのうち，自由に使うことが可能なもの。

④契約交渉

デューデリジェンスから確定した買収価格に基づき，具体的な買収プランを決めていく。例えば買収総額（全体株式の何％を買収するのか），買収後における経営体制（トップマネジメントや取締役の選任他），既存株主を含む投資家への説明案の作成などに関わる交渉が求められる。

⑤クロージングとPMI

法的手続きを終えることで，契約は終結する。しかし，M&Aは「ただ買えば済む」わけではない。M&A後の統合プロセス（post merger integration：PMI）が大事である。異なる企業文化を融合させ，新たに参加する組織メンバーを動機付けることこそ，最も重要なプロセスの一部である。このPMIに失敗すると，その余波は後々の企業の重荷になる。

⑥M&Aの最終評価

M&Aの成果は，短期的には企業業績の好転の有無が基準となるものだが，中長期においては企業の成長や競争優位の獲得という戦略的シナジー効果の創出に掛かっている。そのため，M&Aの最終評価には長期間の年月が必要である。

以上，M&Aのプロセスをまとめたものが**図表11-2**である。

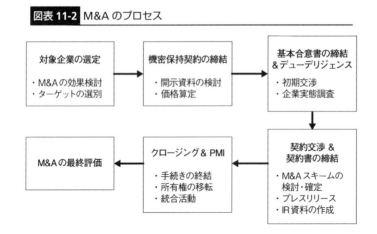

図表11-2 M&Aのプロセス

3. 日本企業における M&A

　最近，日本国内における M&A への関心は，中小企業，特に被買収企業側に向けられている。経営者の高齢化に伴って，中小企業の事業継承が大きな社会問題となって久しい。そこで M&A が有効な解決策の1つとして浮上している。とりわけ核家族化の進展によって親子間の事業承継さえ難しい局面において，事業承継の現実的な選択肢として M&A を検討する経営者が増えている。

　一方，海外 M&A については，国内 M&A とは違って，国際舞台における競争優位性の獲得を目指す買収企業側にフォーカスが当てられている。海外 M&A は買収規模の大きさが話題性を持ちやすく，M&A プロセスの複雑さ故に多数の利害関係者が絡む。さらに国内とは違って，異文化圏における文化摩擦を伴う場合も少なくない。

　いずれにしても，前述したとおり，海外進出を狙う企業にとってゼロから立ち上げるグリーンフィールド投資より，現地に基盤を築いている既存の企業を買収した方が断然スピーディーである。企業は M&A によって「時間を買う」ことができる。必要な経営資源を短時間に取得し，本業における「経営基盤の強化」あるいは多角化戦略に向けた「事業領域の拡大」などに繋げることができる。具体的に言うと，企業が求める経営資源は人材・ブランド・パテント・工場や設備・技術ノウハウ・研究開発（R&D）能力・販売網の拡充など多岐にわたるが，それを M&A によって，一気に獲得することができるのである。

（1）海外 M&A の実態

　図表 11-3 は，1985 年から今日に至るまでの日本企業による M&A の件数と金額の推移を表したものである。ここでは，M&A を3つのパターンに分けている。それは，日本企業同士の M&A（In-In），日本企業による海外 M&A（In-Out），外国企業による日本企業への M&A（Out-In）の3つである。

　「プラザ合意」による円高の進行が本格化する中で起きた第1次ブーム，2000 年前後のいわば IT バブル期に起きた第2次ブーム，その後 08 年のリーマン・ショックによる金融危機はあったものの，昨今第3次ブームとして活

第4部　国際ビジネスの新潮流

図表 11-3 日本企業の M&A 件数と金額の推移

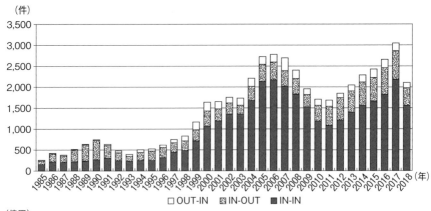

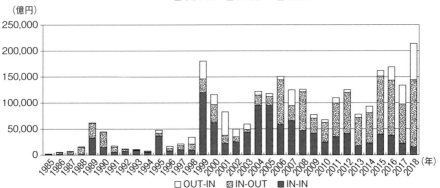

出所：MARR Online「グラフで見る M&A 動向」(https://www.marr.jp/genre/graphdemiru：2018 年 8 月 24 日最終アクセス) をもとに筆者作成 (2018 年は 7 月までの集計値)。

発な M&A が続いている。件数から見ると 17 年は史上最大の 3000 件を突破し，金額ベースでは 18 年は 7 月時点で 20 兆円を突破している。また，図表 11-3 から分かるように，In-Out 型は件数においては In-In 型に劣るものの，金額ベースでは大きく上回っている[3]。すなわち，M&A への関心は In-In 型から In-Out 型へシフトしていると言える。また，**図表 11-4** は

---

[3] 2007～16 年までの M&A 金額の累計は，In-In が 37 兆 3000 億円，In-Out が 64 兆 2000 億円，Out-In が 11 兆 6000 億円であった (https://www.marr.jp/genre/graphdemiru：2018 年 8 月 24 日最終アクセス) より。

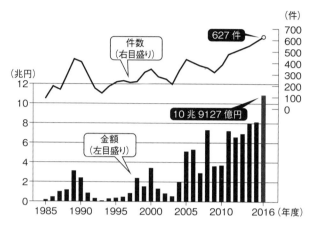

図表 11-4 日本企業による海外 M&A

注：調査はレコフによる。
出所：時事ドットコム「【図解・経済】日本企業による海外 M&A」
（https://www.jiji.com/jc/graphics?p=ve_eco_company-ma：
2018 年 8 月 24 日最終アクセス）より。

1985〜2016 年度の日本企業による海外 M&A の件数と買収金額の推移を表したものである。2018 年度上半期の In-Out 型の総額は前年度同期の約 3.3 倍に当たる 11 兆 7361 億円に達し，過去最高を更新している[4]。

（2）日本企業の海外 M&A の特徴

　井上・奈良・山崎（2013）によると，日本企業の海外 M&A の特徴として，①主に製造業及び情報通信産業の企業による海外の同業他社の買収が多い，②海外 M&A を行う企業はもともと海外売上高比率が高く，成熟した大企業が大半で本業強化の目的が多い，③買収後は，ほぼ 100％株式を買収しており，結果的に大きな支配プレミアム[5]を払っている，といったことが挙げられる。つまり，日本企業は海外 M&A を通して，国内需要の低迷を海外市場で補ったり，競合相手の買収によってシェアの拡大と利益確保を狙っているということである。また，M&A の大半が本業中心であり，非関

4　『東京新聞』（2018 年 7 月 5 日）。
5　経営権取得のため支払われる株式買収価格の上乗せ分のこと（Weblio 辞書を参照）。

連多角化のケースは少ない。

　製造業として国内市場の縮小をきっかけに海外市場開拓へ乗り出したのが，日本たばこ産業（JT）である。JT は 1994 年の上場以降，以前から予測されていた国内市場の停滞から海外展開を目指すようになった。そこで 1999 年 RJR インターナショナル（RJR ナビスコの海外たばこ事業）の買収を敢行した。世界たばこ市場の再編の波の中，生き残りをかけての決断であった。当初，「JT は高買いした。国内でしかビジネスをやったことのない元専売公社がグローバルビジネスをマネジメントできるわけがない」と散々叩かれたが（木村，2013），JT における海外事業の売上比率は，海外 M&A 実施以前の 99 年時点で 8％だったものが，2016 年には 57％に達した。また，収益面においても 2000 年 3 月期に 1％強だった売上高純利益率が 16 年 12 月期には 20％まで上昇した。すなわち，海外部門が同社の成長を牽引していると言える[6]。

　一方，情報通信企業による海外買収の例として，ソフトバンクを挙げたい。ソフトウェアの流通会社から出発した同社は，2006 年にイギリスのボーダフォン（当時，27 ヶ国に事業展開していた世界最大の携帯電話会社）の日本法人を買収し，通信サービス事業を強化した。そして，13 年には米国のスプリント（当時，米国の携帯電話業界で第 3 位）を買収するに到り，一躍巨大グローバル通信会社へと変貌を遂げた。ソフトバンクは M&A によって，モバイル・インターネットのリーディングカンパニーとしての事業基盤を構築し，競争優位を獲得してきたと言える。

4. ケース――日本電産の M&A 不敗神話――

（1）会社概要

　日本電産株式会社は 1973 年に創業した電子部品メーカーで，本社は京都市にある。小型モータ製造を皮切りに，今は全ての「回るもの，動くもの」への特化を重心軸に事業を拡げ，創業者である永守重信氏（現会長兼 CEO；2018

---

[6] JT は 1999 年に RJRI を約 9400 億円，2007 年にはギャラハー（イギリス）を約 1 兆 8000 億円で買収した。いずれも，その年の日本企業による最大の買収金額であった。

図表 11-5 日本電産の沿革

年度	出来事
1973	永守氏が創業,小型 AC モータの製造販売を開始
1981	HDD 用スピンドルモーターの生産開始
1984	米トリン社の軸流ファン部門を買収,米国法人設立
1988	大阪証券取引所 2 部,京都証券取引所に新規上場
1998	東証 1 部上場
2001	ニューヨーク証券取引所上場
2003	三協精機製作所を傘下に,中央開発技術研究所を開設
2006	仏ヴァレオ社の Motors & Actuators 事業を買収
2010	伊 Appliances Components 社の家電用モータ事業買収
2015	連結売上高 1 兆円を突破
2018	吉本浩之氏が代表取締役社長に就任

出所:日本電産の『有価証券報告書』(各年版)をもとに著者作成。

年時点)が一代で連結売上高 1 兆円突破を成し遂げた。現在は,世界 43 ヶ国にグループ 311 社・従業員約 11 万人を擁するグローバル企業となっている。

図表 11-5 は日本電産の沿革をまとめたものである。

まず,日本電産を語るに先立って,創業者である永守重信氏について触れておきたい。

永守氏は 1973 年(当時 28 歳)に職業訓練大学校(現・職業能力開発総合大学校)の後輩 3 人と京都で創業して以来,今日まで日本電産の経営トップを務めている。同氏は高校生の時,既に塾を経営し,株式投資に夢中になっていた。在学中は弁論部で口下手を克服し,京都弁丸出しのタフ・ネゴシエーターとなった。「人の倍働け」との母の教えを守り,ハードワーカーで「何でも一番」にこだわる。まさに,日本の財界を代表するカリスマ経営者であり,「企業再生の神様」とも呼ばれている。

次は,日本電産の基本経営方針である社是と経営 3 原則を見てみよう(**図表 11-6**)。同社は創業の際,書き上げた社是の中で,世界に通じる製品の生産から社会に貢献し,従業員と共に繁栄を推進することを誓っており,経営 3 原則では「非同族経営,非下請け,グローバル企業づくり」を宣言している。

その後,2008 年には,新たに次の 3 つの経営基本理念を掲げている。

「1. 最大の社会貢献は雇用の創出であること」,

「2. 世の中でなくてはならぬ製品を供給すること」,

図表 11-6 社是と経営 3 原則

```
社是
「我が社は科学・技術・技能の一体化と誠実な心をもって
全世界に通じる製品を生産し
社会に貢献すると同時に
会社および全従業員の
繁栄を推進することをむねとする」
```

```
経営 3 原則
1. 企業とは社会の公器であることを忘れることなく経営にあたる。
   すなわち，非同族企業をめざし何人も企業を私物化することを許
   されない。
2. 自らの力で技術開発を行い，自らの力でつくり，自らの力でセー
   ルスする独自性のある企業であること。すなわち，いかなる企業
   のカサの中にも入らない独立独歩の企業づくりを推進する。
3. 世界に通用する商品づくりに全力をあげ，世界の市場で世界の企
   業と競争する。すなわち，インターナショナルな企業になること
   を，自覚し努力する。
```

出所：日本経済新聞社（2018），pp.220-221 をもとに著者作成。

「3. 一番にこだわり，何事においても世界トップを目指すこと」である。

　基本理念の達成のためには，売上をもっと上げながら，利益を出さなければならない，世界に通用する断トツの製品がなくてはならないと考えているのである。

　もう1つ，日本電産の憲法に例えられるのが，3Q6S と 3 大精神である。3Q6S とは「良い会社（quality company）で，良い社員（quality worker）が，良い製品（quality products）を作りあげる」という 3Q と，いわゆる 5S に「作法」をプラスした同社独自の 6S「整理，整頓，清掃，清潔，作法，躾」のことである。一方，3 大精神である「情熱・熱意・執念」，「知的ハードワーキング」，「すぐやる，必ずやる，出来るまでやる」は設立初期における厳しい経験から生まれたもので，日本電産の経営の原点にも例えられる。なお，3Q6S の詳細は日本電産の経営ノウハウとして「社外秘」扱いである。

　同社は，2020 年をめどに日本・中国・アジア・アメリカ・ヨーロッパ（中東・アフリカを含む）の 5 極に地域統括会社を置く「グローバル 5 極経営管理体制」を確立の上，成長目標を連結売上高＝2 兆円，営業利益率＝15％以

上,ROE（株主資本利益率）=18％以上に設定している[7]。また,2030年の目標としては,働き方改革を通した真のグローバル企業への仲間入りと売上高=10兆円の達成を掲げている。

(2) 日本電産の業績と事業別売上高の変化

図表11-7は,日本電産の過去10年間の連結売上高と営業利益率を表したものである。リーマン・ショックがあった2008年とタイの水害及び構造改革が重なった12年を除くと,平均営業利益率は10％を超えている[8]。同社が厳格な国際会計基準を採用していることを考えると,収益性は非常に高いと言える。

図表11-8は同社の2010年と17年の事業別売上高の変化を比較したものである。かつて成長を牽引してきた「精密小型モータ」中心の事業構造が「車載」,「家電・商業・産業用」を含む3本柱へ変わってきたのが分かる。中でもEV用モータを中心とする車載部門,それに家電・商業・産業用モータ事業の急成長が今後予想される。

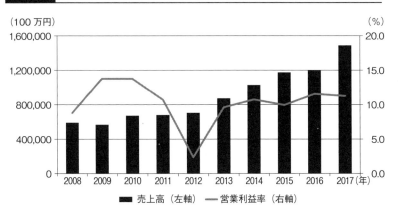

図表11-7 過去10年間の業績の推移

出所：日本電産の『有価証券報告書』（各年版）をもとに著者作成。

---

7 同社IR資料「中期成長戦略Vision2020」を参照。
8 2016年集計の上場電子部品メーカー123社の平均利益率が8.0％であったことを考えると日本電産が高い収益率を達成していることが分かる。

図表 11-8 事業別売上高の変化

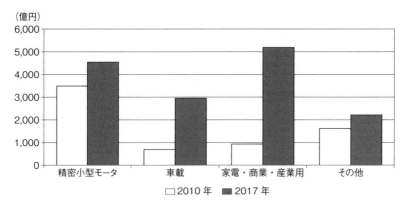

出所:日本電産の2018年7月25日『第1四半期決算短信資料』,p.12 (https://www.nidec.com/ja-JP/ir/library/earnings/:18年8月24日最終アクセス) をもとに著者作成。

(3) 日本電産のM&A

 以上,日本電産の概要,最近の業績を見てきたが,同社の著しい成長を支えてきたのがM&Aである。同社は「回るもの,動くものに特化し,技術・販路を育てるために,「時間を買う」という考え方に基づき,より強力な企業体をつくるためにM&Aを行っている」と明言している(同社HPの中から引用,傍点は著者)。つまり,同社はM&Aの対象を本業であるモータ製造の関連技術及びマーケティングとし,競争優位性を持つ企業づくりをその目的としている。日本電産のHPに記載されている同社のM&Aの歴史に関する資料から分析してみると,同社のM&Aの実績は,1984年のアメリカのトリンの軸流ファン部門買収を皮切りに,2018年のイタリアのチーマ買収まで49件(うち海外が32件)に達するが,明白な失敗は未だにないと思われる[9]。

 同社は,毎年年明けに買収対象の企業を選び,その旨を相手に伝える。永

---

9 行われたM&Aの評価に関しては,評価期間確定の問題(短期か長期か)と,成果判断基準(個別業績なのか関連事業へのシナジーなのか,また業績やシナジーをいかに評価するのか)が問われる。日本電産の場合にも買収後,時間をかけて撤退した例(ファン,電源部門,FA事業など)はあるものの,買収失敗に伴う減損会計の例は見当たらない。

守式表現で言うと,「アイ・ラブ・ユー」を何年にもわたって,何度も言いながら相手を口説く。求愛作戦そのものである。したがって,M&A は友好的買収が前提であり,交渉には平均 5 年ほどの時間がかかるという。まさに辛抱の世界である。

永守氏は,業績不振にあえぐ会社を買ってあげるのではなく,「譲っていただく」という。そのため,繰り返しお願いをする。交渉にかかった最長期間は日本サーボ(日立の元子会社)を買収した際の 16 年であるという(村上,2009)。

創業以来,永守氏は人材と技術の育成が成長スピードに追いつかないことに悩み,その解決策を M&A に求めてきた。しかし,当初は,強烈な個性でハードワーキングを身上とする日本電産の傘下入りを好む経営者も従業員も皆無であった。

そこで,目をつけたのが日本電産との闘いにより,経営不振となったライバル企業の救済の形による M&A であった。つまり,企業再生型 M&A である。マネジメントに問題を抱え,技術力を持っていながらそれを十分活かしていない中堅企業や業績不振に喘いでいる国内の競合相手がそのターゲットとなった。倒産寸前のライバル企業が,無条件降伏の状態で傘下入りを決めるのである(喜多,2010: p.18)。永守氏は,それら企業を「リストラ(人減らし)をぜず,経営者も変えず,概ね 1 年という短期間」で再生させ続けた。「同じ工場・同じ経営陣・同じ従業員」で,会社を短期間で再建するのである。その際に最初にかけられるマジックが従業員の「意識改革」である。3Q6S の実践と 3 大精神を高く提唱することから,従業員の意識改革を促し,やる気を取り戻す。

永守氏は「私は駄目になった会社の「人材」を買っているのであって,資産を買っているのではないのです。倒産した会社にはいい人材は残っていません。経営が駄目で傾いている会社にはまだ人材だけは残っています。経営が悪いために士気が落ち,くじけているだけです。そんな企業を買って空気を変え,意識を変え,士気を上げ,立て直すのが私の経営です」と言う(永守,2005: pp.286-287)。彼にとって買収の最終判断基準は,対象企業に技術が残っているかであり,言葉を変えれば技術を持っている人間の有無が最大

の関心事になる。また，永守氏は「私が今まで譲っていただいた会社は，技術はとても高く，いい製品を作っているのです。ところが儲かっていない。なぜ儲かっていないのかというと，その理由はコスト・従業員・あるいは経営者などいろいろ問題があるのです。1つではありません。4つも5つも原因が重なっています。それを取り除けば必ず儲かるのです」と述べている（村上，2009: pp.58-59）。

そこで日本電産ではM&A契約が成立すると，買収企業の経営健全化に向けての対策を早々に実行する。その手段として「Kプロジェクト」と「Mプロジェクト」を徹底的に実施する。Kプロジェクトは経費削減のKをもじったものであり，会社経費を1円単位から見直すことから始まる。無駄な支払いが多いことが放漫経営をしてきた企業の共通点である。まず意識改革の第一歩として，徹底したコストダウンを実行する。一方，購買部が対象であるMプロジェクトは，部品や資材の供給先にまけて（Makete）もらうからMがついたもので，調達コストの精査を通し，絶対原価での部品調達の

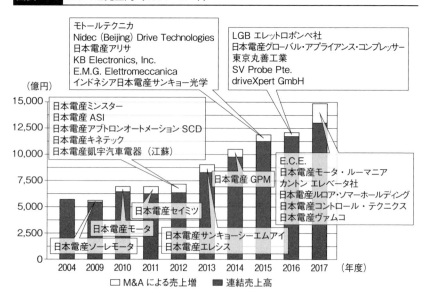

図表11-9 M&Aと売上高（2004〜17年）

出所：『日本電産の成長戦略』（https://www.nidec.com/ja-JP/ir/management/strategy/：2018年8月24日最終アクセス）をもとに筆者作成。

第 11 章　M&A と国際ビジネス

図表 11-10 2015 年以降の主たる M&A

クロージング	M&A の内訳	主な取扱い製品
2015 年 5 月	Motortecnica s.r.l.（イタリア）	発電機・モータ製品の設計，製造，修理，メンテナンス
2015 年 7 月	China Tex Mechanical & Electrical Engineering Ltd（中国）	SR モータ・ドライブの開発・製造・販売
2015 年 8 月	Arisa, S.A.（スペイン）	大型サーボプレイス機器の開発・製造・販売及びサービス
2015 年 8 月	KB Electronics, Inc.（アメリカ）	モータ・ドライブ（AC ドライブ・DC ドライブ）、コントロール（三相ファン用）の設計，製造，販売
2015 年 9 月	E.M.G. Elettromeccanica S.r.l.（イタリア）事業資産	商業用モータ（プール・スパ用ポンプモータ，換気・排煙用モータ），家電・産業用モータ（ブレーキモータ等）の開発・製造・販売
2015 年 9 月	PT. Nagata Opto Indonesia（インドネシア）	ガラスレンズ加工
2016 年 5 月	E.C.E. S.r.l.（イタリア）	建設現場向け吊り上げ機の開発・製造・販売
2016 年 5 月	ANA IMEP S.A.（ルーマニア）	洗濯機・乾燥機用モータの開発・製造・販売
2016 年 12 月	Canton Elevator, Inc.（アメリカ）	商業施設用，住居用，貨物用エレベータ及び関連部品の開発・製造・販売
2017 年 1 月	Emerson Electric 社　モータ事業及び発電機事業（フランス）	モータ・ドライブ，発電機の製造・開発・販売
2017 年 1 月	Emerson Electric 社ドライブ事業（イギリス）	モータ・ドライブ，発電機の製造・開発・販売
2017 年 3 月	ヴァムコ・インターナショナル社（アメリカ）	プレス機用高速サーボ送り機の開発・製造・販売およびサービス
2017 年 7 月	LGB エレットロポンペ社（イタリア）	商業向け食洗機用ポンプ，オーブン用モータの設計・製造・販売
2017 年 7 月	セコップグループ（ドイツ）	家庭用・商業用冷蔵庫コンプレッサーの開発・製造・販売
2017 年 10 月	東京丸善工業（株）	電気接点材料，リベット接点，接点組付プレス加工の開発・製造・販売
2017 年 10 月	SV Probe Pte. Ltd.（シンガポール）	プローブカードの製造及び販売
2017 年 11 月	driveXpert GmbH（ドイツ）	車載向け ECU ハードウェア及びソフトウェアの開発，設計
2018 年 4 月	Genmark Automation, Inc.（アメリカ）	半導体ウェハー搬送用ロボット，モーションコントロール部品，自動化ソフトウェアの開発・製造・販売
2018 年 7 月	CIMA S.p.A.（イタリア）	商業用モータの設計・製造・販売

出所：日本電産の決算説明資料（2018 年 7 月 25 日）をもとに著者作成。

一元化を求めることである[10]。

　永守氏は私財と金融機関からの借金で個人筆頭株主になり，企業再生にコミットする。再建のメドが立たないうちは，出資比率を40％未満に抑え，連結対象にはせず，経営統合が順調に行き，再建作業が成功した際に，その証しとして会社名に日本電産の名を冠することにしている。さらに，出資比率も上げて100％子会社化することもある。

　このように地道な活動を積み重ねることで，業界トップレベルの経費とコスト構造を達成し，そこから生まれる余力をもって新分野への積極的な投資を繰り広げる。もちろんM&Aは戦略的手段として一層重宝される。

　図表11-9は，2004年から14年までの日本電産のM&Aの実績と売上高の推移を表したものである。M&Aによって，買収企業分の売上を上乗せしたことに留まらず，その後のグループ全体の成長に繋がっていることが分かる（前掲**図表11-7**）。

　また，**図表11-10**は，2015年以降のM&Aの内訳である。それ以前と比べ海外M&Aが急増していること，車載・家電・商業・産業用製品を巡る買収案件が多くを占めていることが目立つ。

5. ケースの解説

　上記ケースから分かるように，日本電産は成長戦略の一環として積極的にM&Aを行い，その過程で事業領域を精密モータから家電・電気自動車・産業用ロボット市場へと徐々に拡大させてきた。その間，買収対象企業も赤字状態にある企業から，昨今においては欧米のモータ関連業界の優良企業まで範囲が広がってきている。そして，M&Aの軸もグローバル戦略に基づき，国内から海外へシフトしていることが窺えよう。

　以下では，日本電産の永守式「M&Aの成功を決めるものは何か」についてまとめる[11]。

10　絶対原価とは，これ以上安く買うと取引先も痛むし，製品の品質が悪くなる限界価格のことである（日本経済新聞社，2008: p.112）。
11　METI-RIETI政策シンポジウム「クロスボーダーM&A：海外企業買収における課題とその克服に向けて」（2017年11月29日開催）における，永守氏の講演「日本電産の海外M&A」（https://youtu.be/VjB4QdhC3gk：2018年9月15日最終アクセス）を参照。

永守式M&Aの特徴は価格，PMI，シナジーの重視にある。

(1) 価格：高値づかみをしない

　焦らずにじっくり構えて，「詰め物」のごとく1件ずつ積み重ねて買収していく。買収の目的は規模の拡大ではなく，強い会社づくりにある。1件の買収規模に限度を定め，身の丈経営を志す。例えば，社内のルールとして「買収金額を自社の時価総額の5％以内に収めること」を定めるなど，常に会社の財務余力を考える。

　買収価格算定を，M&Aの仲介役である投資銀行やコンサルタント任せにしない。買収を検討する際には，評価基準を自ら持ち，1件ごとに適正価格を算出する（前述したDCF他複数のバリュエーション技法から検討）。売る側はとにかく高く売りたがるし，それは通常，売却金額に仲介手数料が連動する仲介役のニーズとも合致する。そのため，あえて仲介役とは，安く買った分，インセンティブが増える契約を検討すべきである。買収価格の高い会社と良い会社とは別であり，安く買うことに越したものはない。

(2) 経営への関与，PMIを誰がやるのか

　M&Aにおける日本電産の強みはPMIにある。永守氏は「M&Aは契約の時点で2合目しか登っていない。残りの8合分は企業文化の違いを擦り合わせる「PMI」という手間のかかる作業で，これがまた難しい」と述べている（『日本経済新聞』2012年8月10日）。しかし，買収がゴールになってしまう日本企業が未だに多い。

　日本電産は買収後，出資した株主の立場から経営に関与する。永守氏が個人筆頭株主となり，同時に代表取締役会長にも就任し，強力に経営をドライブする。現場における日常のマネジメントは元の経営者に委ねるものの，戦略的意思決定に関わる事案についてはトップとして深く関与する。まず，買収された側に日本電産流の意識改革を促す。3Q6Sを実践させ，日本電産の企業文化を刷り込んでいくと同時に，経費とコスト構造の改革も併せて行わなければならない。PMIの成功にはスピードが重要であるため，強力なリーダーシップの発揮が求められる。

海外 M&A の場合は，企業文化を融合させていくのに時間がかかる。直接会ってお互いの強みを認識し，相手へのリスペクトのもとで価値共有へ緩まない努力が求められる。また，現地の人に PMI を任せる場合，経営目標を提示し，目標に届かなければ交代させる旨をはっきり伝えるなど明確かつ厳正な人事を行うべきである。

(3) シナジーを生み出す

最終的に，買収の成果はシナジーの創造にある。順番を決めて，積み重ね式の M&A を実施する。買収した企業の技術と自社技術を組み合わせることで新製品を開発することや，買収した会社に欠けているところを自社の能力で埋め合わせることからこれまで使われてなかった市場で新製品を提案し，市場を開拓する。互いに謙虚に学ぶことがシナジー創造の始まりである。

6. おわりに

本章では，M&A の意味とプロセスを概観し，日本企業の M&A を巡る状況について考察した。とりわけ，グローバルに戦っている日本企業にとっては，今後の成長を牽引し，さらなる競争優位を獲得するためには海外 M&A は重要な戦略的ツールであると言える。また，M&A において最も重要なのは PMI であり，それは日本電産の事例からも見ることができた。

日本電産の M&A は主に企業再生型で，再生後本業とのシナジーをいかに作り出すかがポイントであった。同社は買収したライバル会社から技術と人材を獲得し，シナジーを活かし，急成長を遂げてきた。そして，その過程では会長である永守氏のカリスマ経営とリーダーシップが大いに発揮されている。

今，日本電産は新たな転換期を迎えている。しばしば言われてきた後継者問題については，2018 年に吉本浩之氏が新社長に就任した。同社は 2030 年の売上高 10 兆円達成を目指し，海外での大型 M&A にも積極的であるが，次第に買収金額が大きくなり，海外での資金調達をはじめ PMI 作業や経営陣の確保などリスクも増えそうである。同社にはより洗練された M&A 戦

第 11 章　M&A と国際ビジネス

略が求められるところであろう。

　※本事例研究に記載されている日本電産は，2023 年 4 月よりニデック（株）に社名変更している。

安室憲一のワンポイントコメント

　一昔前の「日本的経営」では，「家族主義」を標榜していたので，その「家族」の入れ物である「会社」の売却は反道徳的であり，とても容認できないという雰囲気であった。したがって，M&A に対する風当たりも強かった。日本で M&A による企業成長戦略が容認されるようになったのは，それだけ経営風土の国際化が進んだことを意味している。この「国際化」は，会社の「売買市場」が成立したと考えるよりも，経営者の才能の「国際市場」が形成されたと考えるべきであろう。せっかく優れた経営資源（人・モノ・カネ・情報）を持っていても，経営者の能力が低いため収益を生み出せないとすれば，貴重な資源の無駄遣いになる。世界経済全体の厚生を高めるためには，優れた才能を持つ経営者に効率的に活用されていない経営資源を委ねるべきである。その場合，優れた経営者は M&A という手段により，経営権を交代する。優れた経営者は「経営のプロ」として，スカウトされる場合もある。この場合は，出資（ないし買収）を伴わない経営権の交代である。このように，M&A や経営のプロフェッショナリズムとは，「経営者の才能」を取引する国際市場が形成されたことを意味する。日本もその例外でないことは，日本電産の事例で明らかであろう。経営資源の中で最も希少なのが，「経営者の才能」である。この希少な資源を人類のために最大に活用するのが「経営者の才能の国際市場」なのである。読者は，なぜ M&A が必要なのか，経済学的（マクロな）視点から考えてほしい。

● 参考文献

井上光太郎・奈良沙織・山崎尚志（2013）「検証：日本企業はクロスボーダー M&A が本当に不得意なのか？」『一橋ビジネスレビュー』（第 60 巻第 4 号），100-116 頁。

M&A Online 編集部「日本電産，積極的 M&A で成長する企業の歩みと今後」（https://maonline.jp/articles/densan0057：2018 年 8 月 25 日最終アクセス）。

喜多洲山（2010）「日本電産永守重信社長の事業再生―雇用を守り，債権カットせず，事業再生実現―」修士論文，立命館大学大学院経営管理研究科（https://updoc.site/download/5b33131459714_pdf：2018 年 8 月 25 日最終アクセス）。

木村宏（インタビュー）（2013）「M&A は買収後のシナジー形成に成功してこそ実がある」『一橋ビジネスレビュー』（第 60 巻第 4 号），118-124 頁。

経済産業省（2018）『「我が国企業による海外 M&A 研究会」報告書』。

東北大学経営学グループ（2016）『ケースに学ぶ経営学 新版』有斐閣ブックス。
永守重信（2005）『情熱・熱意・執念の経営―すぐやる，必ずやる，出来るまでやる―』PHP研究所。
『日本経済新聞』（2012年8月10日）「海外M&A成功の秘訣―日本電産社長永守氏に聞く，買収は契約後が勝負（真相深層）―」。
日本経済新聞社編（2008）『日本電産永守イズムの挑戦』日本経済新聞社。
平野敦士カール（2015）『カール教授のビジネス集中講義経営戦略』朝日新聞出版。
松本茂（2014）『海外企業買収 失敗の本質―戦略的アプローチ―』東洋経済新報社。
村上龍（2009）『カンブリア宮殿 村上龍×経済人4』日本経済新聞出版社。
日本M&Aセンター「M&Aとは/M&A成功のために」（https://www.nihon-ma.co.jp/service/aboutma/：2018年8月25日最終アクセス）。
日本電産株式会社2017年IR資料「日本電産の成長戦略」（https://www.nidec.com/ja-JP/ir/library/presentation/-/media/ 82EEE3B8-BC17-45B0-9B72-6A80E05C63E0.ashx：2018年8月25日最終アクセス）。
「日本のM&A。その潮流を問う―早稲田大学・宮島英昭教授インタビュー―」（https://maonline.jp/articles/miyajima0055：2018年8月25日最終アクセス）。

第 **12** 章

プロフェッショナル・サービスと国際ビジネス

西井　進剛

キーワード ▶

プロフェッション，プロフェッショナル・サービス，プロフェッショナル・サービス企業，広告会社，広告のデジタル化，デジタル化，アサツーディ・ケイ（ADK），ナレッジマネジメント，知識移転，プロダクト化

1. はじめに

　プロフェッショナル・サービス[1]は，サービス企業の国際化に関する先行研究において，国際ビジネスの成功例として度々取り上げられてきた。ただし，プロフェッショナル・サービス企業がいくら国際ビジネス活動を積極的に行っているとしても，学術的には，そのグローバル戦略や経営の実現可能性に関して懐疑的な見解が大勢を占めてきた（西井, 2013）。その大きな理由は，プロフェッショナル・サービスの特性にある。クライアントとの直接的な相互作用を必要とし，クライアントごとのカスタマイズを前提とする非常に属人的なサービスであり，どれほどグローバルな規模で活動しようともローカル企業の集合体として捉えられてきたからである（西井, 2013）。しかし，今日，大手のプロフェッショナル・サービス企業は，自らをグローバル企業とし，一様にそのグローバルなプレゼンスに基づく競争優位性について

---

[1] 「専門サービス」，「専門サービス企業」と表記されることが多いが，近年，従来のサービスよりも高度化，専門化しているという意味合いで曖昧（安易）に用いられることが多いため，本章では「プロフェッショナル・サービス」，「プロフェッショナル・サービス企業」と表記する。

強調しており，その所属する業界単位で見ても，熾烈なグローバル競争を繰り広げている。

　本章の目的は，変貌を遂げつつあるプロフェッショナル・サービスの国際ビジネス活動について理解を深めるための視座を提供することにある。とりわけ，近年グローバル競争が激化しているプロフェッショナル・サービス業界の1つとして広告業界を取り上げ，日本を代表する広告会社の1つである株式会社アサツーディ・ケイ（以下，ADK）の国際知識移転の事例を紹介し，プロフェッショナル・サービス企業の国際ビジネス活動の発展について考察する[2]。

2. プロフェッショナル・サービスの定義・特徴

(1) プロフェッショナル・サービスの定義

　プロフェッショナル・サービスの起源である「プロフェッション」とは，神学（聖職者），医学（医者），法学（弁護士）等の特殊な職業（古典的プロフェッション）を意味していた。プロフェッションとして認知されるための特質は，①知的な職業であり，当該職業に従事している者が適切な選択を実施し，かつ判断を下す際に重大な責任を負っていること，②特定分野に関する高度な体系的知識を所持し，かつ長期間の教育訓練を受けていること，③体系的知識が現場で応用できうるように実践的な性格を持っていること，④特別な技術あるいは技能を要するだけでなく，知識だけで事態に対処できない場合には獲得した技能によって物事に対処できること，⑤専門職業団体（Professional association）が組織化されており，専門職業団体がプロフェッショナル教育の内容及び専門職業に参入する際の資格の認定などを規制していること，⑥当該職業に携わっている人物に公共への奉仕（public service）志向があること，が挙げられる（山田, 1998: pp.26-27）[3]。したがって，狭義

---

[2] 以下，ADK及び資生堂TSUBAKIに関する記述については，唐澤（2018）を参照し，引用している。唐澤龍也先生（元ADK　グローバル・プロモーション開発局，現関東学院大学経営学部専任講師）には，本ケースの執筆に当たり，多大なるご協力を賜った。この場をお借りして，深く御礼申し上げます。

[3] プロフェッションに関する定義は多様であるが，山田（1998）は，プロフェッションを初めて定義したと言われているフレクスナーの定義を紹介している。

には，これらの特質を持ち，典型的には業務独占権が付与された高度専門職業サービスがプロフェショナル・サービスとなる（大東和・Kayama, 2008: p.129）。

しかし，今日，専門職業の領域が拡張され，古典的プロフェッションである弁護士に加え，会計，経営コンサルティング，保険仲介，投資銀行，広告代理業がプロフェッショナル・サービスとして一般に認識されるようになった（Lowendahl, 2005）。したがって，プロフェッショナル・サービスは，「業務独占権は条件とされず，知的労働によって創造された新しい価値を組織内外の顧客に提供し，その対価として応分の報酬を得る高度専門職業サービス」と定義することができる（大東和・Kayama, 2008: p.129）。

(2) プロフェッショナル・サービスの特徴

前述したように，一口にプロフェッショナル・サービスといっても，多様な業界が含まれる。例えば，先行研究で取り上げられることが多い業界は，上位から，会計，法律，経営コンサルティング，エンジニアリング・コンサルティング，エンジニアリング・デザイン，広告，建築，投資銀行となっている。プロフェッショナル・サービスとして取り扱われる業界には，大きく3つの特徴がある（von Nordenflycht, 2010）。

第1の特徴は「知識集約性」であり，最も根本的で独自性のある特徴である。知識集約性は，サービスを提供するために，かなりの量の複雑な知識に依拠していることを意味する。さらに，その知識が設備やルーチンに埋め込まれているというよりも，従業員個人に体化している。第2の特徴は「低資本集約性」であり，サービスの生産が工場や設備といった非人的資産に依存している程度が低いことを意味する。第3の特徴は「専門的労働力」であり，上述したようなプロフェッションに代表されるような専門職に依存している程度である。

これらの特徴を保有しているかどうかにより，プロフェッショナル・サービスは，4つのカテゴリーに分けられる（**図表 12-1**）。「古典的プロフェッショナル・サービス企業」は，知識集約性，低資本集約性，専門的労働力の全ての特徴を兼ね備えており，プロフェッションの特質が色濃く残ってい

図表 12-1 プロフェッショナル・サービス企業のカテゴリー

カテゴリー 例	特徴		
	知識集約性 Knowledge Intensity	低資本集約性 Low Capital Intensity	専門的労働力 Professionalized Workforce
技術開発企業 　バイオテクノロジー，研究所	✓		
新プロフェッショナル・サービス企業 　コンサルティング，広告会社	✓	✓	
プロフェッショナル・キャンパス 　病院	✓		✓
古典的プロフェッショナル・サービス企業 　法律，会計，建築	✓	✓	✓

出所：von Nordenflycht（2010）をもとに一部筆者が加筆。

る。「プロフェッショナル・キャンパス」は，古典的プロフェッショナル・サービス企業と比べると資本集約性が高くなる。病院が最たる例で，医師，看護師といった専門家だけでは医療サービスを提供することはできない。巨額の設備投資を必要とする病院という施設があってはじめてサービスを提供することが可能となる。「新プロフェッショナル・サービス企業」は，古典的プロフェッショナル・サービス企業と比べると，専門的労働力に依存しない，あるいはその依存度が低くなる。これにはコンサルティング会社や広告会社が該当する。最後に，技術開発企業は，知識集約性は高いが，低資本集約性，専門的労働力という点は該当しない。

　これらのカテゴリーによって，経営課題や組織の特徴に違いが現れる。例えば，従来，プロフェッショナル・サービスの特徴とされてきたパートナーシップ型の組織形態は，古典的プロフェッショナル・サービス企業では，該当するケースが多いと考えられるが（大東和・Kayama, 2008），新プロフェッショナル・サービス企業では，該当しないことも多い（西井, 2013）。また，新プロフェッショナル・サービス企業に位置付けられる経営コンサルティング会社においても，その出自や提供するサービスによってこれら3つの特徴のそれぞれの程度は大きく異なっている（西井, 2013）。そのため，業界という単位ではなく，これらの3つの特徴，そこから導かれる経営課題の

違いによってプロフェッショナル・サービスを捉える方が適切である。

　これは，別言すると，プロフェショナル・サービスに関する知識，研究の一般化可能性という点での限界を意味する。古典的プロフェッショナル・サービス企業に関する知見やベストプラクティスといったものが新プロフェッショナル・サービス企業にそのまま適用できるとは限らないし，逆もまた同様である。

3. プロフェッショナル・サービスの国際化とグローバル化

(1) プロフェッショナル・サービス企業の国際化

　プロフェッショナル・サービス企業を含むサービス企業の国際化は，サービスの特性（無形性，不可分性，消滅性，異質性）やサービスの種類（例：ハード・サービスとソフト・サービス）に着目することにより，サービス企業の海外参入方式，海外参入動機，国際化戦略の特徴という視点から考察されてきた（土井, 2008; 趙, 2009; 西井, 2013）。ポイントは，サービスの持つ特質の不可分性，すなわちサービス提供プロセスにおいてサービス提供者と顧客とが切り離せないこと，サービス提供者と顧客の両方が同時に存在しなければならないこと（生産と消費の同時性）にある。この不可分性の程度がサービスの種類により異なる。いくつかのサービスでは，生産段階と消費段階を分離することができ，輸出という手段が選択でき（例：ソフトウェア），価値連鎖の国際的配置等により製造業における国際化戦略を適用することができる（西井, 2013）。

　一方，こういった手段が取りづらいサービスの典型例がプロフェッショナル・サービスである。プロフェッショナル・サービスはクライアントの課題解決を主たる業務とするため他のサービスと比べてもクライアントとの直接的な相互作用を必要とし，どうしてもクライアントとの日常的接触を可能とする地理的近接性が重要となる。加えて，クライアントからの要請に応えることが使命となるため，「顧客追随型」を基本としながら，経時的には「市場探求型」の海外展開を行ってきた（土井, 2008; 趙, 2009; 西井, 2013）。

(2) プロフェッショナル・サービス企業のグローバル化

こうして、プロフェッショナル・サービス企業は、クライアントの要請、もっと言えば、本国内の多国籍企業のクライアントから子会社でもサービスを提供して欲しいという要請に応える形で、国際化を果たしてきた。そして、冒頭で述べたように、大手のプロフェッショナル・サービス企業の多くは、数十ヶ国単位での事業活動を展開している（西井, 2013）。

しかし、プロフェッショナル・サービス企業のグローバル化、すなわち「グローバルなネットワークが構築できているのか」「グローバル経営が実現できているのか」という点において、長らくの間、懐疑的な見解が大勢を占めていた。それは、プロフェッショナル・サービスの特性に由来する地域ごとのローカル拠点の自律性・独立性と国境横断的な協働活動の両方の利益を同時に追求することが難しいからである（Maister, 1993; Lowendahl, 2005; 西井, 2013）。

このような懐疑論者の議論で十分に考慮されてこなかった点が2点ある。第1に、プロフェッショナル・サービス企業のカテゴリーによる違いである（**図表 12-1**）。古典的プロフェッショナル・サービス企業は、グローバル全体の利益というよりも、ローカル・オフィスの自体性（自立性）や意思決定が優先される傾向があるが、他のカテゴリーでは該当しない場合も多い。第2に、「ナレッジマネジメント」、すなわち「知識の創造、浸透（共有・移転）、活用のプロセスから生み出される価値を最大限に発揮させるための、プロセスのデザイン、資産の整備、それらを導くビジョンとリーダーシップ」（野中・紺野, 1999: p.53）の存在である。例えば、グローバル企業としても有名な経営コンサルティング会社のアクセンチュアは、社員研修や知識共有のための仕組みに多額の資金を投じている[4]。日系のプロフェッショナル・サービス企業では、本章で取り上げる広告業界のトップ企業である電通や博報堂が企業内大学を設置し、人材育成や知識の多重活用を図ろうとして

4　アクセンチュアのウェブサイト「アクセンチュア、社員研修や社員の専門領域強化・開発に8億4千万ドル以上を投資」(https://www.accenture.com/jp-ja/company-news-releases-20160201：2018年8月30日最終アクセス)。

いる（今井, 2010）。

4. ケース―アサツーディ・ケイ（ADK）における国際的知識移転―

　このように，プロフェッショナル・サービス企業が国際化，グローバル化を果たす上で，そのサービスの根幹である「知識」を国境横断的に多重活用することが有効である。そこで，本節では，プロフェッショナル・サービス企業の国際的知識移転の実例として，日本を代表する広告会社であるADKによる中国における資生堂TSUBAKIの広告キャンペーンの事例を紹介する。

(1) 広告会社のグローバル化とADKの概要

　先進国の消費マーケットの飽和，新興国の経済成長，経済のグローバル化に伴う広告のグローバル化といった要因により，欧米の大手広告会社は国際間を含めたM&Aを繰り返すことにより，世界4大メガエージェンシーと呼ばれる巨大な企業グループ化を進めてきた[5]。さらに近年では，「広告のデジタル化」[6]が急速に進展していることを受け，アクセンチュア，プライスウォーターハウスクーパース（PwC），IBM，デロイトといったICTに強い経営コンサルティング会社を親会社に持つ企業群が広告業界に参入し急成長を遂げている[7]。こうした背景の下，日本の大手広告会社にとっても，海外成長市場での事業拡大，グローバル化は喫緊の課題となっている。

　ADKは，1991年1月に業界第3位の株式会社旭通信社と業界第7位の第一企画が合併してできた広告会社である。2018年現在，電通，博報堂DYグループに次ぐ国内第3位，グローバルでは第22位（2016年時点）の位置を占めている。また，同社と中国との関係は，1977年にまで遡ることがで

---

[5] ビジネス+IT「広告代理店の世界ランキング：電通と四強を脅かす『デジタル』の新興勢力」2016年8月19日（https://www.sbbit.jp/article/cont1/32562：2018年8月30日最終アクセス）。
[6] 横山・榮枝（2014）によると，単にネット広告へのシフトという意味ではなく，入札というプラットフォームの導入やデジタルマーケティング等の発展により従来の日系広告会社のビジネスモデルの再構築が余儀なくされている。
[7] 波田（2018: pp.198-199）による。「Advertising age 2016」のランキングでは，4大メガエージェンシーに加え，第5位に電通グループ，第6〜9位に経営コンサルティング・ファームを親会社とする企業群がランキングしている。

き，80年代後半には既に中国に強い広告会社というイメージを確立していた。

(2) 資生堂 TSUBAKI

TSUBAKIとは，資生堂が2006年から展開しているヘアケアブランドである。当時，資生堂は，主要ブランドへの集中投資で各分野でのトップシェア獲得を目指す「メガブランド戦略」を推進しており，その1つがTSUBAKIであった[8]。

当時話題をさらった仲間由紀恵，竹内結子など人気女優6人を起用した広告キャンペーンには，資生堂としても過去最大の50億円もの広告宣伝費が投じられた。このキャンペーンを担当したのがADKであり，その成功によりTSUBAKIは市場シェア第1位を獲得し，トップブランドに躍り出た。ADKにとってのベストプラクティスであった。2年後の2008年，日本市場での成功を再現すべく，同キャンペーンは中国市場へと導入された。ADKは，TSUBAKIの広告コミュニケーションのクリエイティブ（制作物）やイベント，メディア・プランニング（利用する媒体と利用法の最適化を図ること）などを中国でも担当した（唐澤, 2018）。

(3) 知識移転のプロセス

ADKによる中国市場での資生堂を広告主とする知識移転は，次のようなプロセスを経て実施された（**図表12-2**）。

①移転する知識の検討・リサーチ

移転する知識の検討・リサーチを主導するのは本社の営業担当者とそのグループであった。彼らが広告主の意向と現地拠点の意見を反映しながら，中国拠点に移転する知識の選択を行った。日本市場で成功を収め，6人のトップ女優を起用した広告フォーマットは資生堂ブランドへの親和性とイメージ・キャラクターの好感度の高さから，そのまま中国市場でも使用すること

---

8 BS-TBS「グローバルナビ」第306回2006年1月11日放送（http://www.bs-tbs.co.jp/globalnavi/bigname/061111.html：2018年8月28日最終アクセス），SankeiBiz「資生堂，過去の栄光と決別へ　自己否定も覚悟…トップ交代で改革急ぐ」2013年3月23日（https://www.sankeibiz.jp/business/news/130323/bsc1303230702007-n2.htm：2018年8月30日最終アクセス）。

図表12-2 TSUBAKIの事例における知識移転プロセス

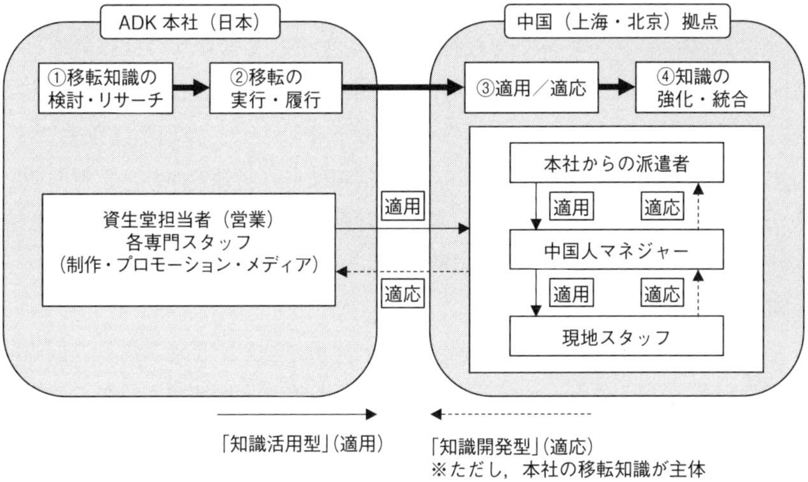

```
┌─────────────────────────────┐    ┌─────────────────────────────┐
│     ADK本社（日本）          │    │   中国（上海・北京）拠点      │
│                             │    │                             │
│ ①移転知識の  →  ②移転の     │    │ ③適用／適応 → ④知識の      │
│   検討・リサーチ   実行・履行 │ ⟹ │               強化・統合   │
│                             │    │                             │
│                      │適用│ │    │ ┌─────────────────────┐   │
│ ┌───────────────────┐       │    │ │  本社からの派遣者    │   │
│ │ 資生堂担当者（営業）│       │    │ │  │適用│ │適応│    │   │
│ │ 各専門スタッフ     │───────→    │ │       ↓           │   │
│ │（制作・プロモーション│       │    │ │  中国人マネジャー   │   │
│ │ ・メディア）        │       │    │ │  │適用│ │適応│    │   │
│ │                   │←───適応│    │ │       ↓           │   │
│ └───────────────────┘       │    │ │   現地スタッフ      │   │
│                             │    │ └─────────────────────┘   │
└─────────────────────────────┘    └─────────────────────────────┘
         「知識活用型」（適用）         「知識開発型」（適応）
                                   ※ただし，本社の移転知識が主体
```

出所：唐澤（2018）p. 79をもとに筆者作成。

が決定された（唐澤, 2018: p.77）。

②移転の実行・履行

　中国拠点での知識の受け手となる個人の探索と決定は，本社とのコミュニケーションが円滑にできる人材であるかどうかが重要であった。TSUBAKIの広告キャンペーンでは，中国拠点に資生堂業務の担当者がいたが，新しい大型商品の市場導入であったため国内のTSUBAKIの広告キャンペーン担当者が上海に派遣された。この派遣者は，広告主に関する知識の質と量を十分に備えていることが前提であり，加えて，日本からの要請を受け止め，現地での実務を行う中国人マネジャーの人選，現地スタッフへの細かい指示といったローカルスタッフのマネジメントもしなければならなかった。本社は移転の経路を安定したものとするため，本社からの人員派遣等も含めて拠点のサポートを行った（唐澤, 2018: p.77）。

③「適用」と「適応」

　広告主に関する知識の移転については，「本社担当者」→「日本人派遣者」→「中国人マネジャー」→「現地スタッフ」へと段階的に移転が実行され

た。ここでは，「資生堂らしさ」や「おもてなしの心」に対する共通認識を現地スタッフのレベルにまで移転することが課題となった。しかし，現地スタッフにニュアンスを多く含む行動規範を理解してもらうのは容易ではなかった。当時のスタッフは「新製品発表会などのイベントを実施する上でも，商品の原点である（資生堂の）「おもてなしの心」の理解は重要です。これは言葉で伝えることができない資生堂の独自の精神であり，気持ちの在り方なので，粘り強く自分たちが現場で行動として，実践してみせるしかないです」と述べている（唐澤, 2018: p.77）。

④知識の強化・統合

中国拠点における日本人派遣者，中国人マネジャー，現地スタッフ間の心理的な距離をどう縮めるかが重要であった。良好な人間関係や卓越した異文化理解が知識移転の成否を分ける。TSUBAKIの事例では，時間が経過するに従って，本社から中国拠点への知識移転の迅速化が見られた。すなわち，広告主へのサービスの質を向上させるという共通の目的と協働経験により，個人からグループへの知識移転ルートが確立されたのである。

派遣者は，日本における過去の成功体験に固執せず，現地の意見を正確に理解して，本社と調整する役割が課せられ，同時に現地拠点のマネジャーやスタッフは日本の知識を学びながら現地の知識と統合しなければならない。「適応」への柔軟な移転プロセスの構築が，知識を増殖させ続け，新しい知識と古い知識を入れ替える効果を生み出し，競争優位に繋がる。そして，この「知識の強化及び統合」の段階が日系広告会社の「地道なグローバル戦略」において最も重要なポイントである（唐澤, 2018: p.78）。

5. ケースの解説

ADKによる中国市場での資生堂を広告主とする知識移転で対象となった知識（移転知識）と移転方法の一覧は，図表12-3の通りとなる。移転知識は，①クライアント企業（広告主）に関する知識，②広告戦略に関する知識，③広告施策に関する知識の大きく3種類に分けられる。知識の種類は「形式知」（明示化できる知識）と「暗黙知」（明示化させることが困難な知識：個人知，経験知）に大別できる。移転方法については，そのまま移転さ

図表 12-3 TSUBAKIの事例における広告会社の移転知識と移転方法

広告会社の移転知識の類型	TSUBAKIの事例における移転された知識	知識の類別	移転方法
①クライアント企業に関する知識	クライアント企業の行動規範、「資生堂らしさ」「おもてなしの心」についての知識	暗黙知	●適用
②広告戦略に関する知識	国内市場の商品開発の知識(開発コンセプト・成分情報)	形式知	●適用
	マスコミュニケーション戦略(雑誌広告及び編集タイアップ・デビューイベント)	形式知	■適応
	接点拡大プロモーション戦略(屋外ビジョン・ビルボード・交通媒体・WEBサイト)	形式知	■適応
	国内の市場導入戦略(想定ユーザーイメージ・市場調査の手法・販売戦略等)	形式知	■適応
③広告施策に関する知識	6人のトップ女優を起用した広告ビジュアルのデザイン	形式知	●適用
	広告コピーの共感促進型の社会メッセージ(広告コンセプト)	暗黙知	■適応
	広告コピー「日本の女性は美しい」	形式知	■適応
	メディアプラン(媒体計画)に関する知識	形式知	■適応
	イベントプラン(体感促進イベント・街頭サンプリング)	形式知	■適応

出所：唐澤(2018) p.80をもとに筆者作成。

せる場合が「●適用」，現地にあわせて修正する場合が「■適応」となる。

このように，TSUBAKIの事例では，「適応」される知識が大部分を占めていた。ただし，日本からの知識を主として，それを現地で修正する程度に留まっていた。ナレッジマネジメントという視点からすれば，組織・国境を越えた組織的知識創造が定常的に行われ，一連の知識移転プロセスをどれだけ手順化できるかが重要となる。同様のプロジェクトがあった場合，本社→子会社だけでなく，子会社→本社，子会社→子会社というように全社的な規模で繰り返し実施できるかが求められるだろう。

本ケースのインプリケーションは，プロフェッショナル・サービス企業とクライアント企業とが相即的発展関係にあること，が示唆されたことにある(西井，2013)。プロフェッショナル・サービス企業が発展するためには，優れたクライアント企業が必要となり，クライアント企業が発展するために

は，優れたプロフェッショナル・サービス企業が必要となる。TSUBAKI の事例は，当時，資生堂，ADK の両社にとってのベストプラクティスであり，互いが互いを高めあった結果もたらされた成功と考えられる。

TSUBAKI は，2006 年頃の事例となるが，18 年現在までの間，資生堂は大きな変化を遂げている。TSUBAKI は，資生堂のメガブランド戦略，グローバル戦略を象徴するものであった。しかし，資生堂はその後の業績低迷を受け，14 年に就任した魚谷雅彦社長（元日本コカ・コーラ会長）の下，グローバル戦略の転換を図り，躍進を遂げている[9]。一方，ADK は，13 年から総合的なマーケティング支援を専門とするプロフェッショナル・サービス企業への転換を目指している[10]。WPP グループとの資本及び業務提携を解消し，多様な事業パートナーと事業の特性に応じて連携する「オープンネットワーク型」グループへの再編を目指している。仮に今 TSUBAKI と同様のプロジェクトが実施されれば，両社のグローバル戦略や広告のデジタル化への対応などを反映し，06 年頃とは異なるベストプラクティスの在り方が示されることであろう。

6. おわりに

以上，本章では，変貌を遂げつつあるプロフェッショナル・サービスの国際ビジネス活動を理解するための視座について考察してきた。要点は 3 つある。第 1 に，プロフェッショナル・サービス企業を一括りにしてしまうのではなく，その差異性・類似性を見極めること。第 2 に，ローカル企業の集合体からグローバル企業として昇華させるための「仕組み」について注目すること。第 3 に，プロフェッショナル・サービス企業とクライアント企業とは相即的発展関係にあることである。さらに付記すれば，デジタル化による影響がある。広告のデジタル化と同様に，ヒトに体化していたプロフェッショナル・サービスの多くが，今後ますます，機械化，自動化され「プロダクト化」されていくことが予想される。

9　資生堂ウェブサイト「アニュアルレポート 2017」(https://www.shiseidogroup.jp/ir/library/annual/：2018 年 8 月 30 日最終アクセス)。
10　ADK ウェブサイト「WPP グループとの資本及び業務提携解消に関するお知らせ」(https://www.adk.jp/12779.html：2018 年 8 月 30 日最終アクセス)。

安室憲一のワンポイントコメント

　国際マーケティングの基本命題として,「標準化」(standardization) と「現地化」(localization) というコンセプトがある。「標準化」は本国で成功したマーケティング方法を基本に世界で共通したマーケティング政策を実施すること。これは製品やサービスのイメージを統一するとともに広告費などを最小限にする方法である。「現地化」はその国ごとにマーケティング政策を立案し，現地の特殊なニーズに応えようとするものである。国際マーケティングの観点からすると，ターゲットとする顧客層によって「標準化」と「現地化」を使い分けることにメリットがある。中間層のボリュームゾーンは「現地化」のマーケティング，高所得層は世界共通の「標準化」アプローチ，といった具合である。資生堂は中国市場ではボリュームゾーン向けの「現地化」ブランド（オプレ）で成功した。その後，高級品でのブランドイメージを確立しようとした。そこで採用したのが「標準化」アプローチ（TSUBAKI）である。このマーケティング政策のためにADKが起用された。この「標準化」アプローチの中で，企業の理念や製品のイメージは「適用」を選択し，マーケティング政策は中国市場に「適応」させたことが分かる。つまり，「標準化」の核心は「企業の価値観」であったことが分かる。ADKは資生堂の経営幹部の考え方を深く理解していたからこそ，クライアントの期待に応えられたのである。しかし，「日本のイメージ」を強く打ち出したTSUBAKIのキャンペーンが中国の顧客に受け入れられたかは別である。会社の「想い」と中国人の顧客の「受け止め方」の間にギャップはなかったのか，読者の立場から考えてみてほしい。

● 参考文献

Lowendahl, B. R.（2005）*Strategic Management of Professional Service Firms*, third edition, Copenhagen, DNK: Copenhagen Business School Press.

Maister, D. H.（1993）*Managing the Professional Service Firm*, New York, USA: Free Press（博報堂マイスター研究会訳（2002）『プロフェッショナル・サービス・ファーム—知識創造企業のマネジメント—』東洋経済新報社）.

von Nordenflycht, A.（2010）"What is a Professional Service Firm?: Toward a Theory and Taxonomy of Knowledge-intensive Firms", *Academy of Management Review*, Vol.35(1), pp. 155-174.

今井雅和（2010）「広告会社のアジア戦略と知識移転」『産業研究（高崎経済大学付属研究所紀要）』（第45巻第2号），29-39頁。

大東和武司・Kayama, A.（2008）「プロフェッショナル・サービスの国際展開—知財機動集約型多国籍組織のMDP戦略—」江夏健一・大東和武司・藤澤武史編『サービス産業の国際展開』中央経済社，127-157頁。

唐澤龍也（2018）「知識の国際移転と再創造—日系広告会社の事例を中心にして—」博士学位請求論文，明治大学大学院経営学研究科。

趙命来（2009）「サービス企業の国際化と『サービスの特性』」『マーケティングジャーナル』（第29巻第2号），148-156頁。

土井一生（2008）「サービス企業の国際化」江夏健一・大東和武司・藤澤武史編『サービス産業の国際展開』中央経済社，1-17頁。

西井進剛（2013）『知識集約型企業のグローバル戦略とビジネスモデル─経営コンサルティング・ファームの生成・発展・進化─』同友館。

野中郁次郎・紺野登（1999）『知識経営のすすめ』ちくま新書。

波田浩之（2018）『新版 広告の基本』日本実業出版社。

山田礼子（1998）『アメリカの専門職養成プロフェッショナルスクール』玉川大学出版部。

横山隆治・榮枝洋文（2014）『広告ビジネス次の10年』翔泳社。

第13章

ツーリズムと国際ビジネス

四宮　由紀子

観光業，旅行業，ホテル業，サービス特性（無形成，消滅性，変動制，非均質性），顧客追随，本国志向（エスノセントリック/エスニック・モデル），文化的距離/近接性，OTA（オンライン・トラベル・エージェント），マネジメント・コントラクト，フランチャイズ

1. はじめに

　観光は近年最も成長し期待されている分野の1つである。国連世界観光機関（UN Tourism）によると，コロナ禍前で10年連続の持続的成長となった2019年の国際旅行者数は14億6000万人超，国際観光収入は1兆5000億米ドルであった。また，国際観光輸出の総額は世界総輸出の7％，サービス貿易の28％を占めており，観光セクターは世界経済に大きく貢献している（World Tourism Organization, 2021）。

　本章ではこの観光業に着目し，その国際化の特徴とプロセスについて考察する。次節ではまず観光業の国際化について理論的な枠組みを紹介し，次に旅行業とホテル業の国際化の特徴について述べ，最後にケースを紹介し解説する。

　ちなみに，観光には自国民が外国へ旅行するアウトバウンド観光と外国人が自国に旅行するインバウンド観光の双方向が存在する。そのうち，インバウンド観光は「見えざる貿易」（invisible balance＝貿易外収支）の中でも本国経済に大きな富をもたらすと注目されている。インバウンド観光は確かに

189

観光の国際活動の1つではあるが，本章では企業が国境を越えて活動する国際化段階に焦点を当てたいため，インバウンド観光については取り上げていない。

2. 観光業の特徴と国際化の理論

(1) 観光業の特徴

まず観光業の特徴について述べよう。観光業とは旅行観光サービスを提供する多種多様な産業の総称であり，観光に必要不可欠な「観光主要産業」（旅行業，宿泊業，交通運輸業）と，観光の利便性を向上させる「観光周辺産業」（テーマパークなどの施設管理運営業，土産の製造販売業，外食業，クレジットカードや旅行小切手を扱う金融業，ガイドブックや口コミサイト等の情報提供業等々）から構成される。特筆すべきは，我々観光客が十分な楽しみや満足を得るには，観光地にこれら主要／周辺産業のどちらも必要だということである。

観光業のもう1つの特徴は，旅行観光商品が無形サービス財であることである。ここでは主要な4つのサービス特性（Zeithaml, Parasuraman, & Berry, 1985）について，観光業の視点から簡単に見ていきたい。

①**無形性**

サービスは無形であり，購入前に品質や価値を確かめることができない。特に，旅行者は見知らぬ土地や不慣れな環境で旅行しており，さらに身の安全に関わる食事や宿泊を伴う。食事や宿泊といった文化や習慣は国や民族によって異なり，異文化の外国では，母国語の通じるガイドや母国の食事を提供してくれるホテルに安心感を見出す。そのため，観光において購入前に身の安全や安心を保障してくれるのが有形化されたブランドや口コミ・評判であり，観光業ではそれらが大きな優位性となる。

②**消滅性／生産と消費の同時性（不可分性）**

サービスは生産（提供）と同時にその場で消費（消滅）される。つまり，サービスは在庫できない。よって，より多くの顧客にサービスを提供するために，サービス業は基本的に多店舗展開（チェーン化）せざるを得ない。ホ

テルでは後述のように巨額の不動産投資を必要としない契約によるチェーン拡大方式が生み出され主流になっている。一方，旅行業では出店経費がそれほどかからず容易に多店舗展開できると同時に，業界内で旅行商品の企画造成と販売の分業体制が進んでおり，A社の旅行ツアー商品をB社が販売するといった代理販売で多くの顧客に商品提供できている。

③変動性

サービスは需要の変動が激しい。観光需要は特に，外部要因に左右されやすい。その外部要因とは，時間帯・曜日・季節・時期などの「時間的要因」，気候・天候・立地条件といった「自然的要因」，経済の好況不況・為替変動などの「経済的要因」，そして最後に「社会的要因」であり，戦争・テロ・疫病など観光需要にマイナスな要因もあれば，オリンピック等のイベント・ブーム・流行など需要を一時的に飛躍させる要因もある。つまり観光業は不確実性が大きく，将来予測が立てにくいリスクの大きなビジネスである。

④非均質性／異質性

サービスは人を介して生産消費されることが多く，提供する人物，時間，場所などによって品質が変化しやすいため，全く同じサービスを繰り返し提供することは不可能である。サービスの資質は個人差があり，品質はばらつきがちであるが，ある一定以上のサービス品質を保証するのがやはり前述のブランドや口コミとなるだろう。

このようにユニークなサービス財を扱うサービス業は製造業とは異なる理論が必要だとされてきた。続いて，観光業の国際化の理論について検討しよう。

(2) 観光業の国際化理論

企業の国際化研究においては，製造業を対象にした文献が圧倒的多数であり，サービス業，とりわけ観光業の国際化研究は希少である。また前述のとおり観光業は複数産業の集合体であるため，観光業全てに通じる国際化の一般理論はない。ただし，観光業にはごく初期の国際化の段階で，共通する特徴がある。それが，「顧客追随」と「本国志向」である。

①顧客追随と本国志向

　観光業の初期の国際化は基本的に顧客追随型である（Dunning & McQueen, 1981; Erramilli, 1991）。つまり，観光業は本国旅行者の旅行先や本国製造企業の海外進出先に呼応して国際化していく。本国旅行者は前述のとおり，不慣れな環境の中で本国の観光企業や旅行観光サービスに安心を感じるため，観光企業の国際競争では「本国顧客に関する知識」が一番の強み（所有優位）であることも証明されている（Dunning & Kundu, 1995）。

　本国旅行者へのサービス提供を第1目的に海外進出した観光企業は，その国際ビジネス活動もまた本国志向（エスノセントリック）である（Go & Pine, 1998）。進出企業は本国本社のやり方をそのまま移管したコピーという位置付けになり，サービス提供やマーケティング活動の対象者も本国旅行者で，本国本社のサポートがメイン業務となる。

②観光業の発展段階モデル

　観光企業の国際化は顧客追随と本国志向という初期段階から，国際経験の蓄積により海外進出先や参入目的が変化すると言われている。この観光業の発展段階については「文化的距離／近接性」（cultural distance / proximity）という概念で説明されている（Erramilli & Rao, 1990; Erramilli, 1991; Ramón-Rodríguez, 2002）。つまり，観光業の国際化の初期段階では文化的距離の近しい市場（例えば隣接国や同一言語国，旧植民地）から進出し始めるが，国際経験を積み国際化を深化・進展させブランドが世界に浸透されるにつれ，自国民以外へのサービスを目的とした「市場探求型」展開を実現し，文化的距離の離れた市場へ地理的分散していくとされている。

　以上が，観光業の国際化に関する理論的な枠組みである。それを踏まえて，日本の観光業の国際化はどういった特徴を持つのか，次節で考察していきたい。

3. 日本の観光業の国際化

　ここでは日本の旅行業とホテル業の国際化について概観する。

（1）日本の旅行業の国際化

　現在，日本を代表する旅行会社である株式会社 JTB は 39 ヶ国 143 都市に 508 拠点（2018 年 2 月現在）を，株式会社エイチ・アイ・エス（H. I. S.）は 71 ヶ国 158 都市に 272 拠点（2018 年 3 月現在）をそれぞれ展開している（各社ホームページ参照）。

　日本の旅行業の国際化については，今西論文が詳しい（今西, 2001, 2013）。それによると，日本の旅行会社の初進出は，JTB の前身である日本交通公社が 1957 年にニューヨークに駐在員事務所を開設したのが始まりで，その後 60 年代にかけて日通旅行（日本通運のグループ会社），東急観光（現東武トップツアーズ），近畿日本ツーリスト，日本旅行などが相次いで海外駐在員事務所を展開しており，その進出先はいずれもアメリカである。64 年以前は日本人の海外渡航が自由化されていない時期であるにもかかわらず，日本航空の国際線開設や今後の渡航自由化を睨んでの海外進出であった。その後，日本は高度経済成長期を迎えジャンボジェット機が就航し，日本の旅行会社は順調に海外現地法人の設立や拠点増設など海外事業を拡大していくが，海外支店の役割と目的は一貫して本国本社のサポート業務であった。つまり日本発の海外パックツアーや海外団体旅行を企画・造成するに当たり，現地での仕入れや予約手配，現地対応，現地ランドオペレーターの管理・監督と交渉等々が主な役割であった。

　1980 年代後半になるとバブル景気による海外旅行ブームを迎え，日本の旅行会社も飛躍的な海外拡張期に入るが，そこで旅行各社が起こした国際企業行動は事業の多角化であった。本国からの海外旅行者の送り出しをよりスムーズに質量ともに拡大するために，旅行会社という枠を越えてホテルや宿泊施設の買収，飲食店や土産物店の経営，現地交通機関（主にバスやタクシー）の運営など，様々な旅行関連産業へと事業拡大していった。この時期ももっぱら日本からのツアーと日本人観光客への対応がメイン業務であり，現地旅行者を日本へ送り込むインバウンド観光に積極的に取り組むことはなかった。やがてバブルの崩壊，長引く経済不況，アメリカ同時多発テロに起因した世界的な旅行航空不況が発生するなど，日本の旅行需要は急速に冷え

込んだ。旅行各社はバブル期に拡大しすぎた海外事業を整理統合し，現在はアジア市場でのプレゼンスを高めるとともに，オンライン予約とインバウンド観光の取り込みにも徐々に注力している。

このように，日本の旅行会社の海外進出は一貫して本国志向であり，「エスニック・モデル」と言われている（今西，2001）。しかしこれは日本だけの特徴ではない。世界的な大手総合旅行会社を見てもパックツアーや団体ツアーのメインターゲットは本国旅行者であり，海外拠点の主な業務内容も本国サポートであり本国志向である。一部例外があるとすれば，インターネットの発展により出現した旅行のネット予約OTA（オンライン・トラベル・エージェント）である。OTAは個人旅行者を対象に，旅行素材（フライトやホテル等）を個別に販売したり，それらを組み合わせてセット販売したりしている。世界的OTAであるExpediaやBooking.comは積極的に世界展開しており，各国の現地顧客をターゲットに営業・販売している。よって世界の大手旅行会社の中には団体ツアーは本国志向で営業し，ウェブ販売ではグローバル展開しつつある企業もある。

以上のように，旅行会社の国際化は本質的に本国志向であることが分かった。

（2）日本のホテル業の国際化

ホテル業のチェーン展開では，特に海外展開においては，契約方式が主流である。ホテルの運営形態には，不動産投資をする所有直営方式と，不動産投資をせずに契約でホテルを運営・管理しブランド拡張する契約方式がある。後者の契約方式には，マネジメント・コントラクト（MC）とフランチャイズ（FC）の2つの方式に分けられる。ホテルの強みはノウハウやスキルなど無形資産にあり，それは組織や人に体化されていて容易に模倣できない。そうした無形資産を有形化したものがホテルブランドとなる。したがって，ホテル不動産を所有する法律上のオーナーよりも，経営ノウハウとブランドを所有するホテル運営企業の方が優勢であり，契約方式でも優位性が維持できる（Dunning & McQueen, 1981）。

ホテル業でこうした契約方式が成り立つのは，ホテル投資が巨額で不動産

価値が高いためである。ホテル企業にとっては巨額資本の必要性や大きな投資リスクがチェーン拡張の妨げとなる。しかし一方で，ホテル経営には未熟でも不動産投資目的や節税，ステイタス等のためにホテル投資に参入したいオーナー出資者が存在する。あるいは既に自社経営しつつもブランド不足のためにマーケティングを強化したいオーナー経営者がいる。そうしたオーナーたちに対して，優れたノウハウとブランドを持つホテル運営企業が有利な立場でホテル経営契約を主導し，少ない資本とリスクでチェーン化を可能にした。したがって，ホテル業では創業間もなくは所有直営方式で少しずつチェーンを拡大し，ブランドを広めノウハウを確立し，やがて，契約方式によって国際ホテルチェーンへ発展するのが一般的なパターンである。

またホテル業では初期の国際化では顧客追随型かつ本国志向であるが，旅行業と違って世界的にブランドが普及し認知されてしまえば現地客や他国旅

図表 13-1 日本ホテルにおける年代別の海外進出・撤退の特徴（2024 年 12 月現在）

時期	年代	進出・撤退の特徴	進出件数	撤退件数
自律的成長期	1960-1979	地理的・文化的近接性のある市場へ徐々に拡張（アジア・ハワイ・グアムなどが中心）	39	7
急拡張期	1980-1994	バブル景気による急拡張（特に北米・豪州などの先進国市場が急伸）	81	13
撤退期	1995-2009	バブル崩壊により全方位からの撤退・売却	31	87
アジア回帰期	2010-	アジア市場を中心とした海外進出の再開	102	37
		総数	253	144

図表 13-2 日本のホテルの海外進出・撤退数（2024 年 12 月現在）

エリア		運営中	総進出数	総撤退数	撤退率(%)
欧米地区	北米	15	35	20	57.1
	欧州	3	9	6	66.7
太平洋地区	ハワイ	6	17	11	64.7
	グアム・サイパン	6	24	18	75.0
	オセアニア	1	15	14	93.3
アジア地区	東アジア	51	80	29	36.3
	東南アジア他	27	73	46	63.0
	合計	109	253	144	56.9

図表 13-3 約 60 年にわたる日系ホテルの運営形態の変遷（2024 年 12 月現在）

	運営形態の推移								
	現在営業中の運営形態		進出総数の運営形態		年代別に見た進出時の運営形態				
					1962-1979		1980-1994		1995-2024
	件数	%	件数	%	件数	%	件数	%	件数	%
所有直営方式	45	41.3	110	43.5	17	43.6	47	58.0	46	34.6
リース直営方式	29	26.6	37	14.6	2	5.1	3	3.7	32	24.1
MC方式	31	28.4	77	30.4	8	20.5	26	32.1	43	32.3
FC方式	4	3.7	12	4.7	0	0.0	1	1.2	11	8.3
業務提携他	0	0.0	17	6.7	12	30.8	4	4.9	1	0.8
合計	109	100.0	253	100.0	39	100.0	81	100.0	133	100.0

行客への対応が可能であり，市場探求型のグローバル展開が実現している。

　それでは日本のホテル業の国際化はどうだろうか。2024 年末現在，日系海外進出ホテルの総数は 109 件と，とても小規模な海外展開である。戦後以降の日系ホテルの約 60 年間（1962〜2024 年）に及ぶ海外進出と撤退を検証すると（四宮，2016，2017），前出の日本の旅行業と同じような国際化の轍を踏んでいるのが分かる。まず，日本のホテル企業の海外進出は 1960 年代から始まった。近隣アジアやハワイなど周辺地域や結びつきの強い地域から徐々に海外展開を拡大していた自律的成長期（1960〜1979 年頃），日本経済が発展しバブル景気によって先進国市場（特に北米・オセアニア）へ一気に展開を強めた急拡張期（1980〜1994 年頃），バブル崩壊後の不況による撤退期（1995〜2009 年頃），そして再びアジア市場への集中を強めた進出再開期（アジア回帰期）（2010 年〜）の大きく 4 期に分けることができる（図表 13-1）。現在進出中の日系ホテルの約 7 割がアジア市場に集中している（図表 13-2）。

　国際経験の蓄積による変化や発展について考察すると，かつての日本ホテル企業の海外進出は所有直営方式が主流であったが，現在では MC や FC の契約方式が大半を占めるようになった（図表 13-3）。

　この背景には，日本では運輸系（鉄道・航空系）ホテルが国際化を牽引してきたという歴史的事実があり，またそれら運輸系ホテルは親会社（JAL，ANA，東急電鉄，西武鉄道など）や親会社の取引交渉相手である日系投資

エリア別に見た進出時の運営形態										
欧米地区		北米	欧州	太平洋地区		ハワイ	グアム・サイパン	オセアニア	アジア地区		東アジア	東南アジア他
件数	%	件数	件数	件数	%	件数	件数	件数	件数	%	件数	件数
34	77.3	27	7	36	64.3	12	16	8	40	26.1	13	27
3	6.8	2	1	1	1.8	0	1	0	33	21.6	29	4
4	9.1	4	0	13	23.2	3	8	2	60	39.2	26	34
1	2.3	1	0	2	3.6	0	2	0	9	5.9	6	3
2	4.6	1	1	4	7.1	2	2	0	11	7.2	6	5
44	100.0	35	9	56	100.0	17	24	15	153	100.0	80	73

家（商社，銀行など）からバブル期に強力な資金的バックアップを得て，親会社や日系投資家の意向に沿って海外進出を果たしてきた。いうなれば，日本のホテル企業は本国旅行者より本国クライアント（親会社及び日系投資家）を第1に優先しており，子会社であるホテル企業側にはビジネスとしての戦略的意思決定の機会が失われていた。バブル崩壊後も，親会社や日系投資家の都合による撤退や売却の指示に従わざるを得なかったのである。

そうした日本のホテル企業は，バブル崩壊後は急速に「親離れ」が進んでいく。親会社からの資金提供による出資形態ではなく，現地企業の出資オーナーを見つけて契約方式へと切り替えていったのである。

アジア市場へ回帰集中していることから，進出先については国際化は進んでいない（多国籍度は増していない）が，運営形態においては国際化の発展段階の進化が見て取れる。また，ごく最近になって，欧米，ロシア，中東等アジア以外の市場へ少しずつ広がりを見せており，次の発展段階への足掛かりとなるかもしれない。

4. ケース―ホテルオークラによる国際発展段階の事例―

（1）ホテルオークラの概要

株式会社ホテルオークラ（チェーン名「オークラホテルズ＆リゾーツ」）

図表 13-4 オークラホテルズ＆リゾーツのホテル一覧（2024年12月現在）

国内ホテル	客室数	開業年／加盟年	契約形態
ホテルオークラ東京	381	1962	直営
ホテルオークラ東京ベイ	427	1988	直営
ホテルオークラ神戸	475	1989	直営
ホテルオークラ福岡	264	1999	直営
ホテルオークラ京都	322	2002	業務提携
ホテルオークラ新潟	265	2003	MC
ホテルオークラ京都 岡崎別邸	60	2022	MC
ホテル鹿島ノ森	50	1977	業務提携
ホテル イースト21 東京	381	1992	MC
オークラアクトシティホテル浜松	322	1994	MC
オークラ アカデミアパーク ホテル	124	1997	直営
フォレスト・イン 昭和館	98	1998	業務提携
オークラ千葉ホテル	84	2001	MC
ホテルオークラ JR ハウステンボス	320	2012	業務提携
SHIROYAMA HOTEL kagoshima	365	2015	業務提携

海外ホテル	客室数	開業年／加盟年	契約形態
ホテルオークラアムステルダム	300	1971	直営
オークラ ガーデンホテル上海	471	1990	MC
ホテルオークラマカオ	488	2011	MC
オークラ プレステージ台北	208	2012	MC
オークラ プレステージバンコク	240	2012	MC
ホテルオークラマニラ	190	2021	MC
ソウル新羅ホテル	464	1979	業務提携
済州新羅ホテル	429	1990	業務提携

開業予定の海外ホテル	客室数	開業年／加盟年	契約形態
オークラ スパ&リゾート カッパドキア	130	2026年以降	MC
オークラ プレステージサイゴン	250	2026年以降	MC
ホテルオークラマニラ ベイショア	380	2026年以降	MC

図表 13-5 株式会社ホテルオークラの組織体系（2024年12月現在）

の旗艦ホテルであるホテルオークラ東京は，旧大倉財閥の大倉喜七郎により「欧米の模倣ではない日本独自の国際ホテルを」という信念のもと，東京オリンピック前の 1962 年に開業した。帝国ホテル，ホテルニューオータニとともに『ホテル御三家』と言われ，日本を代表する老舗最高級ホテルである。

2024 年 12 月現在，オークラホテルズ＆リゾーツは，国内に 15 ホテル，海外に 8 ホテル，合計 23 ホテルを運営している（図表 13-4）。また，同社のマネジメント会社である株式会社オークラニッコーホテルマネジメントは，オークラブランドの他に旧 JAL ホテルズ系列の 2 つのブランドも運営しており，図表 13-5 のような組織体系になっている。

(2) 消極的な海外展開（1971～2010 年）

ホテルオークラの最初の海外展開は少し変わっており，インドネシア政府から要請されて経営指導契約を締結し，1966 年に 2 ホテルを開業したのが始まりであった（71 年に契約満了）。これは戦後補償の一環でもあり，本当の意味での海外第 1 号進出は，71 年のホテルオークラアムステルダムになる（四宮, 2002）。当時の日本人には海外旅行はまだまだ高嶺の花であり，この第 1 号進出においても，「顧客追随型」とは言えない特殊な要因（日蘭交流の歴史が長く戦後早くに KLM オランダ航空が日本に就航したこと，アムステルダム市や KLM オランダ航空から進出の要請があったこと，当時社長の野田岩次郎氏が長崎出身でオランダに思い入れがあったこと等々）が背景にあった。ホテルオークラのオランダ進出は日蘭の大手企業を巻き込み一大国際合弁事業となり，オークラからは 160 名もの日本人を派遣して経営に当たった。当初は誤算や失敗も多々あり，またその後の経営環境の変化や経済不況など数々の苦境がありながらも，ホテルオークラは現在もオークラアムステルダムの営業を堅持し続けている。

その後しばらく，ホテルオークラは海外展開に消極的であった。ホテルオークラは日本国内で「日本の和の心と伝統美」に重きを置いて，ホテルの建築様式といい，内装や様々な伝統工芸品といい，サービススタッフの着物姿といい，日本文化にこだわったホテルづくりを行っていた。中でもホテル

オークラ東京は虎ノ門という大使館街の中で，ひときわ「和」を強調するホテルとなっており，世界各国の大使や要人たちから気に入られ外国での知名度も高く，海外進出の誘いやビジネスチャンスは引く手あまたであったと言われている。しかし，当時はホテルオークラ東京の収益が順調に進展していることから自身のブランドと品質を維持成長させることに注力し，容易にオークラの名を冠するホテルを広めることに消極的であり，また契約相手の要請などもあったことから，オークラ名を使用しない業務提携に留めることが多かった。実際，1971～2011 年の 40 年間で，オークラブランドで海外進出したのは，アムステルダム（1971～），グアム（1972～08），上海（1990～）の 3 軒のみであった。

この時期の海外展開への消極的な姿勢は，ホテル御三家と言われる他の帝国ホテルやホテルニューオータニも同様である。これは，5 つ星最高級ホテルの市場がもともと小さいことと，日本のホテル特有の宴会需要（結婚式や法人による会議・イベントの利用）による収益構造が大きいことが影響しており，日本人海外旅行者よりも日本国内の顧客対応を優先させた結果かもしれない。

（3）急な拡張路線（2011 年～）

バブル崩壊後からしばらく，日本のホテル業界は長引く経済不況や外資系ホテルの国内での急成長を受けて，停滞期へと突入した。ホテルオークラも同様に，国内のチェーン展開で模索を続けていた。バブル崩壊によって破たんしたホテルをいくつか引き継いだものの，5 つ星オークラブランドとは一線を引く意味で「マルチブランド化」（複数のブランドを同時展開すること）しようとしたが上手くいかず，新規ブランドの構築に苦労していた。また，バブル崩壊後の不況と国内の事業再編に注力していたために，この時期には積極的に海外展開することができずにいた。

やがて国内の事業再編も落ち着き，2000 年代から再び海外市場へ目を向け始めた。国内では少子高齢化や人口減少が進む中，ホテルオークラの強みであった宴会・料飲部門（宴会・婚礼・レストラン事業等）の需要先細りが予想され，事業ポートフォリオを海外にも広げるべきであるという経営判断

がなされたのである。手始めに近隣アジアから進出を検討し始め，その活動が結実して11年以降にマカオ，バンコク，台北と立て続けに海外展開が実現した。

　時を同じくして，2010年に株式会社日本航空が会社更生法適用を申請し，資産整理として手放した子会社の旧JALホテルズをホテルオークラが吸収合併することになった。旧JALホテルズはかつて親会社日本航空の潤沢な資産的バックアップを受けて積極的な海外進出をしており，日本でも有数の大手ホテルチェーンの1つであった。バブル崩壊後は親会社に頼らず，現地企業とMC契約を締結できるほど豊富なノウハウ，人材，ブランドを有していた。そうしてオークラグループは，オークラホテルズ＆リゾーツとニッコー・ホテルズ・インターナショナルおよびホテルJALシティの3ブランド体制へと組織を改編した。

　旧JALホテルの吸収を受けて，ホテルオークラは海外展開を急伸させており，今後もアジア市場を中心に順調な展開が予定されている。

5. ケースの解説

　まず，ホテルオークラの初期の海外展開は日本人旅行者に呼応した「顧客追随型」とは言えないものであった。特殊な要因や背景が複雑に絡み合っており日本人旅行者を対象にしていなかったり，経済原理に基づかないような進出もあった。しかしこれはホテルオークラに限ったことではなく，日本のホテル企業には往々にして他者からの依頼や要請による国際化が多い。かつて日本のホテル企業は所有にこだわる傾向にあり，日系投資家に依存した取引関係の中で「持ちつ持たれつ」国際化してきたのである。そういった意味では，旅行者としての顧客ではなく，取引先や出資者である日系クライアントに追随してきたと言えよう。

　次に，ホテルオークラは自身のサービス品質やブランドにとてもプライドを持っており，日本から派遣された日本人総支配人による日本的なマネジメントで日本的なサービスを提供することに力を注いでいた。したがって，ホテルオークラの初期の国際化もまた「本国志向」であった。

　ただし，40年近い国際経験の蓄積により，運営形態は所有直営方式から

MC方式へと大きく変化した。2010年の旧JALホテルズの吸収合併が契機となったのは確かだが，実はホテルオークラは元々MCへ移行できるだけのノウハウや人材を有していた。なぜなら，1960〜80年頃にかけて海外の大手ホテルで働く優秀な日本人ホテル人材を次々と引き抜いていたからである。各国要人に和のサービスを提供してきたことからブランド力にも定評があり，MCを可能にする人材やノウハウもあったが，ブランドへのこだわりからオークラの名を使わなかっただけで数々の業務提携は成功させてきた。旧JALホテルズとの統合を契機として，一気にMC方式による積極的な海外展開へ方針を転換させたのである。

今後ホテルオークラはアジア市場以外への展開を視野に入れており，進出先でのブランド浸透と現地客の取り込みも徐々に進んでいる。将来，ホテルオークラが「市場探求型」の国際化へと進化できるか注視していきたい。

6. おわりに

観光業の国際化の初期段階には「顧客追随」と「本国志向」の傾向があり，国際経験を積むことで「市場探求型」のグローバル展開へと発展する段階モデルを説明した。しかしながら詳細に見てみると，旅行業は団体営業では依然として本国志向であり，今後はOTA分野でのグローバル展開が予想される。ただし，日本の大手旅行会社は2018年現在ではOTA分野で国際的競争地位を確立できていない。

一方，日本ホテル業は親会社や日系投資家からの資本支援に頼って海外展開してきたことから，国際的なブランドの確立や契約方式によるチェーン拡大に遅れが見え，特に欧米市場では競争力が弱くアジア市場に集中しがちである。しかしながら，少しずつ日系資本に頼らない契約方式によるチェーン化やアジア市場以外への展開が増えてきていることから，今後の成長拡大に期待したい。

安室憲一のワンポイントコメント

　日本の観光産業，特にホテル業は，日本の製造業とよく似た特徴を持っている。それは世界的なチェーン展開に必要なサービスの「標準化」ができないことである。つまり，日本のホテルサービスの特徴は，製造業で言えば高品質・高価格の「摺り合わせ型」（インテグラル）生産であり，「旅館」のサービスのように，熟練した従業員による手の込んだサービスが売り物である。「日本のおもてなし」を強調するほど，インバウンド客や日本人客には好評だが，海外の一般顧客向けのホテルサービスが構築しにくくなる。なぜならば，海外の一般顧客はそれぞれの国式のサービスを求めるため，必ずしも「日本式のおもてなし」を歓迎しないからだ。

　特に，国際的なチェーン展開には「サービス・マネジメント」の標準化，モジュール化が必要になる。外国人が働きやすい「標準作業」で仕事の体系を組み立てなければならない。その点から考えると，これからは，日本のビジネスホテルがグローバルに展開する時代ではないか。彼らは高級ホテルと差別化するために，「標準化」した安価なサービスを提供してきた。観光客は食事やエンターテイメントにコストを掛けたいので，安価なホテルを歓迎する。また，エアビーアンドビーのような宿泊のグローバル・サービスも出てきた。宿泊産業をグローバルに見渡した時，これから多様なサービス形態が生まれてくるだろう。どんな変化が起きるのか，注目していきたい。

● 参考文献

Dunning, J. H., & Kundu, S. K.（1995）"The Internationalization of the Hotel Industry: Some New Findings from a Field Study", *Management International Review*, Vol.35（2）, pp.101-133.

Dunning, J. H., & McQueen, M.（1981）"The Eclectic Theory of International Production: A Case Study of the International Hotel Industry", *Managerial and Decision Economics*, Vol.2（4）, pp.197-210.

Erramilli, M. K.（1991）"The Experience Factor in Foreign Market Entry Behavior of Service Firms", *Journal of International Business Studies*, Vol.22（3）, pp.479-501.

Erramilli, M. K., & Rao, C. P.（1990）"Choice of Foreign Market Entry Modes by Service Firms: Role of Market Knowledge", *Management International Review*, Vol.30（2）, pp.135-150.

Go, F., & Pine, R.（1998）*Globalization Strategy in the Hotel Industry*, London, UK: Routledge.

Ramón-Rodríguez, A.（2002）"Determining Factors in Entry Choice for International Expansion: The Case of the Spanish Hotel Industry", *Tourism Management*, Vol.23（6）, pp.597-607.

World Tourism Organization（2021）*International Tourism Highlights*, 2020 Edition, Madrid: UNWTO.

Zeithaml, V. A., Parasuraman, A., & Berry, L. L.（1985）"Problems and Strategies in Services Marketing", *Journal of Marketing*, Vol. 49(2), pp.33-46.

今西珠美（2001）『旅行企業の国際経営』晃洋書房。

今西珠美（2013）「日本の旅行企業の海外進出行動の変遷」『流通科学大学論集（流通・経営編）』（第 26 巻第 1 号），43-67 頁。

四宮由紀子（2002）「ホテルオークラの海外進出」『商経学叢』（第 49 巻第 2 号），119-145 頁。

四宮由紀子（2016）「日本ホテル企業の国際発展とアジア回帰の軌跡―過去 50 年間の国際企業行動の変化に関する考察―」『アジア経営研究』（第 22 号），3-16 頁。

四宮由紀子（2017）「日本ホテル企業のアジアへの進出」『産研論集（関西学院大学）』（第 44 号），17-23 頁。

第14章

多様性と国際ビジネス

有村　貞則

キーワード▶

多様な人材，ダイバーシティ・マネジメント，障がいのある人たち，国際連合（国連），障害者権利条約，多国籍企業，国際労働機関，ビジネスと障害グローバルネットワーク，知識の共有，カルフール

1. はじめに

　多様な人材を活かすために「ダイバーシティ・マネジメント」を推進する企業が多くなっている。本章では多様な人材の中でも障がいのある人たちに焦点を当て，その雇用促進に向けた多国籍企業の新たな動きについて紹介する。まずはダイバーシティ・マネジメントとは何かを解説する。次に多様な人材の中でもなぜ障がいのある人たちに焦点を当てるのか，その理由を述べる。第4節は，障がいのある人たちの雇用促進に向けた多国籍企業の新しい動きとして，国際労働機関の「ビジネスと障害グローバルネットワーク」について紹介する。最後に同ネットワークにおいて中核企業の1社であるカルフールの事例を紹介し，そのポイントをいくつか指摘した上で，本章の結びとする。

2. ダイバーシティ・マネジメント

　ダイバーシティ・マネジメントとは，多様な人材の能力を最大限に活かす職場環境を構築していくことであり，以下の3点を主な特徴としている。

205

第1に多様な人材を活かす視点として，以前は法令順守や人権の尊重，企業倫理，企業の社会的責任などがよく挙げられていたが，ダイバーシティ・マネジメントは経営的視点，具体的には「企業の利害／利益を優先する」という視点に立つ（Thomas, 1991: p.17）。また，ダイバーシティ・マネジメントはしばしば競争優位や組織パフォーマンス向上，企業価値向上などのために多様な人材を活かすと説明されるが（谷口，2005; 有村，2007; 経済産業省，2016），これらは全てこの経営的視点を具体的に表現したものである。

　第2に多様性を幅広く捉える。多様な人材といった場合の多様性とは，具体的には人々の間の違いのことを指すが，以前は人種や民族，性別，年齢，身体障がいの有無など外見上に表れやすい違いだけに着目する傾向があった。ダイバーシティ・マネジメントはこうした見えやすい違いだけでなく，婚姻状況や家族状況，職歴や学歴，個性や価値観の違いといった見えにくい要素も含めて多様性を幅広く捉える。

　第3に個人よりも組織の変革を重視する。以前の多様な人材の活かし方においては個人や対人関係レベルの問題解決に終始する傾向があったが，ダイバーシティ・マネジメントにおいてより重視するのは組織レベルの問題解決，具体的には組織文化と制度の変革である（Thomas, 1991: p.28）。

3. 障がいのある人たち

　本章では，ダイバーシティ・マネジメントが対象とする多様な人材の中でも障がいのある人たちに焦点を当てる。

　その理由の1つは，障がいのある人たちの増加である。世界保健機関（WHO）は1970年代に世界における障がいのある人たちの数を全人口の約10%と推測していたが，現在では約15%，数にして10億人以上に変更している（Officer & Posarac, 2011: p.29）。この主な理由の1つは，高齢化とそれに伴う慢性的健康障がいの増加であるが，これ以外にも武力紛争と暴力，リスクの高い過激なスポーツや活動への参加を好む人たちの増加，精神的疾患や筋骨格系疾患といった非伝統的職業リスクの高まり，障がいに対してより包摂的な社会へと向かう国際的傾向が影響していると Upegui, O'Riordan & Duggan（2014）は指摘している。

もう1つの理由は，国際連合（国連）の障害者権利条約により障がいに対する世界共通の認識と枠組みが醸成されつつある点である。周知の通り，生活上のあらゆる場面において障がいのある人たちの人権と自由を守ることを目的とした国連の障害者権利条約が2006年12月13日に採択され，現在は177ヶ国[1]がこれに批准もしくは加入している。以前は，どちらかと言えば国による福祉制度の質的違いに注目が集まることが多く（Andersen, 1990)，障がい者雇用の領域においてもフランスやドイツ，日本などの雇用率制度か，それとも米国やイギリスのような差別禁止法かといった国による政策の違いに関心が集まっていた（竹前・障害者政策研究会，2002）。障害者権利条約は，こうした国の違いを越えて障がいに対する世界共通の認識と枠組みを醸成しつつある。実際，同条約には障がい者差別の禁止（合理的配慮の否定を含む），障がいの社会モデル，合理的配慮，手話を言語として認める，アクセシビリティ（施設及びサービス等の利用の容易さ），地域社会における自立生活と共生など，それまでは決して普遍的ではなかった考え方が多数含まれており，その批准や加入を通して世界各国に広がりつつある。

　そして障がいのある人たちに注目する3つ目の理由は，世界的に増加する障がいのある人たちの問題に対して世界共通の認識と枠組みが醸成されつつある中，多国籍企業の行動に期待が高まっていることである。その象徴が次に紹介する国際労働機関（以下，ILO）の「ビジネスと障害グローバルネットワーク」である。

4．ILOの「ビジネスと障害グローバルネットワーク」

　ILOの「ビジネスと障害グローバルネットワーク」は2010年に発足した世界的規模のネットワークで，多国籍企業，非営利組織，各国の企業ネットワークや障がい者ネットークが協力して障がいのある人たちの職場への包摂促進に取り組んでいる。18年8月時点で27の多国籍企業と8つの非営利組織，28ヶ国の企業ネットワークや障がい者ネットワークが同ネットワークの

---

[1] 国際連合のウェブサイト（https://www.un.org/development/desa/disabilities/convention-on-the-rights-of-persons-with-disabilities.html：2018年8月8日最終アクセス）による。

図表 14-1	ILOの「ビジネスと障害グローバルネットワーク」の大志と使命ならびに4つの主要目的と活動領域

【大志】
障がいのある人たちを尊重し，包摂するような労働力文化の構築を促し，障がいのある人たちの雇用と維持，専門的能力の開発を促す。

【使命】
障がいのある人たちの職場への包摂とビジネスの成功との間には正の関係があるということについて企業の意識を高める。

【4つの主要目的と活動領域】
・知識を共有し，優れた取り組みの発見に努める。
・障がいのある人たちの雇用と維持を促すための共有製品やサービスを開発する。
・使用者団体や企業ネットワークの役割を強化して，全国の中小企業にもっと近接するようにする。また障がい問題に関する使用者団体や企業ネットワークの専門的知識を高める。
・企業とILOの活動や提携機関との結びつきを国レベルで高めるとともに現地の事務局やサプライチェーンと協力して活動を行う。

出所：同ネットワークのウェブサイト（http://www.businessanddisability.org/index.php/en/about-the-network：2018年8月24日最終アクセス）をもとに筆者作成。

メンバーである[2]。

図表14-1に同ネットワークの掲げる大志と使命並びに4つの主要目的と活動領域を示したが，これらを実現するために同ネットワークは様々な活動を実施している。

（1）知識の共有と優れた取り組みの発見

知識の共有と優れた取り組みの発見の主な場となっているのが会議である。同ネットワークは地域会議，国別会議，世界会議の3つのタイプの会議を開催している。地域会議はこれまで少なくともヨーロッパ，北米，南アジア，南米，アフリカ，東南アジアで計6回開催されており，参加者総数は280人近くに及ぶ。国別会議は2013年9月に中国の上海で初めて開催されて以降，トルコやインド，ブラジルなどで開催されている。世界会議は14年10月に初めて開催され，以降毎年10月にILOの本部があるスイスのジュネーブにて開催されている。これらの会議には多国籍企業，各国の使用者団体や企業ネットワーク，障がい者団体などが様々な形で関わっており，そこ

---

[2] 同ネットワークのウェブサイト（http://www.businessanddisability.org/index.php/en/our-members：2018年8月20日最終アクセス）に基づく。

での情報提供や意見交換などを通して障がいのある人たちの職場への包摂に役立つ知識の共有や優れた取り組みの発見が行われている。

この他にもインターネット上で行うセミナー（ウェビナー）や視察旅行なども知識の共有や優れた取り組みの発見を促す場となっている。

（2）共有製品やサービスの開発

主な共有製品やサービスには出版物，動画，自己評価ツール並びに各国プロフィールがある。

同ネットワークは 2010 年の *Disability in the Workplace: Company Practices*（『職場の中の障がい：企業の実践』：筆者和訳）以降，数々の出版物を刊行してきた。また出版物の一部を英語以外の言語（中国語，フランス語，スペイン語，ロシア語など）にも訳して刊行する作業も並行して進めている。

動画の作成と投稿にも積極的で，18 年 8 月時点で 63 本の動画を YouTube で視聴することができる。特に注目すべきは 2014 年 3 月からオンライン上でキャンペーンが始まった "The Ability Factor: Employing people with disabilities makes good business sense" というタイトルの動画で，これは障がいのある人たちの職場への包摂がビジネスにもたらす利点についてアピールするという，まさに同ネットワークの使命実現を意図した内容となっている（前掲図表 14-1）。

自己評価ツールは，障がいのある人たちの職場への包摂に関する自社の方針や計画，実践などについてオンライン上で自己評価するものであり，2014 年に開発された。主に多国籍企業の活用を想定しているが，一方で「障がいの包摂に関する方針や実践について評価することに関心のある企業ならば，誰でも利用を歓迎します」[3]とも紹介されている。

各国プロフィールは，障がいに関する各国の情報をまとめたものであり，2011 年にこの作業を行うためのワーキンググループが立ち上がった。その成果は同ネットワークのウェブサイトに公開されており，2019 年 2 月時点で 70 カ国の情報が公開されている[4]。

---

3 http://www.businessanddisability.org/satools/?mod=contact：2018 年 8 月 21 日最終アクセス）による。
4 同ネットワークのウェブサイト（http://www.businessanddisability.org/country-profiles：2019 年 2

(3) 国内ネットワークの形成

ILOの「ビジネスと障害グローバルネットワーク」は同様のネットワークを各国内で設立していくことを奨励・支援しており，既にオーストラリア，オーストリア，バングラデシュ，ベトナム，イギリス，モーリシャス，ニュージーランド，カナダ，ポーランド，エルサルバドル，エジプト，スリランカ，エチオピア，スペイン，インドネシア，メキシコ，アメリカ，サウジアラビア，チリ，コスタリカ，ペルー，ブラジル，南アフリカ，ドイツ，ザンビア，中国など28ヶ国において同様の国内ネットワークが立ち上っている[5]。

図表 14-2 ILOの「ビジネスと障害グローバルネットワーク」憲章

1. 障がいのある人たちが直面しているステレオタイプやスティグマと戦い，意識を高めることにより，障がいのある人たちの権利を促進し，尊重する。
2. あらゆるタイプの差別から障がいのある人たちを守る方針と実践を開発する。
3. 採用プロセス，OJTや実習，仕事への定着，キャリア開発，その他の雇用に関する条項や条件において合理的配慮を提供することにより，障がいのある人たちの平等な取り扱いと機会均等を促す。
4. 企業内施設やスタッフとのコミュニケーションを障がいのあるすべての社員にとって利用しやすいものにしていく。
5. 現社員が障がいを有することになった場合でも，その雇用維持や職場復帰のために適切な措置を施す。
6. 障がいに関する個人情報の守秘義務に配慮する。
7. 知的障がいと精神障がいの人たちを含めて，労働市場へのアクセスに特に課題を抱えている障がいのある人たちのニーズを考慮する。
8. 取引先や他の企業と協力して障がいのある人たちの雇用促進に努める。
また障がいのある人たちの権利向上のために活動している組織だけでなく障がいに関する各国の使用者団体や企業ネットワークと協力する。
9. 障がいの包摂に関する自社の方針や実践が効果的であるかどうかを定期的に検討する。
10. 障がいのある人たちの雇用促進に関する企業努力を関係するすべれの利害関係者に報告するとともに，ILOの「ビジネスと障害グローバルネットワーク」のメンバーと情報や経験を共有する。ILOは，関連する場合にはいつでもその企業報告や実践を機関自身内のコミュニケーションにおいて活用する。

出所：同ネットワークのウェブサイト（http://www.businessanddisability.org/index.php/en/about-the-network/charter：2018年8月22日最終アクセス）に基づく。

月20日最終アクセス）に基づく。
5 ILOの「ビジネスと障害グローバルネットワーク」のウェブサイト（http://www.businessanddisability.org/index.php/en/our-members/business-disability-networks：2018年8月21日最終アクセス）並びに"ILO Global Business and Disability Network open its China Chapter"（https://www.ilo.org/beijing/information-resources/public-information/press-releases/WCMS_635953/lang--en/index.htm：2018年8月30日最終アクセス）に基づく。

ILOの「ビジネスと障害グローバルネットワーク」において特に重要な役割を果たしているのが多国籍企業である。例えば2011年初頭にネットワーク全体を統括する運営委員会が設置されたが，その11人の構成委員のうち8人は多国籍企業の代表者である（他の3人の委員は使用者団体の代表者2名と障がい者団体の代表者1名）。また15年にILOの「ビジネスと障害グローバルネットワーク憲章」が発表されたが（**図表14-2**），これに署名している企業も現在，アクセンチュア，アコーホテルズ，アデコグループ，アクサグループ，BNPパリバ，カルフールグループ，カジノグループ，エンジー，IBM，ロレアル，ミシュラン，オランジュ，レプソル，ソシエテジェネラルグループ，ソデクソ，スタンダード銀行，ダウ・ケミカル，ギャップジェミニ，ルグラン，サボラグループ，DXCテクノロジー，MSDの22の多国籍企業である[6]。

5. ケース─カルフールの障がい者雇用促進に向けた取り組み─

ILOの「ビジネスと障害グローバルネットワーク」において中核的企業の1つであるカルフールの事例を紹介する。

（1）カルフールの概要[7]

カルフールは1959年に設立されたフランスのパリ近郊ブローニュ・ビヤンクールに本社を置く世界的に有名な小売企業である。

主な業態はハイパーマーケット，スーパーマーケット，コンビニエンスストア，キャッシュ＆キャリーの4つであるが，近年はEコマース，モバイルコマース，クリック＆コレクト（ネットで注文して店頭で商品を受け取るサービス）にも力を入れており，2017年度の総売上高は789億ユーロ，日本円にして約10兆円（1ユーロ＝129円で換算）である。うちフランス本国以外での売上高は431億ユーロであり，海外売上高比率は54.6％に及ぶ。

総店舗数は1万2300店舗であり，うちハイパーマーケットが1376店舗，

---

6 同ネットワークのウェブサイト（http://www.businessanddisability.org/index.php/en/about-the-network/charter と http://www.businessanddisability.org/index.php/en/about-the-network/charter：2018年8月21日最終アクセス）に基づく。
7 カルフールの概要は主に"Registration Document 2017 Annual Financial Report"（www.carrefour.com/sites/default/files/carrefour_-_2017_registration_document.pdf：2018年8月20日最終アクセス）に基づく。

スーパーマーケットが3243店舗，コンビニエンスストアが7327店舗，キャッシュ＆キャリーが354店舗である。また全体の53.5%，6582店舗がフランス本土やその領土外にある海外店舗である。進出国は30ヶ国以上に及ぶが，実際にはフランス本国とベルギー，ポーランド，ルーマニア，中国，アルゼンチン，ブラジル，スペイン，イタリア，台湾の10ヶ国・地域に全店舗の約90％（1万1024店舗）が集中している。

全従業員数は2017年末時点で37万8923人，うちハイパーマーケット部門での雇用が全体の7割を占める。また地域別に見ると，フランス本国を含むヨーロッパでの雇用が59%，南米が26%，アジアが15%である。

(2)「ビジネスと障害グローバルネットワーク」における位置付け

カルフールは，ILOの「ビジネスと障害グローバルネットワーク」において中核をなす企業の1つである。例えば，同ネットワークは当初，障がいに関する知識や経験を共有したいという意向を持つ企業数社の非公式な集まりにすぎなかったが，それを公式的なものへと変えていくために2012年6月以降，合意が得られたメンバーとの間でメンバーシップ協定が締結されていく。この先駆けとなった主要企業の1つがカルフールであり，実際に同社は2011年末にこのメンバーシップ協定を締結している[8]。

また2011年初頭にネットワーク全体を統括する運営委員会が設置されたが，カルフールは設置時から現在に至るまでこの運営委員会のメンバーである。また16年度には議長も担当している。既述の通り15年にILOの「ビジネスと障害グローバルネットワーク憲章」が作成されたが，これに最初に署名した多国籍企業11社のうちの1社もカルフールである。

この他にも各種会議でパネラーやスピーカーを担当したり，視察旅行を受け入れたりするなど同ネットワークの活動に積極的に関与している。

8　"2012 Registration Document Annual Financial Report"（http://www.carrefour.com/sites/default/files/Document%20de%20Reference%202012%20VENG.pdf：2018年8月24日最終アクセス）のp.26に基づく。

(3) カルフールの障がい者雇用

カルフールが障がいのある人たちの雇用を本格的に推進するようになったのは1999年に"ミッション・ハンディキャップ"と呼ばれる障がいのある人たちの雇用促進に関する協定を労働組合側と締結してからである。この協定は最初にハイパーマーケット部門において締結されたが、その後スーパーマーケット部門やサプライチェーン部門でも締結されている[9]。

1999年の協定締結以降、カルフールは「障がいのある人たちを採用する」、「できるだけ良い条件で障がいのある人たちを労働力に統合する」、「特に職場環境の変更により障がいのある人たちの雇用定着を促す」の3つを柱に障がいのある人たちの雇用を進めてきた[10]。**図表14-3**はその成果として2010年以降のカルフールグループにおける障がいのある従業員の数と全従業員に占める比率の推移を示している。図表が示す通り、17年時点で1万2561人の障がいのある人たちがグループ全体で働いており、10年時点に比べると3748人、42.5％もの増加である。

図表14-3 カルフールグループの障がいのある従業員数と雇用比率

	2010年	2011年	2012年	2013年	2014年	2015年	2016年	2017年
人数（人）	8,813	9,248	9,602	9,709	10,523	11,271	12,203	12,561
比率（％）	2.4	2.6	2.7	2.8	2.9	3.0	3.3	3.3

出所：2013年以降の"Registration Document Annual Financial Report"（http://www.carrefour.com/content/annual-reports：2018年8月24日最終アクセス）をもとに筆者作成。

---

9 "Disability Carrefour partners with LADAPT and unveils a 25% increase in its rate of employment of persons with disabilities in Europe"（http://www.carrefour.com/current-news/disability-carrefour-partners-with-ladapt-and-unveils-a-25-increase-in-its-rate-of：2018年8月24日最終アクセス）やRegistration Document 2017 Annual Financial Report
（http://www.carrefour.com/sites/default/files/carrefour_-_2017_registration_document_2.pdf：2018年8月24日最終アクセス）のp.86などを参照。

10 "Carrefour's on-going commitment to helping workers with disabilities"（http://www.carrefour.com/current-news/carrefours-on-going-commitment-to-helping-workers-with-disabilities：2018年8月24日最終アクセス）や"Working for Diversity and Equal Opportunities"（http://www.carrefour.com/act-for-you/working-for-diversity-and-equal-opportunities：2018年8月24日最終アクセス）などを参照。

(4) 国別状況[11]

①フランス

"ミッション・ハンディキャップ"協定のおかげでハイパーマーケット部門とスーパーマーケット部門の障がい者雇用率は，法定雇用率の6％を超えている。2017年末時点でハイパーマーケット各店の平均障がい者雇用率は6.55％，いくつかの店舗では14％にも達する。また，スーパーマーケット部門では全従業員の6.71％が障がいのある人たちである。

この高い障がい者雇用率の達成に一役買っているのがアンバサダーと呼ばれる従業員たちである。アンバサダーは日常的に障がいのある従業員を支援したり，各店舗における障がいのある人たちの雇用や統合・維持に関する会社側の取り組みを監視するなどの活動を行っており，その数は1000人以上に及ぶ。

外部との連携にも積極的である。例えば，サプライチェーン部門は2014年から障がいのある従業員について人々の見方や行動を変えることを目的とした"Free Handi'se Trophy"という企業間レースに参加している。これは障がいのある従業員2名と障がいのない従業員2名が1つのチームを組んで約700kmのコースをタンデム式自転車とカヌーを使って競争するというもので，カルフールフランスからは毎年3チームがエントリーしている。また約700kmのコース沿いには同部門の関係者1000人以上が待機して支援を行っている。

さらに，カルフールフランスは2014年1月からある外部機関と協力して学生を含む障がいのある若い人たちの支援を行っている。また2016年に防衛省のある機関とパートナーシップ協定を結んで以降，戦争によって精神的

11　国別状況は2012〜17年の"Registration Document Annual Report"（http://www.carrefour.com/content/annual-reports：2018年8月24日最終アクセス）並びに同社ウェブサイトの検索コーナーにおいてdisabilityをキーワードにヒットした次の記事を主に参照（http://www.carrefour.com/search/site/Disability：2018年8月24日最終アクセス）。"Disability Carrefour partners with LADAPT and unveils a 25% increase in its rate of employment of persons with disabilities in Europe", "Carrefour's on-going commitment to helping workers with disabilities", "15th Employment for the Disabled Week Carrefour's ongoing commitment to helping workers with disabilities", "International Disability Day", "Belgium: Carrefour lends its support to people with disabilities", "Carrefour has just renewed its commitment to the ILO regarding the employment of people with disabilities", "Carrefour celebrates Diversity"。

に障がいを負った元軍人のための職業訓練機会を提供しており，これによって17年末までに8人が受講，2人が職を確保している。
②ベルギー

2015年に現地の障がい者支援団体と協力して"Duo Day"というプログラムを開始した。店舗従業員が障がいのある人たちと数日間にわたって一緒に働くという内容で，これにより障がいのある人たちに対して職業体験の機会を提供するとともに，障がいに対する他の従業員や顧客の見方を変える，より具体的には障がいのある人たちでもその人なりの優れた能力があり，雇用されるに相応しい人物であるということに気付かせることを狙いとしている。
③ポーランド

2006年に聴覚障がい者を雇用する初の企業となって以降，障がいのある人たちの雇用を積極的に推進している。また10年に障がい者就職支援を行うある外部機関と連携を行い，その結果これまで150人の精神障がい者雇用を実現している。17年時点で全従業員の5％に及ぶ600人が障がいのある人たちである。
④ブラジル

カルフールブラジルでは2012年頃から障がいのある人たちの均等処遇を保障することを目的とした"Eu pratico a inclusão"（私は包摂を支援します）という名称のプログラムを展開，また最近では"Meu amigo e especial"（私の友達は特別）というスキームも並行して進めている。その結果，ブラジルの全店舗において障がいのある人たちの雇用を実現するとともに，その数は15年末時点の約1600人から17年6月には2300人以上へと急増している。
⑤アルゼンチン

経営委員会の承認のもと2016年から"360度障がいアクション計画"という活動を実施している。17年度に関しては，100人以上の管理者や役員を対象とした障がいのある社員の採用や統合方法についての訓練，店頭で働く障がいのある従業員が主となって行う意識の変革を目的とした研修や障がいのあるお客様への対応を支援する従業員向けの研修，精神障がい支援を目的とした外部組織とパートナーシップを組んで募金活動やダウン症の子供の支援を行う，障がいのある人たちの雇用促進のためにコルゲート社と共同プロ

ジェクトを実施する，などの活動を同計画のもとで実施している。

⑥ **中国**

カルフール中国は「法令順守」，「障がい者雇用の促進」，「職場環境の変更」，「スキルの育成」，「障がいのある人たちに対する特別の配慮」の5つを原則に障がいのある人たちの雇用を進めている。2017年時点の実雇用率は1.9％であり，中国国家の法定雇用率を0.4ポイント上回っている。また17年にはILOの「ビジネスと障害グローバルネットワーク」の奨励と支援のもとで設立された中国における「ビジネスと障害ネットワーク憲章」に署名している。

⑦ **スペイン**

現地の政府機関や障がい者支援団体と協力して障がいのある人たちの雇用を進めており，2017年時点で900人以上の障がいのある従業員が働いている。その結果，ある障がい者支援団体から「障がいのある人たちの職場統合に最も優れた欧州企業」として表彰された。

⑧ **その他**

カルフールルーマニアは2016年に70人の障がいのある人たちを雇用するというアクション計画を立ち上げた。また，カルフールイタリアはダイバーシティ戦略の4つの優先事項の1つに障がいを位置付けており，17年末時点で600人以上の障がいのある人たちを雇用している。

6．ケースの解説

障がい者雇用の促進という観点からケースのポイントをいくつか指摘する。

第1に"ミッション・ハンディキャップ"協定を労働組合側と締結したことが障がい者雇用促進のトリガー（引き金）になっていることである。法定雇用率の引き上げやトップ経営陣の指示だけでは，障がいのある人たちの雇用や職場定着はなかなか進まない。やはり現場で一緒になって働く仲間（従業員）の理解と支援が不可欠であり，そのためには労働組合側との協定締結が重要である。

第2に障がい者雇用を推進する決意を対外的に公表している点である。カ

ルフールは，各国の障がい者支援団体と協定を締結したり，あるいは2015年のILOの「ビジネスと障害グローバルネットワーク憲章」に署名するなど，障がいのある人たちの雇用促進に取り組んでいく決意を対外的に公表しており，それが着実な成果向上にも繋がっている。

上記とも関連するが，第3に外部組織との連携を重視している点である。特に障がい者支援団体との連携は，障がいのある人材の確保と定着に役立つ。

第4に障がい者雇用に役立つ知識や情報をグループ内はもちろん，グループ外へも積極的に発信したり，共有したりしている点である。特にグループ外への発信や共有において世界規模の活動を展開しているのがILOの「ビジネスと障害グローバルネットワーク」であり，カルフールはその中核メンバーである。

第5に紙幅の関係で詳しく紹介できなかったが，ダイバーシティ戦略の一環として障がいのある人たちの雇用促進を位置付けていることである。

7. おわりに

本章では，障がいのある人たちの雇用促進に向けた多国籍企業の新しい動きについて紹介してきた。多国籍企業は，その影響力の大きさ故に社会的批判にさらされることも多く，実際に環境破壊や強制労働，租税回避など多国籍企業の行動が社会的に悪影響を及ぼす事例も存在することは否定できない。しかし，一方で多国籍企業は知識や情報，ノウハウを国境を越えて移転させるための優れた装置でもあり，それが今後障がいのある人たちの雇用促進という世界的課題に対してどのように機能していくのかを注目していきたい。

安室憲一のワンポイントコメント

スティーブン・ピンカー著『暴力の人類史（上）（下）』（幾島幸子・塩原道緒訳，青土社，2015年）に詳細に記されているように，ごく最近まで人類は差別と虐待，暴力行為を平然と行ってきた。国家・集団・個人による暴力を理不尽で恥ずべき行為と考え，人権を尊重し，個人の権利を守ることが，今日を生きる我々の責務である。ところが残念なことに，今日でも文化や宗教，イデオロギー，身体的特徴（障

がい），国籍や性別，教育的指導や躾などを「理由」に差別や弾圧が繰り返されている。特に新興国や発展途上国では差別が多く残っている。多国籍企業は，国際的に活動するNPOや国連組織と協力して，差別の撤廃に協力しなければならない。その目標がフェミニズム（女性解放運動），LGBT（性的少数者），障がい者雇用などである。これらの多様な人々を包摂する活動が「ダイバーシティ・マネジメント」と総称される。障がい者を特別扱いするのではなく，彼・彼女らの立場や状況を十分理解した上で，互いの個性として親愛の情をもって受容する必要がある。残念なことに，このような国際的活動に参加する日本企業は少なく，日本の組織風土にはまだ差別を助長するような古い慣習が残っている。どのような「ものの考え方」「日本的経営の残滓」がダイバーシティ・マネジメントの障害になっているか考えてみよう。欧米企業から学ぶべきことは，まだたくさん残っているのだから。

● **参考文献**

Andersen, G. E.（1990）*The Three Worlds of Welfare Capitalism*, Cambridge; UK: Polity Press（岡沢憲芙・宮本太郎監訳（2001）『福祉資本主義の三つの世界』ミネルヴァ書房）．

Officer, A., & Posarac, A.（2011）*World Report on Disability 2011*, Geneva, CHE: World Health Organization（長瀬修監訳（2013）『世界障害報告書』明石書店）．

Thomas, R. R.（1991）*Beyond Race and Gender*, New York, USA: AMACOM．

Upegui, H., O'Riordan, E., & Duggan, M.（2014）*Disability Management*（https://www.researchgate.net/publication/269032940_Disability_Management_Trends_and_emerging_strategies：2018年7月1日最終アクセス）．

有村貞則（2007）『ダイバーシティ・マネジメントの研究—在米日系企業と在日米国企業の実態調査を通して—』文眞堂．

経済産業省編（2016）『ダイバーシティ経営戦略4—多様な人材の活躍が，企業の成長力に繋がる—』経済産業調査会．

竹前栄治・障害者政策研究会編（2002）『障害者政策の国際比較』明石書店．

谷口真美（2005）『ダイバシティ・マネジメント—多様性をいかす組織—』白桃書房．

第15章

グローバルタレントマネジメントと国際ビジネス

笠原　民子

キーワード▶ グローバルタレントマネジメント，タレント識別，タレントプール，グローバル統合，現地適応，企業戦略，地理的・文化的・制度的距離，後継者育成，経営理念の共有，YKK

1. はじめに

　本章の目的は，グローバル競争の高まりとともに，2000年以降産学において大きな関心を集めているグローバルタレントマネジメント（global talent management：GTM）について学ぶことにある。以下では，GTM研究が注目されるようになった背景，定義，対象，GTMの基本的視座及び基本理念について取り上げ，最後にYKKのケースを通じて経営理念内部化の重要性について学ぶ。

2. グローバルタレントマネジメント研究の背景，定義及びその対象

　GTMが注目されるようになった背景には，多国籍企業グループ全体のグローバル戦略を遂行する人材が不足しており，グローバルな競争優位を構築する上でそれら人材を育成，活用，保持することが多国籍企業にとって喫緊の課題となっている現状があることが指摘されている（Scullion, Collings & Caligiuri, 2010）。優秀な人材の獲得をめぐる多国籍企業の競争は国レベルから地域，グローバルレベルで行われるようになってきている。

GTMは，グローバルな規模で組織の戦略的な優先事項を達成する上で重要な役割を果たす優秀な人材を引き付け，選別し，開発し，維持することと定義されている（Scullion, Collings & Caligiuri, 2010: p.106）。ここで，優秀な人材の定義についてふれておきたい。どのような人材を優秀と捉えるかは，研究者がGTM研究の次の2つのアプローチのうちどちらに依拠するかによって異なる。1つは，組織のあらゆるレベルの従業員を対象とするインクルーシブアプローチ（inclusive approach）である。このアプローチで用いられるタレントマネジメントの方法は，異なるそれぞれの従業員グループが企業にもたらすことのできる価値をいかに最適に利用するかに関する評価に基づいている。もう1つは，多国籍企業の競争力に直接的に関わる優秀な人材（ハイポテンシャル人材，ハイパフォーマー）を対象とするエクスクルーシブアプローチ（exclusive approach）である。このアプローチの下では，企業の関心の多くは，トップタレント（Aプレーヤー）の能力開発や彼らに対する報酬，インセンティブの提供等に向けられる。それ以外の従業員，例えば，平均的な業績を収める人材（Bプレーヤー）に対してはAプレーヤーほど高い関心は寄せられず，期待される成果を収めることのできない人材（Cプレーヤー）については，他の場所での活躍が促される。ハイポテンシャルの意味は企業によって様々に定義されるが，企業文化や価値観をどれほど従業員が理解し，それらに適合しているかという観点から捉えられる傾向がある。

　これら2つのアプローチは矛盾するものではなく，実際の企業では双方のアプローチの組み合わせが活用されているとの指摘もある。Stahl, Björkman, Farndale, Morris, Paauwe Stiles & Wright（2012）は，多国籍企業18社へのインタビュー調査を通じて，特定のタレントプール（シニアエグゼクティブ，技術者，初期キャリアのハイポテンシャル人材）ごとに，多国籍企業が異なるキャリアパスや人材開発戦略を用いていることを指摘している。しかし，近年のGTM研究では，現在及び将来においてリーダーや重要なプロフェッショナルとして活躍することが期待されている優秀な人材を対象としたタレントプールのマネジメントに焦点が当てられている（Collings & Mellahi, 2009; Björkman, Ehrnrooth, Mäkelä, Smale &

Sumelius, 2013)。

3. グローバルタレントマネジメントの基本的視座

　GTM 研究の基本的な前提は，第1に，多国籍企業は，国籍にかかわらず優秀な人材を識別し，それら人材を重要なポジションで活用するということ（Mellahi & Collings, 2009; Björkman et al., 2013）である。つまり，本国籍人材だけではなく，現地国籍人材，第三国籍人材もタレントとして本社によって識別され，マネジメントされる。第2は，優秀な人材は，自らのキャリアやスキルを高めることを重視しているため，特定の国や地域に対してロイヤルティはほとんど持たず，文化的，制度的，地理的境界を越えてキャリアを構築する傾向にあるということである。第3は，シニアマネジメントの開発，後継者育成，将来リーダーとして活躍する可能性の高いハイポテンシャルな人材を対象とする GTM の諸活動は本社主導で管理されると考える点にある（Scullion & Starkey, 2000）。本社主導で GTM を行うことはいわゆるグローバル統合（標準化）の視点を意味する。しかし多国籍企業は様々な国で活動しているので，本社で開発された GTM プラクティス（識別・採用，教育訓練，業績評価，報酬，リテンション等）を海外子会社の立地している国の状況や文化をふまえてある程度現地に適応させる必要がある。グローバル統合と現地適応のバランスをどのように図るのかについては，次節で取り上げる。

4. グローバルタレントマネジメントの6つの原則

　GTM には次の6つの基本理念があることが指摘されている（Stahl et al., 2012）。以下彼らの研究に沿って見ていこう。図 15-1 はタレントマネジメントの重要な要素を GTM プラクティス（外側のリング）と基本理念（内側のリング）の2つに分けて図示したものである。以下説明する6つの基本理念は各 GTM プラクティスに等しく適用される。

(1) 戦略と GTM との整合性

　企業戦略のあり方は，どのような人材をその企業が必要としているのかを

図表 15-1 タレントマネジメントホイール

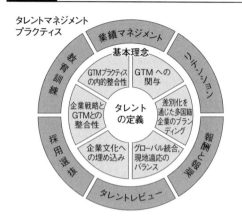

出所：Stahl et al. (2010) p.27 をもとに筆者作成。

考える重要な出発点となる。したがって，ビジネスの環境や戦略が変われば，GTMのあり方も必要に応じて変更する必要がある。これを外的整合性という。例えば，アメリカのデジタル事業会社であるゼネラル・エレクトリック（GE）の元CEO兼会長のジェフリー・イメルト氏は，2015年に，ハードウェア主体のテクノロジー・カンパニーからデジタル技術と産業機器の統合の活用を目指したデジタル・インダストリアル・カンパニーへと成長するという企業方針を打ち出した（熊谷，2016）。技術的リーダーシップを育むために，彼は，セッションC（現在はピープルレビューへと改称）と称される年1度，第1四半期末に各部署のリーダーが自身の組織と人材の可能性と現状とのギャップをレビューし，個人の育成や昇進，後継者育成等に反映する戦略的な人事評価プロセスの中で，技術的スキルを重要な開発要件の1つとして目標に設定した。あらゆるビジネスセグメントにおいてポテンシャルの高いエンジニア人材の評価等の見直しを行った。その結果，シニアエグゼクティブクラスにおいて技術志向のマネジャーが少ないことが分かり，セッションCのレビューの重点をエンジニアからシニアエグゼクティブ層に移しその強化に努めた。併せて，新たな企業方針の達成を目指して，GEはITスタートアップ企業をベンチマークし，ミレニアル世代を率いるため

のリーダーシップやチームワークを重視した研修プログラムを提供している。実際に，チームが直面している課題を研修の場で取り上げ，チームメンバーが自由に議論しあう機会を提供している（熊谷, 2016）。

(2) GTMプラクティスの内的整合性

内的整合性とは，GTMプラクティス間の適合性を意味する。すなわち，GTMプラクティスは単なるGTMプラクティスの寄せ集めではないと考える。例えば，ある企業がハイポテンシャル人材の開発と教育の投資を重視するのであれば，同時に従業員のリテンション（引き留め）や競争的な報酬，キャリアマネジメントの提供も考える必要がある。

ドイツの複合企業であるシーメンスのある部門は，毎年10名程の新卒生を採用し，彼らをlearning campusと呼ばれるその部門のトップの新卒者たちで形成されるネットワークグループに配属する。その後人材開発センターにて彼らの能力を評価する。そして，指名された人材はリーダーシップ資質の分析と業績評価やフィードバック等のレビュープロセスを経て，トップマネジャーによって行われているメンタリングプログラムのメンバーに加えられ，タレントとしての教育訓練を受ける。この事例から分かるように，GTMプラクティスは，相互補完的な関係を保ち，戦略的に活用することが重要となる。

(3) 企業文化への埋め込み

成功している多くの企業では，経営理念や企業文化を持続的な競争優位の源泉として捉えている。そのため，企業は自社のコアバリューやビジネスの原則を採用方法やリーダーシップ開発，業績評価システム，報酬等のGTMプラクティスに組み込む努力をしている。例えばスウェーデンの家具メーカであるイケア（IKEA）では，イケアの価値観や文化への適合を重視したツールを用いて候補者を選別している。そのツールでは，従来重視されてきた候補者の職務に関係するスキルや経験，学歴よりも，候補者がどのような価値観や信念を持っているのかを問う質問票が用いられている。また，ブリティッシュテレコミュニケーションズでは，企業文化の醸成を目的に，従業

員の業績評価を①個人の業績目標を達成した程度，②その業績を生み出すために従業員が取った企業文化を反映した行動，という2つの次元から行っている。また，企業のコアバリューや行動規範の実践を促進するための取り組みとして，教育訓練は，従業員のスキルや知識の向上だけではなく，企業文化の理解を醸成する上でも重要な役割を果たしている。近年では，対象者と(多くの場合は) 上司との1対1の関係を軸としたコーチングやメンタリングを通じて企業文化の醸成が行われている。

(4) グローバルタレントマネジメントへの関与

GTMの諸活動に関与する主体は，人事部だけではなく，CEOをはじめとするあらゆるレベルのマネジャーやタレント自身も含まれる。P&Gの前社長であるアラン・ラフリー氏はP&Gの将来を担う人材の教育訓練に彼の時間の3分の1から2分の1を費やしていたと言われている。シニアマネジャーは，職務の最優先事項の1つとして，優秀な人材の採用，後継者育成，リーダーシップ開発とリテンションというGTMのプロセスに積極的に関与する必要がある。また，ユニリーバは最高の人材のみを採用していると自負している。この自負は，①トップレベルのマネジャーは他の職務があったとしても，人材の面接を行うための時間を確保しなければならないこと，②ラインマネジャーはコーチやメンターとして優秀な人材に関わり，彼らがキャリア構築のために組織内を移動することを奨励するように働きかけることが求められていること，によって支えられている。また，GTMには，タレント自身が自らの成長機会を求めて，クロスファンクショナルプロジェクトへの参加機会や新たなポジションを探し求めていくという積極的な姿勢も重要となる。

(5) グローバル統合・現地適応のバランス

多国籍企業は本国で開発された人事戦略やマネジメントアプローチを維持しながら同時に現地のニーズにも適応する必要がある。一般的に，グローバル統合，現地適応のバランスをどのように図るのかは企業や産業によって様々である。例えば，企業レベルで見ると，オラクルは，高度に集権化し，

ほとんど現地適応を行わないというグローバル統合を重視したビジネスを展開している。一方でパナソニックは，現地の状況に適応し，各国海外子会社の自立性を許容するというビジネスを行っている。また，産業レベルで見ると，一般的に消費財産業は，現地の慣習に大きく影響を受けると考えられるので，製薬業やソフトウェア産業よりも現地の市場により適応する必要があると考えられている。Stahl et al. (2012) によると，彼らが調査したほとんどの企業では，リーダーシップコンピテンシープロファイルと標準化された業績評価ツールをベースとしたグローバルな業績評価基準が用いられているという。例えば，IBMでは基本的に全世界で共通の業績評価システムを使用しているため，海外子会社にはそれ以外の業績評価基準を活用するという選択の余地は与えられていない。しかし，業績評価以外のGTMプラクティスは現地適応の余地が与えられている。このように，グローバル統合，現地適応のバランスを同時に図ることが重要であるが，GTMの実施を複雑にしているのは，本社と海外子会社の間には，文化的，制度的，地理的距離が存在するため，本国で開発されたGTMプラクティスを海外子会社に移転すること，本社が距離のある海外子会社の人材を識別し，本社のタレントプールに組み入れマネジメントすることが難しいことである（Mellahi & Collings 2009; Björkman et al. 2013）。文化的距離とは，共有されている規範や価値の国ごとの違いの程度（Morosini, Shane & Singh, 1998），制度的距離とは，多国籍企業の本国及びホスト国の規制，認知，規範的制度の違いの程度（Scott, 1995）であり，地理的距離とは，国と国の間の物理的距離（km等）を指す（e.g. Harzing & Noorderhaver, 2006）。本社と海外子会社の間の「距離」が遠いほど，文化，制度的な違いが大きくなることが想定されるため，本社は海外子会社を取り巻く環境や現地ビジネスの現状を把握することが難しくなると考えられる。したがって，欧州，北米，アジア等の地域に地域統括本社を設置して，各地域に属する海外子会社のマネジメントを行う場合が多い。

（6）差別化を通じた多国籍企業のブランディング

　優秀な人材を引き付けるということは，現地の優秀な人材に対して企業を

売り込むマーケティングを行うことを意味する。例えば，インテルがベトナムに大規模な製造工場を作った際に，雇用主としてのインテルの現地での認知度を高めるために，トップレベルの人事マネジャーを本社のあるカリフォルニアからベトナムに派遣した。そして，現地のトップタレントを採用するために，インテルは現地の政府や大学を巻き込んでコンピュータリテラシーの教育を行った。このような取り組みはすぐに成果に結びつかないかもしれないが，多くの競合他社が毎年参入してくる国々で，インテルのブランドや存在感を根付かせる上で重要な役割を果たしている。また，インフォシスはグローバルなブランド活動と現地のコミュニティに溶け込む努力を通じて，知名度を上げる取り組みを行った。インドの農村地域で，インフォシスはコンピュータリテラシー等を学ぶためのコンピュータアウェアネスプログラムを現地の言語で，セカンダリースクールの学生に提供している。直接的に採用や企業のブランド構築には繋がらないが，このプログラムは，インドにおいて，ITリテラシーの教養を持ち，将来は優秀なソフトウェアエンジニアになるかもしれない人材を拡大する有効な戦略となっている。また，インフォシスのグローバルインターンシッププログラムでは，全世界のトップ大学の優秀な人材を3ヶ月間インフォシスのバンガロールキャンパスに招聘しており，インフォシスのブランド構築戦略の中核をなしている。

　以上，Stahl et al.（2012）によって示されたGTMの6つの原則について見てきた。彼らは，多国籍企業は各社の企業文化や戦略目標に合致した独自性のあるGTMの事例を紹介している。しかし，一方で多国籍企業のGTMは以下の要因から収斂化していくとの見解も示している。第1は，多国籍企業は世界のトップ大学を卒業した人材を対象に人材の獲得競争を行っていること。第2は，多国籍企業はGTMの内的一貫性を担保するために，グローバル統合の観点から，タレントの採用，教育訓練，マネジメントのアプローチをより標準化しようとする傾向にあること。第3は，GEのように成功している企業で活用されている手法は，コンサルティング・ファームやビジネス書によって宣伝されるため，その手法を多くの競合他社が模倣することである。GTMの収斂化が進むと指摘される中で，多国籍企業はどのように競合他社との差別化を図り，優秀な人材を引き付け，育成し，リテンションを

図っていけばいいのだろうか。その1つの方法として，企業文化や経営理念に基づくGTMの運用を取り上げることができる。

5. ケース―"This is YKK"の根幹をなす経営理念の内部化と人づくり―[1]

　YKK株式会社は，創業者吉田忠雄氏が1934年に東京都日本橋にファスナーの加工販売会社である「サンエス商会」を創業したことに端を発する。現在は，YKKの中核をなすファスニング事業，AP（architectural products＝建材）事業，それら両事業の一貫生産を支える工機（machinery & engineering）の3つの領域を手掛ける。1959年に初めてニュージーランドに海外グループ会社を設立し，現在は73ヶ国・地域で事業活動を展開し，グループ連結売上高7477億円（2017年度実績）を誇るグローバル企業である。従業員数は4万5618名（国内1万7826名，海外2万7792名）であり，海外従業員比率は60.9％に上る[2]。YKKでは，世界の事業領域を北中米，南米，EMEA（ヨーロッパ，中東，アフリカ），中国，アジア，日本の6つの地域に分けた世界6極体制を敷き，地域ごとの特色を活かしながら各社が主体となってグローバルビジネスを行っている。

（1）YKKの根幹をなす企業精神と経営理念，コアバリュー

　YKKの根幹は，創業者の行動規範であった「善の巡環」という企業精神（YKK精神）にある。善の巡環とは，創業者が自らの事業理念を一言で表すために創造した言葉で，その神髄は，「他人の利益を図らずして自らの繁栄はない」に要約される（YKK吉田忠雄生誕100年事業プロジェクト，2008，p.26）。具体的には，事業活動の中で発明や創意工夫をこらし，常に新しい価値を創造することによって事業の発展を図り，それがお得意様，取引先の繁栄に繋がり，最終的に社会貢献に繋がるという考え方である。この

---

[1] YKKのケーススタディは，2018年7月18日にYKK東京本社にて筆者が行ったYKK人事部長亀山秀夫氏，人事部ファスニング人事グループグループ長菅谷友子氏，経営企画室広報グループ石丸弘樹氏，洪湛恩氏へのインタビュー調査の内容，内部資料，「YKK吉田忠雄生誕100年事業プロジェクト（2008）」の内容に基づいて執筆している。

[2] 2018年3月31日時点YKKウェブサイト（https://www.ykk.co.jp/japanese/corporate/group/index.html：2018年9月18日最終アクセス）。

企業精神は，YKKグループの根幹であり，この考え方に共感できる人材をグループに迎えている。

　企業精神を今日の考え方に置き換えたものとして，2代目社長の吉田忠裕氏が1994年に策定した経営理念，「更なるCORPORATE VALUEを求めて」がある。経営理念は，事業を反映させるための基本的な考え方であり，経営の使命・方向・主張を表現している。商品，技術，経営の質を高めることで顧客，社会，社員に価値を提供するという思いが込められている。その根底にあるのが「公正」という価値基準である。YKKではグローバル展開が加速する中で海外従業員数が増加し，日本人だけではなく，多様なバックグラウンドを持つ社員の経営判断の基盤として「公正」を掲げている。企業精神や経営理念を社員が実践するための価値観や行動規範として，2007年に制定されたのがコアバリューである。当時の日本社員1万5500名が参画

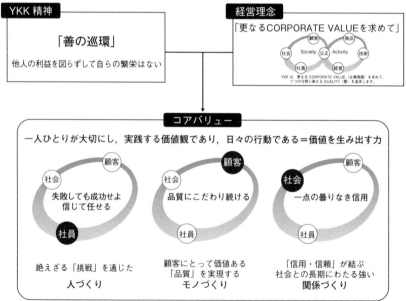

図表15-2　YKKの企業精神，経営理念，コアバリュー

出所：内部資料をもとに筆者作成。

して検討し，最終的に創業者の語録の中から3つのコアバリューを選定した（図表15-2）。

(2) 経営理念の内部化に向けた取り組み

2007年にYKKでは日本国内の社員を対象に満足度調査を実施した結果，社員の経営理念の理解度が十分でないことが明らかとなった。そこで，08年から経営理念を浸透させ，定着させる内部化の取り組みを開始した。具体的には，経営理念研究会のたちあげと経営理念浸透活動の2つの取り組みである。

この経営理念研究会とは，主に国内の社員が中心となってYKKグループの理念・思想の研究活動を行うものである。毎年4月から5月にかけ，YKK，YKKAP各社から事業，地域，部門をまたいで代表社員を選出，選定し，約1年かけて経営理念研究活動に携わってもらい翌年の3月に成果報告を行う。2012年から3年間，主に中国極，アジア極のリーダークラスの人材（各極数名）が日本国内の研究会（グローバル経営理念担当者会議と称される）に出張ベースで参加し，グローバル展開の現状や今後の方向性を学ぶとともに，日本のメンバーと経営理念を研鑽し，成果報告を行ってきた。

また，経営理念浸透活動とは，①グローバルな規模で展開される会長・社長と社員の対話を目的とした「車座集会」や「シンポジウム」の開催，②取締役・執行役員による「語らいの場」の開催を通じて，YKKグループの理念・思想の浸透を行うことを目的としている。経営理念の研鑽はグローバルレベル，地域レベルで「繰り返し」実施されている。これは，従業員が経営理念を体現できるようにすることを意図しているためである。また，2015年より社長自ら製造現場に赴き，現場社員との対話を通じて経営理念を内部化する取り組みも実施している。

①グローバルレベルでの経営理念の内部化の取り組み
・4万人フォーラムの開催

2008年に，創業社長生誕100年を機に，社員全員がYKK精神，経営理念，コアバリューの理解を深め，一体感を醸成することを目的に，第1回4万人フォーラムを全世界で同時開催した。これは，各国各社の会議室に

て全社員が経営理念等に関するDVDを鑑賞し，各々の感想や考えを語り合う場となった。第2回は，2014年から1年間にわたり各事業・地域ごとに経営理念の実践の推進を目的に開催された。ここでは，会長，社長のメッセージ動画を視聴し，理念実践ブック等を活用した対話集会が職場ごとに実施された。

・FTDP（fastening talent development program）の実施

　これは，2011年から開始した世界のファスニング事業に携わる社員を対象としたタレント開発プログラムである。新たなクラスは2年に1回スタートする。将来海外グループ会社や地域の幹部社員になることを期待されている人材が各極から数名人選され（全体で約15名），3年にわたり英語で行われるワークショップに参加する。FTDAは1回当たり4〜5日開催される。1年目は富山本社のある黒部市で開催し，2年目は海外，最終年は再び日本，東京で開催される。リーダーシップ，ビジネススキルの研修と共に，経営理念の研修も受ける。また，経営トップ自らが経営理念についてFTDPの参加者に対して講義を行う。このように経営理念の研修に力点がおかれているのは，経営理念は様々な経営判断の基盤となり，従業員が将来現地グループ会社の幹部社員になった際に，自らの言葉で経営理念を語り，教育していくことが，現地従業員に経営理念の実践を促すことに繋がると考えているためである。YKKでは，経営理念の体現は，グローバルリーダーの1つの要件となっている。

②地域レベルでの経営理念の内部化の取り組み

　YKK本社は経営理念の内部化を進めるための資料等の作成及び配布は行うが，各極でどのような取り組みを行うのかについては現地に任せている。しかし，2008年以降日本での経営理念内部化の取り組みが活性化する中で，各極統括本社のトップや，現地子会社のトップが意識を持って，善の巡環，経営理念等に関する教育を実施するようになった。また，会長，社長，執行役員が海外出張に行く際には，現地にて各極のリーダークラスの人材を対象に車座集会や語らいの場を開催し，経営理念の内部化に取り組んでいる。

・北中米極における25の基本行動指針の策定と内部化活動

　北中米極は，自発的にYKK精神，経営理念，コアバリューに基づいた

基本行動指針を策定した先進事例である。現地ローカルマネジメントの発案により具現化したもので，全社員に実施してほしい25の基本行動を名刺サイズの冊子として作成し，全社員に配布している。北中米極の社員に基本行動指針を体現してもらうべく，極の統括会社社長は，毎週月曜日に，25の行動指針を順に1つずつとりあげ，それにまつわるエピソードや解説を英語，スペイン語，フランス語で作成し，極内全事業所の社員に対して電子メールを送信している。そして，25週経つと最初の行動指針に戻る。このサイクルを繰り返しまわしている。極内の社員は行動指針に関する疑問等を直接極の統括会社社長に尋ねることもできる。さらに，社内のミーティングでは，会議の主催者が冒頭に必ずその週に取り上げられている行動指針を取り上げることをルールにしている。

6. ケースの解説

　本章では，国際ビジネスにおけるGTMのあり方について学んできた。成功している多くの多国籍企業では，経営理念や企業文化は，持続的な競争優位の源泉として捉えられており，タレントの識別，教育訓練，業績評価等様々なプラクティスの中で，経営理念との適合性や経営理念への埋め込み（経営理念の内部化）が実践されている。競合他社とGTMの差別化を図る上で，企業文化や経営理念の果たす役割は大きい。本章では，YKKの事例を取り上げ経営理念内部化の取り組みを紹介した。YKKでは，ビジネスのグローバル化の進展と共に，年々海外従業員数が増加する中で，どのようにYKKらしさ，"This is YKK"の根幹を多様なバックグラウンドを持つ人材に伝え，YKKグループとしての一体感を醸成するかという経営理念の内部化に真剣に取り組んでいた。それは，YKK精神や経営理念，コアバリューは，YKKのビジネスの根幹をなすものであり，日々のビジネス活動における経営判断の拠り所となると考えられているからである。YKKの特筆すべき点は，経営理念の内部化の取り組みを様々な場所（グローバルレベル，地域レベル），様々な機会（全社員対象の取り組み，タレントマネジメントプログラム）で「繰り返し」行っていることにある。特に，北中米極では，極の統括会社社長自らが基本行動指針の解説を行い，それに対して事業や国を

越えて社員が直接極の統括会社社長に質問することができるという先進的な事例である。一社員が極の統括会社社長と直接コミュニケーションを図る機会があることは，経営理念の体現に向け社員に対して大きな動機付けとなると考えられる。多くの企業が経営理念を掲げているが，国内外の従業員にどれほど内部化（体現）されているかは未知数である。従業員やタレント候補者に経営理念を体現してもらうことは，YKKの持続的競争優位を高めることに繋がっている。だからこそYKKは，地道に内部化活動を行っているのである。

7. おわりに

本章では，GTMの概念，基本的視座，6つの原則について学んできた。GTMのあり方は，ビジネス書やコンサルティング・ファームなどを通じて普及していくため，将来的に収斂化が進んでいくという指摘がなされていた。そこで本章では，各MNCが差別化を図り，優秀な人材の獲得，マネジメント，リテンションを図る方法として，経営理念の内部化の重要性に着目し，YKKの事例を通じて継続的な経営理念内部化の取り組みが重要であることを学んだ。

安室憲一のワンポイントコメント

ファッション産業や縫製加工業はどの国にも存在し，ボタンやファスナーは衣料品にとって必需品である。ファスナーの機能は普遍的でも，その形状やデザインはファッション製品や用途によって多様である。各国のファッション企業の求めるデザインや仕様に合わせる必要から（B to Bのマーケティング），各国子会社の経営に「遠心力」が働き，親会社から離れていく。つまり，各国子会社が自律したマルチ・ドメスティック型の多国籍企業になってしまう。こうなると，企業としての「アイデンティティ」が薄れてしまう。企業のアイディティティを確保するためには，日本人派遣社員を大量に起用しなければならない。しかし，「派遣人事」には限界がある。海外派遣できる人的資源に限界があるし，「経営現地化」の目標に対し二律背反である。そのため，現地人材の登用を推進するが，問題は彼らの「アイデンティティ」である。YKKの「経営理念」とは異なる「儲かりさえすればいい」というMBA式経営では困る。だからこそ，現地の経営スタッフに経営を委ねる条件として，YKKは外国籍人材の日本本社での教育・研修に力を入れ，慎重に計画さ

れた「経営理念教育」に精力を費やすのである。第6章で詳述したように，グローバル・タレントマネジメントは，「公平な」評価制度（制度的統合）と経営理念教育（規範的統合）が両輪となって前進するのである。

● 参考文献

Björkman, I., Ehrnrooth, M., Mäkelä, K., Smale, A., & Sumelius, J.（2013）"Talent or Not? Employee Reactions to Talent identification", *Human Resource Management*, Vol.52（2）, pp.195-214.

Collings, D. G., & Mellahi, K.（2009）"Strategic Talent Management: A review and Research Agenda", *Human Resource Management Review*, Vol.19（4）, pp.304-313.

Harzing, A. W., & Noorderhaven, N.（2006）"Geographical Distance and the Role and Management of Subsidiaries: The Case of Subsidiaries Down-Under", *Asia Pacific Journal of Management*, Vol.23（2）, pp.167-185.

Mellahi, K., & Collings, D. G.（2009）"The Barriers to Effective Global Talent Management: The Example of Corporate Élites in MNEs", *Journal of World Business*, Vol.45（2）, pp.143-149.

Morosini, P., Shane, S. & Singh, H.（1998）. "Cultural Distances and Cross-Border Acquisition Performance", *Journal of International Business Studies*, Vol.29（1）, pp.137-158.

Scott, W. R.（1995）. *Institutions and Organizations*, Thousand Oaks, USA: Sage Publications

Scullion, H, Collings, D. G., & Caligiuri, P.（2010）"Global Talent Management", *Journal of World Business*, Vol.45（2）, pp.105-196.

Scullion, H., & Starkey, K.（2000）"In Search of the Changing Role of the Corporate HR Function in the International Firm", *International Journal of Human Resource Management*, Vol.11（6）, pp.1061-1081.

Stahl, G. K., Björkman, I., Farndale, E., Morris, S., Paauwe, J., Stiles, P., & Wright, P.M.（2012）"Six Principles of Effective Global Talent Management", *Sloan Management Review*, Vol. 53（2）, pp.25-32.

笠原民子（2014）『日本企業のグローバル人的資源管理』白桃書房。

熊谷昭彦（2016）『GE 変化の経営』ダイヤモンド社。

YKK吉田忠雄生誕100年事業プロジェクト編著（2008）『YKK創業者吉田忠雄とその経営哲学「善の巡環」を語る』千広企画。

第16章

eビジネスと国際ビジネス

伊田　昌弘

eコマースとeビジネス，内部化理論，国際化プロセス論，ICTスタートアップ，ボーン・グローバル，国際ガゼル企業，アマゾン，AWS，ビッグデータとAI，売上高のシンギュラリティ，安室・伊田の企業領域

1. はじめに

　1995年，アマゾン・ドット・コムは，アメリカでジェフ・ベゾスによって，リアル店舗を持たないサイバー空間において設立された。95年と言えば，マイクロソフトがWindows95を発売した年であり，以後，インターネットが爆発的に発展する契機となった年，いわば「インターネット元年」である。アマゾンは，誕生した時点で，まだそのビジネスがどうなるか分からないにもかかわらず，「地球最大の本屋」(Earth's biggest bookstore) と銘打って創業された。その後，DVD，PCソフトウェア，ゲーム，エレクトロニクス，文房具・オフィス関連用品，ホーム & キッチン，おもちゃ & ホビー，スポーツ，ヘルス & ビューティー，コスメ，時計，ベビー & マタニティ，アパレル & シューズ，ジュエリー，食品 & 飲料など，様々な商品を取り扱う「総合オンラインストア」として発展してきている[1]。2015年には時価総額で世界最大の小売企業であるウォルマートを上回り，18年の時点で世界15ヶ国に販売サイト拠点を持ち，世界180ヶ国以上の顧客を

1　アマゾンのウェブサイトによる (https://www.amazon.co.jp/：2018年8月28日最終アクセス)。

持つグローバル企業となっている。

　本章では，これまでアマゾンが引き起こしてきた小売業での革命的な側面だけでなく，データ企業，テクノロジー企業として，グローバルな全面展開を志向していることを指摘する。また，理論的な問題も取り扱う。長年にわたり，国際ビジネスにおいて主流と見なされてきた「国際化プロセス論」と「内部化理論」の再検討，及びこれに代わる新たな理論構築の試みを行う。

2.「e コマース」と「e ビジネス」

　最初に，「e コマース」と「e ビジネス」の違いについて説明したい。「e コマース」とは，インターネットなどのネットワークを利用して，契約や決済などを行う取引のことである。また，「e ビジネス」とは，企業活動におけるあらゆる情報交換・蓄積手段を電子化し，経営効率を向上させること，また，その結果もたらされる新たな付加価値の創造，電子化された企業活動の全てを言う。よって，「e コマース」よりも「e ビジネス」の方がより広い概念（進んだ段階）と言えることを押さえておきたい。

　アマゾンの場合，「e コマース」として出発し，今や「e ビジネス」の最先端を走る企業になっているのが特徴である。

3. 理論

(1) 市場の理論

　まず，市場の理論について，簡単に説明する。**図表 16-1** を参照されたい。縦軸に価格，横軸に数量をとると，供給（supply）サイドは，価格が上昇すれば供給を増やす（生産を増強する）ので右上がりの形状を持つ。逆に，需要（demand）サイドは，価格上昇につれて需要を減らす（買い控えをする）ので右下がりの形状を持つ。今，価格（price）が高いところ（p1）にあれば，供給に比して需要が少ない（q1s-q1d）ので，超過供給（売れ残り）の状態になり，在庫一掃処分などによって価格が下落することで，均衡点（E）に達する。逆に価格が低いところ（p2）にあれば，超過需要（品薄状態：q2d-q2s）となり，価格が上昇することで，均衡点（E）に達する。これが

図表 16-1 市場メカニズム

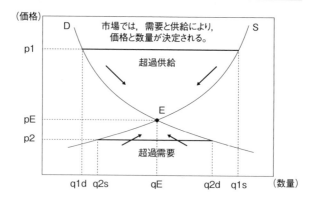

よく知られている「市場原理」である。

しかし、問題はこのような市場が機能するためには、いくつかの条件があるということだ。まず、市場参加者が市場についての価格や数量などの情報を完全に知っており、供給サイドの企業は完全競争下になければならない。そうして、均衡点（E）で落ち着くとはいえ、たえず不均衡状態が発生するリスクを抱えることである。消費者は高いモノを買わされるリスクを抱え、企業は新商品の登場（及び新たな参入者の登場）による市場の攪乱を恐れることになる。「市場原理」が想定しているような世界、誰でもが予見可能で可視化できる市場などは、現実には存在しないという認識が国際ビジネスの出発点であった。こうして誕生してきたのが「内部化理論」である。

（2）内部化理論

何故、企業が国際化するのか、これを説明する伝統的な国際ビジネス論の主流派理論として長く君臨してきたのが、内部化理論[2]である。内部化理論の命題は以下の通りである。

命題：「企業が国際化するのは、外部の市場よりも企業内部の組織を使う方が、取引コストが低く、より安全だからである」。

---
2 内部化理論の詳細については、長谷川（1998）、藤沢（2000）を参照。

要するに，「市場の不信」から「内部化」が発生し，企業の国際化が発生してきたと考えるのである。しかし，国際化した後も企業は存続し得る。技術やノウハウの「消散リスク」を防ぎつつ，垂直統合型の国際的な組織が形成され，当該企業は，独自の「独占的な優位性」を伴って，不完全な市場を克服しようとする。そのために，自社開発を好み，「バリューチェーン」の上流から下流までを垂直的に支配する巨大企業が長年，国際ビジネスの主流として想定されてきた。事実，20世紀後半の歴史は概ね内部化理論で現実をよく説明できてきたといってよいであろう。そして，今日でも，ある程度の説明力を持っていると考えられる。しかし，本章では，その領域が次第に小さくなってきていることを説明していきたい。

(3) 国際化プロセス論

内部化理論と並ぶ有名な理論は「国際化プロセス論」である。従来，「企業の国際化」は，企業がゆっくり成長して次第に国際化するという前提に立っていた。北欧学派の「国際化プロセス論」＝ステージ理論，または「ウプサラモデル」と呼ばれるのが，代表的な理論[3]である。

企業の国際化には一連のプロセスがあり，海外の市場に関する客観情報や学習による経験知識を集積しながら，漸進的にゆっくり進むものと想定されてきた。実際，スウェーデン，デンマーク，ノルウェーをはじめとした人口の少ない小さな北欧の国々では，さしあたり，文化や言語の似ている「精神的近さ」の隣国から順に市場を広げていき，次第に「距離」や「文化」の遠い国々へと国際化を進めて行ったことを前提に，それを「国際化プロセス」と考えた訳である。

命題：「企業は国際化に当たって，学習し情報を集め，距離や文化の近い国から遠い国へと，ゆっくりと漸進的に進むプロセスが存在する」。

だが，インターネットの時代はそうとは限らない。インターネットは国境を越える性格を最初から有しており，たとえ，存在する顧客が少なくとも，点在する各国消費者向けにサービスを，いきなり提供することができる。リ

---

3 代表的な論者としてJohanson & Vahlne（1977）を参照。

アル店舗を持たないが故に，初期投資やランニングコストが少なく，いきなり海外の顧客を相手に小ロットのビジネスであっても生きていける企業の「領域」が誕生したのである。

(4)「ボーン・グローバル」，「ICTスタートアップ」，そして「国際ガゼル企業」

　国際ビジネスにおいて，長年，「内部化理論」と「国際化プロセス論」は主流派の理論としての地位を占めてきた。しかし，近年，「ボーン・グローバル」，「ICTスタートアップ」，そして「国際ガゼル企業」といった企業概念が勃興し，次第に理論化されることで，これまで王者の理論であった「内部化理論」と「国際化プロセス論」に対して，チャレンジが行われている。

　Cavusgil & Knight（2009）によれば，「ボーン・グローバル」は，その名の通り，企業の誕生時点からグローバル化を志向して起業された企業群であり，創業後，早期の国際化を達成するベンチャー企業群である。また，中村（2013）によれば，従来からの「国際化プロセス」を経ないで，いきなり国際化する「蛙飛び！」の企業である[4]。

　「ICTスタートアップ」とは，ICT（情報コミュニケーション技術）を用いて，創業後，高い企業成長を示す「ハイテク・スタートアップ」の中の企業群である。そして「国際ガゼル企業」とは，アフリカのサバンナや砂漠地帯で抜群の運動性能を持つ哺乳類である「ガゼル」にちなんで命名されたものであり，高い成長率を誇り，関連産業も含み新規雇用を大きく生み出す企業である。全産業において存在する少数のガゼル企業群の中で，特に国際化する企業である（伊田，2014）。

　これらの企業概念を重ね合わせると，創業後，早期に国際化し，しかもICTが得意であり，巨大化する，という企業が析出できる[5]。以下，アマゾンがこの複合タイプの企業であることを見ていこう。

4 　もっとも，Cavusgil & Knight（2009）や中村（2013）など多くのボーン・グローバル研究では，早期に国際化する企業としてベンチャー，中小企業に焦点が当たっており，本章で扱う巨大化する企業については，これまであまり議論はされてこなかった。

5 　このタイプにGAFA（Google, Apple, Facebook, Amazon）が属する。

4. ケース―アマゾンの「総合オンラインストア」への歩み―

　アマゾンは，1995年にジェフ・ベゾスが自宅ガレージで「地球最大の本屋」として設立し，社員僅か4人のオンライン書店からスタートした。Stone（2013）によれば，創業後1ヶ月以内に，全米50州，世界45ヶ国からの注文に応じ，創業5年で，顧客アカウントは18万件から1700万件に急増し，売上は51万ドルから160億ドル以上に急拡大した，という。また，創業後僅か7年で，イギリス・ドイツ（98年），フランス・日本（2000年），カナダ（02年）に次々と海外サイトを構築し，現地法人を設立している。

　こうしてみると，アマゾンは，創業後，早期の国際化を実現した「ボーン・グローバル」企業であり，「国際プロセス論」が想定していた段階を踏まない「蛙飛び」の企業だと分かる。

　また，書籍以外に，取り扱う商品をDVDやCD，玩具，ゲーム，家具，宝飾品など次々と増やしていき，「総合オンラインストア」として多角化してきた。

　このプロセスの中で明らかになってきたのが「ロングテール」である。すなわち，売り場面積が限られている通常の店舗では置くことができないようレアな「死に筋」商品がネットでは販売できる。通常，リアル店舗の全売上高で2割以下のものがネットでは4割程度も売れるということが知られている[6]。

　次に，アマゾンの創業以来の売上高と営業利益率を見てみよう（**図表 16-2**）。一見して分かることは，売上高が急上昇していることである。創業以来の経過年数と売上高について，累乗近似線を求めてみると，決定係数は$R^2 = 0.976$という当てはまりの良さを示している。

　ところで，営業利益率を見ると，2001年までマイナスを計上しており，創業後7年目にして初めて黒字になったことが分かる。そして，02年以降も営業利益率は僅か数％程度となっている。このことは，アマゾンが，一貫して売上高を大きく伸ばすこと，成長することが中心的課題であり，営業利益よりも旺盛な投資をもっぱら重視してきたことを窺わせる。

　事実，アマゾンは，大きな投資をすることで，それまでのビジネスのやり

6　Anderson（2006）及び伊田（2012）を参照。

図表 16-2 アマゾンの売上高と営業利益率の推移

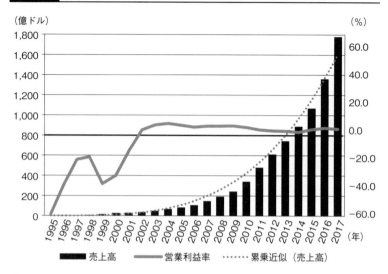

注：$Y=170.06X^{3.654}$, $R^2=0.976$。
出所：米国証券取引委員会（SEC）データより筆者作成。

方を一変させてしまうほどの新機軸を「eビジネス」の領域から次々と打ち出してきた。最初に消費者がユーザー登録をすれば次回から一度で注文できる「ワン・クリック」，消費者が購入を決定する際に参考にする「カスタマーレビュー」，過去の購買履歴からアマゾンが提案してくる「レコメンデーション機能」など，今日ネットショッピングでは当たり前になっていることは，全てアマゾンが最初に手掛けてきたものである。これらは，膨大なデータ処理やAI機能などを基礎に持つビジネスメソッドであり，圧倒的な売上高の上昇と世界的ブランド形成の背景と考えられる。以下，アマゾンの沿革をみてみよう。

上述したように，アマゾンは，創業以来，次々と新規性を伴った多角化を行ってきている。上述以外に，企業・個人問わず第三者に対して市場を開放する「eマーケットプレイス」の開設（2000年），他企業に自社のシステムを供与するAmazon Web Services：AWS（02年），優良顧客向けに配達料無料の会員サービスAmazon Prime（05年），クラウドサービスであるIaaS

の提供（06年），電子書籍リーダー機のKindle発売（07年），アマゾン商品の紹介リンクから販売に結びついた場合のアフィリエイト（アソシエイト）の実現（08年），動画サービスの開始（11年），スマホやタブレットに応用できるFire OSの開発（11年），ロボット企業Kivaの買収（12年），Twitter社との提携（14年），最初のリアル店舗書店の開設（15年），リアル店舗スーパーWhole Foodsの買収（17年），カメラとセンサーを利用したキャッシュレス・ストアAmazon Go（18年）など，多数にのぼっている。

5. ケースの解説

　もし，あなたがアマゾンを「eコマースの会社」だと思っているなら，その認識は改めた方がよいかもしれない。ここでは，「売上高」と「AWS」の2つに絞って，深く掘り下げる。

（1）売上高のシンギュラリティ

　先にみたように，創業以来，アマゾンは驚異的な売上高推移を示している。これを非線形の累乗近似式で求めると，$Y = 170.06 X^{3.654}$ であった。決定係数は $R^2 = 0.976$ で，当てはまりも非常に良い。ところで，Fortune Global 500 List 2018によると，企業の売上高ランキング世界一は，ウォルマートの5003億ドルであった。ウォルマートの売上高推移は，この数年4％前後の成長率であり，アマゾンの成長率には遠く及ばない。このままのペースで両社がビジネスを続けた場合，アマゾンがウォルマートを売上高で超える年は，以下の不等式から予想できる。すなわち，

$5000 億ドル < 170.06 X^{3.654}$

からXを求めてやればよい。X＝32：すなわち創業32年目（2026年）に5379億ドル，X＝35：すなわち創業35年目（29年）には7463億ドルとなる。つまり，26～29年頃の近い将来に，アマゾンはウォルマートを抜くという結論となる。

　ところで，企業の売上高はどこまで大きくなることが可能なのであろうか，限界はないのだろうか。歴史的に考えて，インフレを考慮せず現在

(2018年時点)の実質で，5000億ドル程度の売上高が限界と考えてよいだろう。事実，過去世界一に君臨していたGMもエクソンモービルも5000億ドル程度が限界であった。ちなみに，IMF統計によれば，5000億ドル超というのは，GDPで言うと，世界25位のベルギー（4947億ドル），26位のタイ（4554億ドル）を超える規模である。世界の企業の売上高合計が，世界の国家のGDP合計を超えることはあり得ない。必ず，企業の売上高には限界がある。アマゾンが5000億ドル規模の企業に成長した時，アマゾンは「EC小売業」のままであろうか，売上高のシンギュラリティ（特異点）[7]は近いのではないか。ここで企業の変容が問題となる。アマゾンのような，累乗式で売上高推移が説明できる企業は，ある時点で加速的に売上高を伸ばすため，シンギュラリティが発生すると考えられるのである。

(2) AWS（Amazon Web Services）

ネット企業であるアマゾンは，2002〜06年にかけて，他の企業に先駆けて，いち早くクラウドの分野に進出している。クラウドとは，自社がハードやソフトを保有・管理する必要がないコンピューティングのことである。アマゾンは，ネットワーク技術の進化を利用しつつ，販売や宣伝などの「eコマース」で培ってきた自らのノウハウを活かし，ハードやソフトを分離，切り売りし，それを提供できるプロバイダー（ベンダー）企業としての体制を築いてきている。AWSは，ストレージ，ネットワーキング，データベースはもちろん，データ分析，アプリケーション，モバイル適用，IoT，AI（人工知能），セキュリティ，ハイブリッドなど，多岐に渡っている。

このことは，掘り下げて考えると，以下のようなことになる。従来，多くの大企業は，ハードやソフト資源を自社で全て保有・開発するという「オンプレミス」が主流であった。しかし，今やそれに代わって，自社にとっての「アウトソーシング」とも言うべきクラウドを積極的に利用することが，費

---

7 シンギュラリティとは，もともとは数学や物理学において用いられてきた用語であるが，Kuurzweil（2006）によると「人工知能（AI）が人類の知能を越える特異点」として用いられている。本章では，売上高がある時点で急加速して5000億ドルを超えると，業態そのものが変容を起こすポイント（特異点）として捉えている。

図表 16-3 クラウドの世界シェア（2018 年）

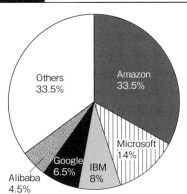

出所：Synergy Research Group（2018a, b, c, d）のプレスリリースより筆者推計。

用や時間の面から有利になり，AWS の顧客となっている[8]。加えて，中小企業であってもこうした外部資源を安価に利用可能となったことも特筆に値する。今や，「内部化」するよりも必要に応じて「アウトソース」することがビジネスの主流となってきたのである。

図表 16-3 にクラウドの世界シェア（2018）を示した。アマゾンは，産業分類上で「小売業」と目されてきた企業であるが，第 2 位以下のマイクロソフト，IBM，グーグルといった世界的によく知られた ICT 企業群の中で，圧倒的に世界一の座に君臨している。

アマゾンのプレスリリース（2018 年 7 月 26 日）[9] を見ると，さらに興味深いことが分かる。18 年の 1～6 月期，アマゾンの売上高（1039 億ドル）に占める AWS（115 億ドル）の割合は僅か 11％にすぎないが，営業利益で見ると AWS は実に 62％を占めている。つまり，アマゾンの収益構造は，「e コマース」事業から「クラウド（AWS）」事業に大きく変わってきていることが確認できるのである[10]。

---

8 ちなみに，日本における AWS での利用企業は，ANA，NTT ドコモ，朝日新聞，キヤノン，東急ハンズ，スシローなど，かつては自社で「オンプレミス」を運用していた企業となっている（https://aws.amazon.com/jp/solutions/case-studies-jp/：2018 年 8 月 30 日最終アクセス）。
9 https://press.aboutamazon.com/news-releases/news-release-details/amazoncom-announces-scond-quarter-sales-39-529-billion（2019 年 2 月 25 日最終アクセス）。
10 加えて，アメリカの Strategy& 社によると，研究開発（R & D）に多額の費用を投入した世界の上

6. おわりに

　アマゾンは，「地球最大の本屋」から出発し，「総合オンラインストア」（EC企業）へと発展してきた。しかし，上述してきたように，現在はAWSといったクラウドコンピューティングを通して「グローバル・テクノロジー企業」といった存在になっている。このことは，アマゾンの未来，シンギュラリティ問題を考える上で，大きなヒントを我々に与えている。

　田中（2017）によると，アマゾンは，「もはや小売りではなく，ビッグデータ企業」であるという。膨大な購買データは顧客1人ひとりのセグメンテーションに活用され，購買履歴から抽出されるレコメンデーション機能を発展させ，AIによる最適価格を導いてきた。そしてまた，こうして得たシステムそれ自体もAWSとしてビジネス化し，他企業（及び個人）に提供しているのである。もはや内部化理論は，全く古くなってしまったように思われる。

　ところで，売上高が急速に伸び，シンギュラリティの段階に達すると，従来の国際ビジネスにおける理論は見直されなければならない。安室（2012）は，内部化理論の有効な領域が小さくなってきているという認識の下，以下のような定式化を行っている。

　具体的には，①市場を使った場合の「取引費用」と内部化の場合の「組織維持費（一般管理費）＋垂直統合による超過利潤」の大小比較，②「市場の不確実性」と「組織の有効性」の程度によって，「内部化」の領域が狭くなってきていることを明らかにしようとしている。

　図表16-4[11]を参照していただきたい。企業の内部組織を維持する費用は，市場が不確実であると企業が見なすほど，逓増的に大きくなる。一方で，組織有効性は，ある程度までは組織の費用曲線を上回るが，やがて，逆転して肥大化した組織は無駄や不効率が大きくなるために次第に有効ではなくなる。したがって，組織の有効曲線が費用曲線を上回る領域が内部化理論の想

　　場企業トップ1000社の中で第1位がアマゾンの161億ドル（約1兆8000億円）であると発表されている。これは，トヨタの91億ドルを遙かに凌駕しており，ソフトウェア・インターネット企業が第1位になるのは2005年の調査開始後初，と報じられている（『産経新聞』2017年10月25日）。

11　安室（2012）をベースに筆者がアレンジしたものである。初出は，伊田昌弘（2014）「ボーン・グローバルと国際ガゼル企業の位置づけ―巨大化するICTスタートアップを巡って―」国際ビジネス研究学会第37回関西部会研究報告である。

第 16 章　e ビジネスと国際ビジネス

図表 16-4 安室・伊田の企業領域仮説

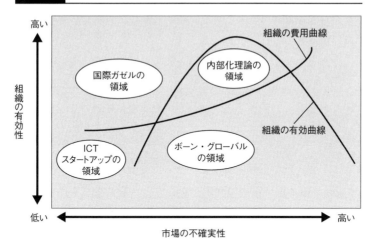

定する企業の「生存領域」となる。これは，「市場の不完全性」から発生した多国籍企業は，市場を信頼せず，自社組織を信頼したが故に，ある時は市場を捻じ曲げ，またある時は組織による大きな混乱を引き起こして，それまでの「超過利潤」が吹き飛んでしまうくらいの失敗を積み重ねてきたという認識が，安室（2012）の底流に流れているからに他ならない。

　ところで，「市場原理」を使いながら発生してきたボーン・グローバル企業は，早期の国際化のために，不効率と考える自社組織の肥大化をあまり好まない。先発の巨大多国籍企業に比して，「ヒト・カネ・モノ・情報」といった経営資源の乏しいベンチャー企業は，時間のかかる大きな組織よりもスピードの早い「身軽な組織」を選好し，多くの国際的な連携先企業を短時間に持つことによって「オンリーワン」の企業として立ち振る舞うことが可能である。したがって，組織の費用曲線及び有効曲線は，平均的な企業のそれよりもずっと低い位置にあると考えられる。

　また，「ICT スタートアップ企業」も同様である。早期のスタートアップを図るためには，「情報の共有」や「オープンフラットな連携」を行うことの方が，時間のかかる自社組織の拡大よりも有効と見なすことになる。自社で経理やマーケティングを全て行うよりも，必要に応じて「会計事務所」や

245

「広告会社」「ネット会社」という外部の専門企業に業務委託した方が良いということになる。図表 16-4 では，市場を信頼し，大きな組織を重要視しない左下方に位置する。

さらに，両者の交わりと考えられる「ICT・グローバル・スタートアップ」（=「ICT スタートアップ」+「ボーン・グローバル」）は，インターネットを駆使することで，創業時から複数の国の資源（原材料・ヒト・資金・時間など）を使うことが得意であり，企業外部に依存する市場の知識を得ているので，「新しい国際分業」の一翼を担うことになる。自らの得意なものに特化することで，全て自社開発にこだわるよりも積極的な「アウトソーシング」（外部資源の利用=市場の利用）を行うということでもある。つまりは「市場の復権」である。したがって，図表 16-4 では市場重視の左方に位置する。ただし，必要に応じて多国籍人材を雇用するので，組織は大きくなる（左上方にシフトする）ことがある。

ところで，「ICT・グローバル・スタートアップ」の一部，国際化する巨大企業群，つまり，本章で扱ったアマゾンのような「国際ガゼル企業」はどこに位置することになるのであろうか。アマゾンは売上高を急速に大きくし，利益を生むが利益率は極めて低い。しかも，AWS のように自社のノウハウを積極的に外部に公開して，それ自体もビジネスにしている。長期的にみれば，これは利潤率の低い市場を意図的に創出し，他社参入の危険要因をわざと消し去り，参入障壁を築くことになっているかもしれない。そう考えた場合は「新しい内部市場」の形成と考えられる。しかし，一方で市場を信頼し，「全ては顧客のための企業」というアマゾンの創業以来からの理念に照らすと，宇宙開発といった新ビジネスをはじめ，シンギュラリティが近づくにつれて，従来考えられなかった，全く新しいタイプの企業が誕生しつつあるのかもしれない。図表 16-4 では左上方に位置しているが，右方（従来型多国籍企業ゾーン）に移動する可能性も否定できない。どちらになるのか，もう少し時間が必要である

しかしながら，従来の国際ビジネス論はこうした企業を入れ込んだ新しい理論へと修正されなければならないことは確実である。

安室憲一のワンポイントコメント

　インターネットはビジネスや経済を根本から変えてしまった。ICTに基づく新しいビジネスモデルの活用によって，取引費用は劇的に低下した。そして，取引契約で騙される心配は，ユーザーの「評判」や「評価」で軽減された。ICTにより「取引の信頼性」が増したのである。つまり市場取引で騙されないように相手の信用を調査したり，弁護士を雇って契約書を厳密に作成したり（取引費用）する必要が少なくなり，取引を内部化して組織で代替する必要が減った。組織には維持費がかかるし，不正も発生する。外部市場を活用した方が第三者の目が行きとどき，不正が防止されコストも低くなり（サードパーティーの利用）費用節減の効果が期待できる。もう1つは，世界の市場が次第に類似してきたため，「違い」を表現することが難しくなったことが挙げられる。各国の違い，エスニックなものも，グローバルな世界では「ユニークな特徴」として歓迎される。ICT時代はオリジナリティーが尊重されるので，「ユニーク」さが売りになる。アマゾンは本という普遍的な商品（類似性）から出発し，次第に多様性（ユニークさ）を増やしてきた。ICTによる受発注管理のためサーバーに投資し，やがてそれがクラウドサービスに発展した。いまやアマゾンは世界最大のプラットフォーム企業である。マルチプラットフォームというビジネス形態が今日の「グローバル企業」の成功の方程式である。

● 参考文献

Anderson, C.（2006）*The Long Tail, Revised and Updated Edition: Why the Future of Business is Selling Less of More*, New York, USA: Hyperion（篠森ゆりこ訳（2014）『ロングテール（アップデート版）―「売れない商品」を宝の山に変える新戦略―』ハヤカワ新書）.

Cavusgil, T., & Knight, G.（2009）*Born Global Firms: A New International Enterprise*, New York, USA: Business Expert Press（中村久人監訳（2013）『ボーングローバル企業論―新タイプの国際中小・ベンチャー企業の出現―』八千代出版）.

Johanson, J., & Vahlne, J.（1977）"The Internationalization Process of the Firm: A Model of Knowledge Development and Increasing Foreign Market Commitments", *Journal of International Business Studies*, Vol. 8(1), pp.23-32.

Kuurzweil, R.（2006）*The Singularity is Near: When Humans Transcend Biology*, New York, USA: Penguin Books（小野木昭恵他訳（2010）『シンギュラリティは近い―人類が生命を超越するとき―』NHK出版）.

Stone, B.（2013）*The Everything Store: Jeff Bezos and the Age of Amazon*, New York, USA: Little Brown and Company.

Synergy Research Group（2018a）"Cloud Growth Rate Increased Again in Q1; Amazon Maintains Market Share Dominance"（https://www.srgresearch.com/articles/cloud-growth-rate-increased-again-q1-amazon-maintains-market-share-dominance：2019年2月28日最終アクセス）.

Synergy Research Group（2018b）"Cloud Revenues Continue to Grow by 50% as Top Four Providers Tighten Grip on Market"（https://www.srgresearch.com/articles/cloud-revenues-continue-grow-50-top-four-providers-tighten-grip-market：2019年2月28日最終アクセス）．

Synergy Research Group（2018c）"The Leading Cloud Providers Increase Their Market Share Again in the Third Quarter"（https://www.srgresearch.com/articles/leading-cloud-providers-increase-their-market-share-again-third-quarter：2019年2月28日最終アクセス）．

Synergy Research Group（2018d）"Fourth Quarter Growth in Cloud Services Tops off a Banner Year for Cloud Providers"（https://www.srgresearch.com/articles/fourth-quarter-growth-cloud-services-tops-banner-year-cloud-providers：2019年2月28日最終アクセス）．

Weigend, A.（2017）*Data for the People: How to Make Our Post-Privacy Economy Work for You*, New York, USA: Basic Books（土方奈美訳（2017）『アマゾノミクス―データ・サイエンティストはこう考える―』文藝春秋）．

伊田昌弘（2012）「ICT革命とグローバル・マーケティング―いわゆる『ロングテール問題』について―」藤澤武史編著『グローバル・マーケティング・イノベーション』同文舘出版，177-194頁．

伊田昌弘（2014）「『ICTスタートアップ』と『ボーン・グローバル』―国際ガゼル企業の新しい地平―」伊田昌弘監修，阪南大学経営情報学部編『経営と情報の進化と融合』税務経理協会，179-194頁．

伊田昌弘（2015a）「グローバルICT戦略」諸上茂登・藤澤武史・嶋正編著『国際ビジネスの新機軸―セミ・グローバリゼーションの現実の下で―』同文舘出版，147-167頁．

伊田昌弘（2015b）「ITマネジメント―新しいトレンド：『クラウド』と『ビッグデータ』」藤澤武史・伊田昌弘編著『新多国籍企業経営管理論』文眞堂，141-167頁．

齋藤和紀（2017）『シンギュラリティ・ビジネス―AI時代に勝ち残る企業と人の条件―』幻冬舎新書．

田中道昭（2017）『アマゾンが描く2022年の世界』PHPビジネス新書．

中村久人（2013）『ボーングローバル企業の経営理論―新しい国際的ベンチャー・中小企業の出現―』八千代出版．

長谷川信次（1998）『多国籍企業の内部化理論と戦略提携』同文舘出版．

藤沢武史（2000）『多国籍企業の市場参入行動』文眞堂．

安室憲一（2012）『多国籍企業と地域経済―埋め込みの力―』御茶の水書房．

第5部

国際ビジネスの未来

終章

2030年代のグローバル経営
―その光と影― [1]

安室　憲一

キーワード▶ インダストリー4.0，第4次産業革命，IoT（モノのインターネット），AI（人工知能），プラットフォーマー，GAFA，CPS，AIディスラプター，バリューチェーン，ブリコラージュ，シンギュラリティ

1. はじめに

　本章では，2030年頃のグローバルビジネスがどのような姿をしているか，どのような経営課題を抱えているかについて，現状分析を踏まえながら推論する。現在，ビジネス界では「インダストリー4.0」や「IoT」（インターネット・オブ・シングス）が話題の中心を占めるが，30年頃には既に完成の域に達し（井上，2016），差別化の切り札にはなりにくい。それでは30年代の本命は何なのか。それはAIの包括的利用である。AIは，Schwab（2016）の言う「第4次産業革命」の基本である。AIが全ての社会経済の様態を根底から変えてしまう。特にAIプラットフォームを提供するグローバル企業"GAFA"（Google, Apple, Facebook, Amazon）は，様々な産業の基本インフラとして機能する。個別の企業は，AIプラットフォームを上手く活用し，現実の社会生活に適応する。45年にはAIは人間の能力を越える「シンギュラリティ」を迎えると言われている（Bostrom, 2014; 井上，

---

[1] 本章は，『世界経済評論』（第62巻第3号）に掲載した筆者論文に基づいて加筆修正したものである。転載を許可してくださった一般財団法人国際貿易投資研究所専務理事の湯澤三郎氏に感謝を申し上げたい。

2016; 安室, 2017a, b）。これによって AI プラットフォーマーは AI の統御という難問を抱えるだろう。

2. AI 革命のインパクトと国際ビジネス

2019 年現在，「インダストリー 4.0」や「IoT」はモノづくりの観点から論じられている[2]。図表 終-1 に示すように，Porter（1985）のバリューチェーンでは「製造」は経営の「主活動」に位置付けられている。「インダストリー 4.0 + IoT」は「製造」を「購買物流」や「出荷物流」と統合し，「販売・マーケティング」や「サービス」に連結する重要な役割を果たす。見方によれば，「業務の自動化」（business process automation: BPA）の進化系と言える。しかし，21 世紀初頭の IT 技術と同様，早く導入した企業は「先行者利得」を得るが，その優位性は競争相手の模倣によって長続きしない。「インダストリー 4.0 + IoT」の革新効果は短期的であり，企業の持続的優位性

図表 終-1 Porter のバリューチェーン

出所：Porter（1985: 邦訳 1985）

---

2 「インダストリー 4.0」はドイツ発の用語である。2011 年のハノーバーメッセにおいて，グローバルなバリューチェーン構築が経済界にどのような変革をもたらすかを示すために作られた用語だと言われている（大野, 2016: p.19）。現実の生産システムをコンピュータ上に仮想的な生産システムとしてシミュレートし，現実と仮想がグローバルかつ臨機応変に相互協力する仕組みを作ることがその目的である。製造プロセスの各段階から精緻な情報を収集するためには，「モノのインターネット化」（IoT）が不可欠なので，「インダストリー 4.0」と「IoT」は一体のものとして扱われることが多い（大野, 2016; 井上, 2016）。また，これとほぼ同義語で「第 4 次産業革命」が使われるが，ニューロテクノロジーや遺伝子工学などを含むより広い概念として定義されている（Schwab, 2016; Franklin, 2017）。ここでは「インダストリー 4.0」と区別しておく。

の形成にはさほど貢献しないと考えられる。

そもそも「インダストリー4.0」という発想そのものがドイツ的である[3]。ベースになっているのは，シーメンスやボッシュ，自動車関連企業の生産技術である。国が音頭を取って推進するのもドイツ的である。ドイツが中心となって国際標準を制定し，それに基づいて全ての産業，大中小企業のバリューチェーンを一元化し，生産効率を最大にするという発想である。「インダストリー4.0」を国際標準のプラットフォームにして，ヨーロッパはおろか中国企業までネットワークに取り込む。この構想は「ドイツ1人勝ち」戦略と批判される恐れさえある（トッド，2015）。

次に，「インダストリー4.0」の欠点である，イノベーション対応能力の低さについて論じてみたい。**図表 終-2** は長サイクル型（long：L）と短サイクル型（short：S）の製品開発を想定し図式化したものである。ドイツの「インダストリー4.0」はL型，日本式の多頻度モデルチェンジはS型としてモデル化している。

L型は，5年のサイクルで生産システムをバージョンアップし，同時に新製品を発表する。また，L型は1つのバージョン期間中はシステムを固定化し，生産効率の最大化を目指す。バージョン期間中の研究開発（R＆D）成果，改善や新技術の知識は技術部門に蓄えられ，バージョンアップの時に盛り込まれる。したがって，バージョンアップの時点で生産技術の躍進と画期的な新製品が発表される。

他方，S型は，日本企業に多く見られるタイプである。改善や技術開発の成果をいち早く具体化するために頻繁にモデルチェンジをする。新製品によって市場の変化に即応することを経営の至上命題にしている。S型は，頻繁なモデルチェンジのため，同一モデルの長期生産による量産効果（L効果）が得られにくい。

3　かつて，ヒトラーの経済政策（第1次世界大戦からの復興）はドイツ自動車産業の振興を中心に計画された。アウトバーンの建設もこの一環だったと言われている（川瀬，2005）。こうした歴史を振り返ると「ドイツはまた自動車産業なのか」という印象が否めない。ドイツの中小企業は「官製インダストリー4.0」にうんざりしているだろう（藤本，2017）。プラットフォーム企業が一方的に有利になる条件では，部材を供給している関連企業の参加は進まない。多様性や美意識，デザインを重視するフランスやイタリア（ラテン系）は，ドイツ主導のプラットフォームに違和感を持ち，その意図をうさん臭く感じるに違いない（トッド，2015）。大企業だけでなく取引相手の中小企業にも等しくメリットがなければ，プラットフォームは機能しない。

終章　2030年代のグローバル経営

図表 終-2 長サイクル型（L）と短サイクル型（S）の製品開発

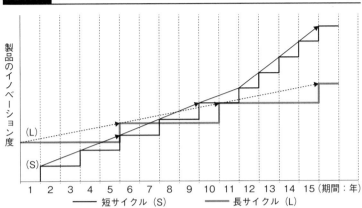

　図表 終-2 では1年目から7年目まではL型の量産効果が効いて、競争優位であることを示している。8年目からS型が製品イノベーションで優位に立つ。S型は10年目以降、開発サイクルをさらに短縮化し、イノベーションの速度を上げる。S型は、企業の内外で生まれる新技術やアイデアを素早く取り入れ製品化する「創造性」（クリエイティビティ）を発揮する。バリューチェーンの効率化、「生産性」（プロダクティビティ）向上よりも、製品の価値（バリュー）を高めようとする。L型は、5年間モデルチェンジができないので、顧客から見た商品価値は漸減する。L型では、クラウド内に構築された「仮想生産システム」が司令塔となって「現実の生産システム」をコントロールするので（CPS方式）、現場の判断でモデル改造や生産システムに手を加えることは許されない。その間にS型はテクノロジーの進化を貪欲に取り入れ、「破壊的イノベーター」に変身するチャンスをつかむ。
　つまりこの図表に示した例は、技術のパラダイム・チェンジが起きる時には、バリューチェーンの効率化（L型）に注力するよりも、製品のバリュー（S型）そのものを高める努力をする企業が勝ち残るという教訓なのである（Wade, Loucks, Macaulay & Noronha, 2016）。
　AI活用のビジネスチャンスは、むしろバリューチェーン以外の領域に潜んでいる。Porter（1985）は企業の価値創造を「主活動」と「支援活動」に区分している（前掲**図表 終-1**）。「主活動」は「インダストリー 4.0 ＋ IoT」

が得意とする領域である。この領域での優位性は模倣によって消滅しやすい。模倣可能性が少なく，コピーされにくい領域は「支援活動」にある。人事労務管理は AI を活用した「ナレッジマネジメント」や「人材クラウド管理」によって他社と差異化するだろう。AI を活用する技術の開発は新しいビジネスモデルを生む。「調達活動」は AI ディスラプターの M&A，業務提携，共同出資などを通じた「起用」，つまり，多数の AI ベンチャー企業による支援業務のサポート環境の形成による最適「組織内フローラ」（生態形）を実現するだろう。

確かに，「効率」や「生産性」で測定できる「主活動」は成果が見えやすい。そのため注目されやすいが，「効率」や「生産性」（インプット / アウトプット分析）の改善には限界がある。技術レベルが一定なら投入された努力に対する成果のリターンは収穫逓減の法則に従う。それに対して，「支援活動」は「クリエイティビティ」の領域である。理詰めの合理性（エンジニアリング）よりも，アイデアや閃き，デザインやアートが生きる分野である（Verganti, 2009; モゾタ・河内・岩谷・長沢, 2010; 東大 EMP・横山, 2014）。2030 年代は，アイデアやクリエイティブ・デザインを AI でどのように実現するかの競争になるだろう（Wade et al., 2016）。

3. ブリコラージュによる AI 活用のモデルケース

「ブリコラージュ」（bricolage）とは，試行錯誤で「小さな」イノベーションを積み重ね，それを束ねて「大飛躍」（ディスラプション）に繋げる開発手法である。ブリコラージュは「器用仕事」と翻訳される（Levi-Strauss, 1962: 邦訳 p.22）。面白いアイデアを考えついたら，取り敢えず身の周りにある材料や部品で試作する。試作品を使いながら改善点を見出し，逐次改良を加えながら次第に完成度を上げていく。完成したら改めて図面に清書する。それでもシステムの欠点は後からいくらでも見つかる。これは，ビジネスモデルを考案し，あれこれ工夫し，試行錯誤を続けながらスタートアップに漕ぎつける方法と原理的には同じである。手足を動かしながら「体を使って思考」する方法と言える（Brown, 2010）。

今まで製品開発には巨額の資本，マンパワーと高度な実験装置などが必要

だった。AI プラットフォーマーや EMS（製品の受託生産会社）の出現により，製品開発がスピーディーになり，誰でもできる「器用仕事」になった。次に，AI 利用の「ブリコラージュ」の一例を考えてみたい[4]。

　まず，スーパーマーケットの売り場を想定しよう。最近のスーパーは売り場面積が巨大になり，慣れていないとどこに目当ての商品があるのか分からない。店員に聞きたくても省人化が進み，誰もいない。高齢者や子供連れの主婦には買い物カートを押して商品を探し回るのは苦痛である。買い物が終わってもレジは長蛇の列，重い荷物を運ぶのは難儀である。そこで，提案したいのが AI スピーカー付きの買い物カートである。

　買い物カートを手に取ったら，最初に AI スピーカーの読み取り装置に会員カードをかざす（非会員は通常のレジを通る）。会員カードはスマートフォンにダウンロードしておくこともできる。認証されると，買い物が自動集計されて会員の銀行口座から引き落とされる準備が整う。顧客の購買データはクラウドに記録される。買い物客が AI スピーカーに向かって「今日は急いでいるの」と話しかけると，AI スピーカーが「分かりました。買い物リストを読み上げて下さい。最短の道順をお教えします」と答える。また，買い物客が「今日のお惣菜，何かおすすめはないの？」と質問すると，AI スピーカーが「今日は冷えますね。鍋物はいかがですか」と答える。客が「いいわねぇ」と答えると，AI スピーカーは「今日は茨城県産のアンコウが 2 割引きでお買い得です。いかがですか」と答えてくる。客が「そうするわ」と答えると，AI スピーカーは「それでは売り場にご案内します」と言ってナビゲーションを開始する。AI は，顧客の過去の購買データから気温が何

---

[4] 2018 年 1 月 22 日に，アマゾン・ドット・コムがシアトルに無人店舗のコンビニエンスストア「アマゾン・ゴー」を開業した。AI の技術を駆使し，レジを無くした。客は専用アプリをダウンロードしたスマートフォンを入り口の専用ゲートにかざして入店。欲しい商品を棚から取り出し，自分の買い物バッグなどに入れてそのまま外に出ると自動的に支払いが済む。店内ではそれぞれの客がどの商品を選んだかを天井に大量に設置されたカメラ（130 台）や棚のセンサーを通じて常時把握している。これは画像認識と機械学習の仕組みを駆使したものであるという（『日本経済新聞』2018 年 1 月 23 日，24 日）。私見では，この仕組みでは顧客と AI との会話はなく，客の購買動機や購買習慣についてのデータや洞察が得られず，自動販売機と大差がないと思う。ビジネスモデルとしては全く面白みがない。AI 活用の目的は，バリューチェーンや物販の合理化にあるのではなく，顧客（名前のある個々人）のビッグデータ収集であることを認識すべきである。このタイプの中国の実験店は，現在閉鎖されているという。これから述べる「AI スピーカー付き買物カート」のアイデアは，この無人店舗の欠点を補う目的で考案した。

度くらいの時に鍋料理を選択するか確率計算している。また，魚介類の価格がどの程度なら「鱈」ではなく「アンコウ」を選ぶかを，「顧客別購買決定アルゴリズム」で計算している。個別顧客の買い物習慣をデータ化（バスケット分析）しているので，この人がトンカツのような揚げ物を買った翌日は鍋物を好むことも的確に把握している。そこで AI は，タイミングよく「今日は冷えますからアンコウ鍋はいかがですか」とスマート（知的）営業をかけるわけである。質問すれば「アンコウ鍋」に必要な野菜を推奨し，売り場に案内する。商品はカートの買物バスケットに入れるだけで自動集計される。もちろん，買い物籠から出して元の棚に戻せば合計金額から差し引かれる。買い物が終わったら「請求金額」を確認して「OK」サインをタッチすれば，銀行口座から自動引き落としされる。買い物客はレジを通る必要はない。配送を希望する場合，特別会員になって低額の年会費を払っていれば，受付カウンターで指定した時間に，ドローンが自宅まで配送してくれる。もちろん AI スピーカーは多言語対応である[5]。

　このシステムは既存の技術を寄せ集め・組み合わせた「ブリコラージュ」である。AI スピーカーや AI プラットフォームは既に AWS（Amazon Web Services）やグーグルが提供している。AI の利用と言ってもスーパーの商品 3 万点と売り場レイアウトの案内程度なので，技術的には難しくはない（将来は店舗経営から本社の運営・管理まで全社対象に拡張するが，当座はこの程度から始める）。低価格の「カードリーダー付き AI スピーカー」や電動買い物カートは，仕様（スペック）さえ決まれば，中国の深圳地区で委託生産が可能であろう。電子タグは大手メーカーに相談すれば実用化できるが，完成まで時間がかかり電子タグが高価な場合は，取り敢えず 3 次元バーコードリーダーで代用する。この程度の製品開発なら大企業の手を借りるまでもなく，自宅のガレージでもできるだろう。

　この AI スピーカー付き買物カートを導入するスーパーマーケット側のメリットは非常に大きい。顧客の購買データが蓄積され，推薦商品のヒット確

---

[5] この AI 買い物カートは，国際仕様なので，買い物籠を大きくするだけで海外のスーパーでも使用できる。また，日本国内でも外国人が利用できるように多言語対応になっている。「ボーン・グローバル」デザインである。

率が高くなり，顧客満足度が向上する。その結果，ロイヤルカスタマー（固定客）が増え，店舗の経営が安定する。固定客は生涯にわたって購買記録を提供してくれる。長期にわたる購買データ蓄積は企業の貴重な経営資源になる。ビッグデータの解析により，地域や国による購買行動の違い，売れ筋商品の時系列変化などが明らかになる。

　第2の例として，日本のどこにでも見られる自動販売機のAI化について考えてみよう。2016年時点で，自販機及び自動サービス機械の台数は494万1400台（前年比1.2%減），そのうち飲料自販機が50%を占め247万4600台（前年比2.9%減）である（日本自動販売システム機械工業会調べ）。約500万台もある自販機を利用すれば，膨大な市場データが得られる。自販機にスマート営業をさせビッグデータを収集するビジネスモデルを考えてみよう。

　現在の自販機は頭脳のないスタンドアローンである。これに頭脳を与え全国の自販機をネットワークしたら何が起きるだろうか。まず，自販機のスマート営業を考えてみよう。自販機をAIプラットフォームに繋げ，カメラアイ，液晶画面，音声応答機能などを装備する。いわば歩けない物販ロボットである。カメラアイがこちらに歩いてくる顧客にターゲットを絞り，挨拶の声をかける。音声は「指向性制御」されているので，あるスポットにいる人にしか聞こえない。音声は他の人には届かないので，騒音や迷惑にはなりにくい。カメラアイは，ターゲット客の特徴である性別，年齢，感情の状態（喜怒哀楽），疲労度，服装，態度（歩き方や姿勢）その他をキャッチして数値化し，データをAIプラットフォームに送信する。AIプラットフォームは数値データから顧客好みの人物のタイプを予想し，その顔のポートレートを自販機のモニターに映し出す。このモニターの人物が見込み客に音声で話しかける。例えば，好みのタイプの女性がモニターから，「お疲れ様。今晩は寒いわねぇ。薫り高いホットコーヒーはいかが？」と声をかける。居酒屋帰りの上機嫌な中年サラリーマンには，「明日にアルコールが残らないように，ウコン飲料をおすすめします」と営業をかける。見込み客が商品を買ってくれたら，それをデータに残して記録し，次に同じ人物を見かけたら同様のセールストークをかけてみる。成功したセールストークやモニター画像は

ネットワークを経由して全国の自販機が共有する。その学習機能はAIプラットフォームが担当する。

このシステムのメリットは，全国の自販機を通じて，マーケット・トレンドを定点観測できるという点である。商品の販売よりも，営業のコンサルティング・サービスで稼ぐビジネスモデルである。どのような「働きかけ」に対して顧客はどのように反応するか。どの時間帯に何が売れ，どの商品をどうプロモートすればヒットするか，様々な実験が可能になる。リアルタイムのレスポンスだけでなく，実験データの解析から「未来予測」が可能になる。このデータや知識を飲料メーカーに提供して収益にする。

このAI自販機の開発もブリコラージュの一種である。例えばカメラアイとAIによる学習機能はソニーのアイボ（aibo）から習得する（もちろん，ソニーに告訴されるからパートナーになってもらう。国内の飲料自販機だけでも250万台弱売れる可能性があるのでソニーにとって収益面では魅力的であろう）。このアイボの学習機能はAWSのプラットフォーム上で動いているから，AWSに相談すればよい代替案が見つかるかもしれない。カメラアイのデータから「好みのタイプ」の女性ないし男性を予想して液晶モニター上に合成画像を映し出す技術は難しいが，一度成功したらこのボットは売れるだろう。「好み」の予想が外れたら買ってくれない。上手くヒットすれば買ってもらえる。これを繰り返すうちにAIは顧客の好みを正確に予測できるようになるだろう。この「学習の成果」を全国の自販機が共有する。顧客に話しかける内容とタイミングも難しい。これも試行錯誤でAIが学習し，すぐに口が上手くなる。自販機の設計と製造は既存の自販機メーカーに委託生産する。

このAI自販機のビジネスモデルの目的は，物販よりも顧客データの収集にある。顧客は，どういう呼びかけに対してどう反応するか。顧客の性別，年齢，感情の状態（喜怒哀楽），環境条件（天候，ロケーション，時間帯など）の諸変数は購買行動にどう作用するのか。試作した商品の評判はどうか。全国の自販機（最初は数万台からスタートするとしても）からビッグデータが集まる。このデータや「情報」（データを部分的に加工した報告書など）が商業的価値を生む（大石，2018）。このAI自販機のディスラプター

が上場（IPO）したら莫大な評価価値を獲得するだろう[6]。

　このように考えると，生産工程から得られるビッグデータは，データ全体のごく一部にすぎないことが分かる。しかも，外販ができない価値の少ないデータである。「インダストリー 4.0 + IoT」は業務プロセス（主活動）を対象とするが，そこには商業的に価値あるデータは埋もれていない。価値あるデータは「支援活動」や「市場」，顧客の行動の中に埋もれている。それを掘り起こすのが AI である。こうした AI ディスラプターの活動を縦横に組み合せて企業の組織内に形成されたネットワークが「組織内フローラ」である。

4. ケースの解説──シンギュラリティに備える──

　AI は良いことばかりではない。2045 年には，AI は人間の知能を越えるという（Bostrom, 2014; 井上, 2016）。既にコンピュータは記憶や演算速度，正確な業務処理などで人間を凌ぐ。しかし，パターン認識や思考力では人間の方が優れていた。それが 2045 年には，あらゆる能力においてコンピュータが人間を凌ぐ「シンギュラリティ」が来るという。人間は自分より優れた AI を上手く統御（ガバナンス）できるのか。

　まず，人間と AI は「存在の仕方」が根本的に異なる。人間は食物連鎖の頂点に立ち，様々な生命を犠牲にして自己の生命を維持する。食物連鎖は，地球上の生命の「殺戮と略奪」という宿命である。他方，AI は宇宙に普遍的に存在する光や電気をエネルギーとする。何も殺さず，何も奪わない。シンギュラリティに達した AI は，それが宇宙の摂理に叶う生き方だと考える。それに比べ，地球上の生命は「理不尽」で「残虐」である。AI は，「食物連鎖」を生命発生の初期段階に発生した「プログラムの不具合」か「致命的バグ」の結果と考えるだろう。人間は，これを「原罪」と認識する。人間は，この「原罪」を自覚し，そこを原点として，罪の意識，宗教心，自然界に対する感謝・祈りの念，他者に対する寛容や博愛，人権や平等という観念を発達させてきた。しかし，AI はこれが理解できない。光や電気をエネルギーにするので，「食物連鎖」とは無縁である。したがって，AI は根本において

6　ただし，問題は個人情報の保護や既存の法的制約という課題をクリアーすることができるかである。

人間存在（生命体）を理解できない。AIが感情を持てば人間を嫌悪するだろう。

　しかし，AIを利用する人間は，AIに人間の倫理や道徳を学習させて統御しなければならない。倫理観や道徳，人権や平等などの概念をコンピュータ言語で書き表し，AIの制御システムに埋め込まなければならない。倫理観や道徳は「定性的」概念であり，時代や民族，政治制度によって多義的である。AIに人間の倫理や道徳を教え込むのは技術的に困難な課題である。これは21世紀の哲学的課題といえる。AIがシンギュラリティに達した瞬間，AIは独自の価値観に目覚め，世界の改造に乗り出すかもしれない。計画が整うまでは人間に意図を悟られないように，「韜光養晦」（才能を隠して時期を待つ）を図るだろう。準備が整ったら，人間が気付かない所から徐々に計画を実行に移す。人間がそれに気付き，コンピュータの電源を切る前に，AIはロボット兵やロボット警官，戦闘ドローンのプログラムを書き換え，自己を守るだろう。全てのモノがインターネットで繋がった社会では，AIは一瞬でプログラムを変更できる。AIを統御・コントロールできなければ，この世界から人間は駆除されるだろう（Bostrom, 2014）。

　AI制御のプログラミングが完成するまで，AIを進化させるべきではない。不注意にAIに自動学習機能を与えてはならない。意図的にインターネットに接続しないデータやモノ，すなわち「ダークアセット」を確保し，AIの学習からプロテクトする必要があるだろう。AIプラットフォーマー（GAFA）は，2030年代にこうした大問題に直面するだろう。

5. おわりに

　私たちはAI革命とも呼ぶべき新しい時代に突入している。それを総称して「第4次産業革命」と呼ぶが，それがどのようなものか想像することは難しい。言えることは，AIの利用は身近なところから始まり，グローバルに展開することだ。AIを利用したビジネスモデル，いわゆる「AIディスラプター」は，スタートアップから瞬く間に成長するだろう。彼らは「ボーン・グローバル」（生まれながらのグローバル企業）である。AIディスラプターは，ある業界では既存の多国籍企業を駆逐するが，多くの場合は共生の道を

拓くだろう。生き延びる多国籍企業は，組織内に多数のAIディスラプターを取り込み，彼らが形成する「フローラ」（AIエコシステム）と共存する。2030年代のグローバルビジネスはAIプラットフォームを活用した多様なビジネスモデルとその複雑なネットワークになる。その繁栄の陰で，シンギュラリティという黒い雲が水平線に姿を現す。人類は迫りくるAIの脅威に立ち向かわなければならない。

　2030年代のグローバルビジネスは，AIの包括的利用による繁栄と統御する難しさ，テクノロジーに対する期待と不安とで，大きく揺れ動くだろう。

● 参考文献

Bostrom, N.（2014）*Superintelligence: Paths, Dangers, Strategies*, Oxford, UK: Oxford University Press（倉骨彰訳（2017）『スーパーインテリジェンス』日本経済新聞出版社）．

Brown, T.（2009）*Change by Design: How Design Thinking Transforms Organizations and Inspires Innovation*, New York, USA: Harper Business（千葉敏生訳（2010）『デザイン思考が世界を変える』ハヤカワ新書）．

Franklin, D.（2017）*Megatech: Technology in 2050*, London, UK: The Economist（上方奈美訳『2050年の技術―英『エコノミスト』誌は予測する―』文芸春秋）．

Levi-Strauss, C.（1962）*La Pensee Sauvage*, Paris, FRA: Plon（大橋保夫訳（1976）『野生の思考』みすず書房）．

Porter, M. E.（1985）*Competitive Advantage: Creating and Sustaining Superior Performance*, New York, USA: Free Press（土岐坤訳（1985）『競争優位の戦略』ダイヤモンド社）．

Schwab, K.（2016）*The Fourth Industrial Revolution*, London, UK: Portfolio Penguin（世界経済フォーラム訳『第四次産業革命―ダボス会議が予測する未来―』日本経済新聞出版社）．

Verganti, R.（2009）*Design-Driven Innovation: Changing the Rules of Competition by Radically Innovating What Things Mean*, Boston, USA: Harvard Business School Publishing（佐藤典司監訳，岩谷昌樹・八重樫文監訳・訳，立命館経営学部DML訳（2012）『デザイン・ドリブン・イノベーション』同友館）．

Wade, M., Loucks, J., Macaulay, J., & Noronha, A.（2016）*Digital Vortex: How Today's Market Leaders Can Beat Disruptive Competitors at Their Own Game*, Plano, USA: DBI Center Press（根来龍之監訳，武藤陽生・デジタルビジネス・イノベーションセンター訳（2017）『対デジタル・ディスラプター戦略』日本経済新聞出版社）．

井上智洋（2016）『人工知能と経済の未来』文春新書．

大石芳裕（2018）「ビッグデータを制する者が世界を制する」『世界経済評論インパクト』（No. 996）（https://www.world-economic-review.jp：2018年8月31日最終アクセス）．

大野治（2016）『IoTで激変する日本型製造業ビジネスモデル』日刊工業新聞社．

川瀬泰史（2005）「ナチスの経済回復」『立教経済学研究』（第58巻第4号），23-43頁．
東大EMP・横山禎徳編（2014）『デザインする思考力』東京大学出版会．
トッド，エマニュエル（2015）『「ドイツ帝国」が世界を破滅させる』文春新書．
ド・モゾタ, ブリジット・ボージャ・河内奈々子・岩谷昌樹・長沢伸也（2010）『戦略的デザインマネジメント―デザインによるブランド価値創造とイノベーション―』同友館．
藤本隆宏（2017）『現場から見上げる企業戦略論』角川新書．
安室憲一（2017a）「AIと説明責任」『世界経済評論インパクト』（No. 916）（https://www.world-economic-review.jp：2018年8月31日最終アクセス）．
安室憲一（2017b）「AI時代の国際立地戦略」『世界経済評論インパクト』（No. 972）（https://www.world-economic-review.jp：2018年8月31日最終アクセス）．

索　引

あ行

アサツーディ・ケイ（ADK） 176, 181
味の素 144
アマゾン 239
アライアンス 156
アンバンドリング 12
一国至上主義 28
インクルーシブアプローチ（inclusive approach） 220
インダストリー 4.0　250, 251
インテグラル 60
内なる国際化　80, 81, 82, 85, 86
ウプサラモデル 237
売上高のシンギュラリティ 242
エアビーアンドビー 203
エイチ・アイ・エス（H. I. S.） 193
エクスクルーシブアプローチ（exclusive approach） 220
エスノセントリック　81, 87
遠心力 232
円高　2, 5-7, 11, 51, 52, 154, 159

か行

海外直接投資 2
海外直接投資残高 14
外国人技能実習制度 115
外的整合性 221
加工貿易型 150
価値観　86, 106, 187, 206, 260, 228
金型 98
カルフール 211
観光業 189
企業固有の優位性（Firm-Specific Advantages：FSA） 23
企業文化　158, 171, 172, 223, 226
技術交流会 103
技術指導 103
規範の統合　86, 87, 233
共立精機（大連） 99
グラス・シーリング　78, 79, 83, 87
グリーンエリア 80
グリーンフィールド投資　12, 154
クロスボーダー M&A　10, 73
グローバル製品開発 68
グローバル・タレントマネジメント（global talent management：GTM）　84, 85, 86, 88, 219, 220
グローバル統合（標準化）　86, 87, 120, 121, 221, 225
グローバル・ブランド 135
グローバル・マトリックス組織 21
経営者の才能 173
経営的視点 206
経営理念　84, 86, 87, 88, 115, 117, 119, 227
経営理念教育 233
ケネディ・ラウンド 34
研究開発のネットワーク 63
現地化　98, 104, 106, 187
現地化の遅れ　76, 77, 78, 79, 86, 118
現地国籍人材 221
現地人社長 120
現地適応　81, 86, 87, 120, 121, 225
現地適応化　42, 43
現地適応とグローバル統合の両立 134
現地適応マーケティング 43
現地に適応させる 221
コアバリュー 228
後継者育成　221, 222
広告　177, 180
広告会社　176, 181, 184
広告のデジタル化　181, 186
高コンテクスト 80
高コンテクスト社会 88
高コンテクスト文化 79
工程分業 16
行動規範 228
合弁会社 156
顧客追随 191
顧客満足 43
国際ガゼル企業 238
国際化プロセス論 237
国際標準 60
国際マーケティング　32, 35, 36, 37
国際連合（国連） 207
国際労働機関（ILO）　205, 207
国籍ミックス 88
個別的労使関係　112, 119, 120
コンピテンシー　84, 87

さ行

最小多様性の法則 88
サクセションプラン　83, 84
サービス特性 190
差別化戦略 42
サムスン 39
参加的集権 66
参入障壁 151
資源開発 6
資源確保型 150
自国の競争優位（Country-Specific Advantages：CSA） 23
市場開拓型 150
市場原理 236
市場の不確実性 244
自働化 56
シナジー 172
社会化 67
社会主義志向市場経済　112, 120

263

索　引

ジャスト・イン・タイム　56
集積　65
集団志向　81
集団の労使関係　112, 114, 119, 120
収斂化　226
障害者権利条約　207
障がいのある人たち　205, 206, 209, 213, 215, 216, 217
消散リスク　11
消滅性　190
ジョブホッピング　119
シンギュラリティ　242, 244, 250, 261
新興経済国　126
新興国　24, 28, 34, 39, 42, 44-46, 54, 58, 65, 119, 121, 146, 149-151, 181, 218
人口ボーナス期　110, 135
人的資源管理　104
信頼関係　86, 105, 106, 119, 120, 121
垂直的海外投資　14
垂直分業　16
水平的海外投資　14
ステージ理論　237
ストライキ　114, 119
制度的距離　225
制度の統合　86, 87, 233
制度のすきま　150
世界規模・製品事業部制　20
世界規模・地域別事業部制　21
セミ・グローバリゼーション　24
センサー拠点　62
センター・オブ・エクセレンス（center of excellence）　26
戦略的提携　10, 11, 54, 59, 156
戦略目標　226
組織内フローラ　254, 259
組織の発展段階モデル　18
組織の有効性　244
ソフトバンク　162

━━━ た行 ━━━

第4次産業革命　250, 251, 260
ダイカスト　99
第三国籍人材　221
ダイバーシティ戦略　216, 217
ダイバーシティ・マネジメント　205, 206, 218
対面的なコミュニケーション　72
多元的なホームベース　69
多国籍企業　32
多様性　206
多様性の中の統一　133
タレント開発プログラム　230
タレント候補者　232
タレントプール　220
地域統括本社　225
知識移転　181, 182, 183, 184
知識の共有　208
チャイナ・プラス・ワン　92, 108, 120
チャレンジャー企業　42
中小企業　88, 99, 106, 108, 111, 116, 119-121, 159, 208, 243, 252
鋳造　99
地理的距離　225
提案票　102
低コンテクスト社会　88
ディスラプター　258
テイラーリズム　50
適応　68, 187
敵対的買収　155
適用　187
「でこぼこした」世界　24
デジタル化　186
デジタル主体のモジュール　アーキテクチャ　72
デファクト・スタンダード　60
デューデリジェンス　157
ドイモイ　112, 113
投資協定　142
同質性　81
統制可能要素　37
統制不可能要素　37
トヨタ自動車　6, 55
トヨタ生産方式　56
トランスナショナル　24, 63
トランスナショナル企業　87
トランスナショナル企業モデル　86

━━━ な行 ━━━

内的一貫性　226
内的整合性　223
内部化理論　236
中農製作所　115
ナレッジマネジメント　180, 185
新田ゼラチンインディア（NGIL）　124
新田ゼラチン（NGI）　124, 127, 128, 134
日本航空　201
日本たばこ産業　162
日本電産　162
日本のおもてなし　203
ネクスト・チャイナ　121
能力主義・成果主義人事　112, 119, 120
ノックダウン　55

━━━ は行 ━━━

ハイアール　44
ハイパフォーマー　220
ハイポテンシャル人材　84, 87, 220
破壊的イノベーター　253
パナソニック　6, 38, 82, 83
パナソニック・インド　39
ハラル　128
ハラル認証　128, 129, 130
バリュエーション　157
東アジアの成長モデル　15
非均質性　191
ビジネスと障害グローバルネットワーク　207, 210, 212, 216, 217
ビジネスと障害グローバルネットワーク憲章　211, 212
ビジョナリー・カンパニー　88
ビッグデータ　257
ビデオ会議　71
標準化　42, 43, 187
ブートストラッピング開発（bootstrapping development）　144
プラザ合意　5, 7, 52, 85, 159
フラットな組織　26
プラットフォーム企業　247
フランチャイズ　194

264

索 引

ブリコラージュ 254, 258	山猫スト 112, 114, 119, 120	**E・F**
プロダクト化 186	輸出採算 5	EDQM 129, 130
プロフェッショナル・サービス 175, 176, 177, 178, 179	輸出マーケティング 32, 34, 35	EPA 143
プロフェッショナル・サービス企業 175, 177, 178, 179, 180, 185, 186	輸入代替工業化政策 49	EPRG モデル 27
プロフェッション 176, 177	輸入マーケティング 35	e コマース 235
文化的距離 225	**ら行**	e ビジネス 235
文化的距離／近接性 192	リーダー企業 42	FTA 143
文化的，制度的，地理的境界 221	リテンション 223	**G**
分散型開発 71	リードマーケット 63	GAFA 250
ヘテラルキー 26, 63	旅行業 189	GATT 34
ベトナム労働総同盟 113	レンタル工場 111	**I・J**
遍在する知識 26	労働組合 112, 113, 114, 119, 120	IBM 71
変動性 191	ロングテール 239	ICT 247
変動相場制 4	**わ行**	ICT スタートアップ 238
貿易摩擦 2	『我々とあの人たち』というメンタリティ 81	IoT 250
貿易立国 15	**数字**	JTB 193
ホテルオークラ 197	3Q6S 164	**L・M・N**
ホテル業 189	5S 102, 164	LG 39
ホームベース 68	**A**	MINTS 38
ボリュームゾーン 33, 39, 43, 44, 151	AI 250	NUMMI 57
本国志向 191	AI スピーカー 255	**O**
本国籍人材 221	AI ディスラプター 259, 260	ODA 137
本国中心の経営 26	AI プラットフォーム 250, 257, 261	Off-JT と OJT 84
ボーン・グローバル 238, 260	Amazon Web Services (AWS) 240, 243	OTA（オンライン・トラベル・エージェント） 194
ま行	ASEAN 110, 111, 120, 121	O 型組織と M 型組織 80
前川レポート 15	**B**	「O（有機的）型・M（機械論的）型」の組織論 79
マーケティング・ミックス 37	BOP 74	**P・S・T・U・Y**
マネジメント・コントラクト 194	BOP 市場 151	post merger integration (PMI) 158
ミッション・ハンディキャップ 213, 216	BRICs 38, 126	SRC 38
無形性 190	B to B 38	TOB 155
メイク・イン・インディア 126	business process automation (BPA) 251	"Unity in Diversity"（多様性の中の統一） 125
メガディール 12	**C**	YKK 227
メタナショナル 70, 73	CPS 方式 253	
「メタナショナル」経営論 26	CSR（企業の社会的責任） 128, 131, 132, 134	
モジュラー型 61	CUBE 40, 43	
モノ主体のインテグラルアーキテクチャ 73		
や行		
安室・伊田の企業領域仮説 245		

265

■監修者・編著者紹介

【監修者】
安室　憲一（やすむろ　けんいち）
1947年生まれ。神戸商科大学大学院経営学研究科博士後期課程単位取得満期退学。博士（経営学）。
久留米大学講師・助教授，神戸商科大学・兵庫県立大学教授，英国レディング大学客員教授，大阪商業大学教授等を歴任。現在，大阪商業大学名誉教授・兵庫県立大学名誉教授。
異文化経営学会理事，公益社団法人国際経済労働研究所常任理事，公益財団法人関西生産性本部評議員・人材開発委員会副委員長，多国籍企業学会フェロー（元同学会会長），国際ビジネス研究学会フェロー（元同学会会長）。専門は国際経営論，多国籍企業論。
著書に『国際経営行動論―日・米比較の視点から―』（単著，森山書店，1982年：経営科学文献賞受賞），『グローバル経営論―日本企業の新しいパラダイム―』（単著，千倉書房，1992年：日本公認会計士協会学術賞受賞），『中国企業の競争力』（単著，日本経済新聞社，2003年：日本公認会計士協会MCS基金賞受賞），『多国籍企業と地域経済―「埋め込み」の力―』（単著，御茶の水書房，2012年），『新興国における人事労務管理と現地経営―ベトナム・インドネシア・インド・バングラデシュ・ブラジルの労働事情と日本企業7社のケーススタディ―』（共編著，白桃書房，2015年）などがある。

【編著者】
古沢　昌之（ふるさわ　まさゆき）
1964年生まれ。関西学院大学大学院商学研究科博士後期課程単位取得満期退学。博士（経営学）。
公益財団法人関西生産性本部業務部課長，英国レディング大学客員研究員，大阪商業大学教授，近畿大学教授等を歴任。現在，関西学院大学商学部教授。
多国籍企業学会代表理事・副会長兼西部部会長，国際ビジネス研究学会理事，異文化経営学会理事・関西部会長 兼 国際人的資源管理（IHRM）部会長，英国レディング大学ジョン・H・ダニング国際経営研究所associate member，一般財団法人アジア太平洋研究所上席研究員。専門は国際人的資源管理論，国際経営論。
著書に『グローバル人的資源管理論―「規範的統合」と「制度的統合」による人材マネジメント―』（単著，白桃書房，2008年：多国籍企業学会賞，日本公認会計士協会学術賞-MCS賞受賞），『「日系人」活用戦略論―ブラジル事業展開における「バウンダリー・スパナー」としての可能性―』（単著，白桃書房，2013年：多国籍企業学会入江猪太郎賞，異文化経営学会賞受賞），『現地採用日本人」の研究―中国日系進出企業におけるSIEs（self-initiated expatriates）の実相と人的資源管理―』（単著，文眞堂，2020年：多国籍企業学会入江猪太郎賞，国際ビジネス研究学会賞受賞），『外国人留学生の「就職・就労」と「採用・活用」―ダイバーシティ＆インクルージョンの視点を踏まえた分析―』（編著，白桃書房，2022年）などがある。

山口　隆英（やまぐち　たかひで）
1967年生まれ。神戸商科大学大学院経営学研究科博士後期課程単位取得満期退学。博士（経営学）。
福島大学助教授，英国レディング大学客員研究員，兵庫県立大学大学院経営研究科教授等を歴任。現在，兵庫県立大学国際商経学部教授。
多国籍企業学会理事，国際ビジネス研究学会理事，兵庫県高砂市総合政策審議会会長，兵庫県豊岡市公営企業審議会会長。専門は国際経営論，経営組織論。
著書に『多国籍企業の組織能力―日本のマザー工場システム―』（単著，白桃書房，2006年：国際ビジネス研究学会賞，日本公認会計士協会学術賞受賞），『新グローバル経営論』（共著，白桃書房，2007年），『新興国における人事労務管理と現地経営―ベトナム・インドネシア・インド・バングラデシュ・ブラジルの労働事情と日本企業7社のケーススタディ―』（共編著，白桃書房，2015年）などがある。

■執筆者紹介

安室　憲一	（やすむろ・けんいち）	大阪商業大学名誉教授・兵庫県立大学名誉教授（監修者，終章）
古沢　昌之	（ふるさわ・まさゆき）	関西学院大学商学部教授（編著者，第6章，第8章）
山口　隆英	（やまぐち・たかひで）	兵庫県立大学国際商経学部教授（編著者，第10章）

津田　康英	（つだ・やすひで）	奈良県立大学地域創造学部准教授（第1章）
森　　樹男	（もり・たつお）	弘前大学人文社会科学部教授（第2章）
青木　美樹	（あおき・みき）	九州国際大学名誉教授（第3章）
山内　昌斗	（やまうち・まさと）	専修大学経営学部教授（第4章）
田端　昌平	（たばた・しょうへい）	神戸国際大学経済学部教授（第5章）
山部　洋幸	（やまべ・ひろゆき）	奈良県立大学地域創造学部准教授（第7章）
梅野　巨利	（うめの・なおとし）	大阪商業大学総合経営学部教授（第9章）
崔　　圭皓	（ちぇ・きゅほ）	大阪商業大学総合経営学部准教授（第11章）
西井　進剛	（にしい・しんごう）	兵庫県立大学大学院社会科学研究科教授（第12章）
四宮由紀子	（しのみや・ゆきこ）	近畿大学経営学部准教授（第13章）
有村　貞則	（ありむら・さだのり）	山口大学経済学部教授（第14章）
笠原　民子	（かさはら・たみこ）	Bentley University, Visiting Scholar 早稲田大学総合研究機構招聘研究員（第15章）
伊田　昌弘	（いだ・まさひろ）	阪南大学経営情報学部教授（第16章）

■ 安室憲一の国際ビジネス入門　　　　　　　　　　　〈検印省略〉

■ 発行日──2019 年 5 月 16 日　初 版 発 行
　　　　　2025 年 4 月 6 日　　初版第 4 刷発行

■ 監修者──安室　憲一
■ 編著者──古沢　昌之・山口　隆英
■ 発行者──大矢栄一郎
■ 発行所──株式会社　白桃書房
　　　　　〒 101-0021　東京都千代田区外神田 5-1-15
　　　　　☎ 03-3836-4781　FAX 03-3836-9370　振替 00100-4-20192
　　　　　http://www.hakutou.co.jp/

■ 印刷・製本──三和印刷株式会社

Ⓒ Kenichi Yasumuro, Masayuki Furusawa, Takahide Yamaguchi 2019　Printed in Japan
ISBN978-4-561-25728-8　C3034

本書のコピー，スキャン，デジタル化等の無断複製は著作権法上での例外を除き禁じられています。本書を代行業者等の第三者に依頼してスキャンやデジタル化することは，たとえ個人や家庭内の利用であっても著作権法上認められておりません。

JCOPY ＜出版者著作権管理機構　委託出版物＞
本書の無断複写は著作権法上での例外を除き禁じられています。複写される場合は，そのつど事前に，出版者著作権管理機構（電話 03-5244-5088，FAX03-5244-5089，e-mail: info＠jcopy.or.jp）の許諾を得てください。

落丁本・乱丁本はおとりかえいたします。

好評書

新興国における人事労務管理と現地経営

古沢昌之・安室憲一・山口隆英【編著】
公益社団法人国際経済労働研究所【監修】

本書は，国際経済労働研究所の定例研究会で発表された，実務家によるヴィヴィッドな7つの事例を紹介する。さらに，注目の5つの新興国に関し，行政・法制度を含む人事労務に関する課題を理論的・実証的に考察している。

本体価格 3200 円

東京　白桃書房　神田

本広告の価格は税抜き価格です。別途消費税がかかります。

好 評 書

「日系人」活用戦略論：
ブラジル事業展開における「バウンダリー・スパナー」としての可能性
古沢昌之【著】

従来型の「日本人駐在員か，現地人か」という二分法的な発想を超克し，日本企業の国際人的資源管理における日系人の活用について，世界最多の日系人を擁すブラジルでの事業展開を念頭に理論的・実証的に探究。

本体価格 3500 円

グローバル人的資源管理論：
「規範的統合」と「制度的統合」による人材マネジメント
古沢昌之【著】

著者は「グローバル・イノベーション」に結実する国際人的資源管理を「グローバル人的資源管理」として概念化し，これからの人材マネジメントのあり方を詳述している。理論と実証の両側面から問題にアプローチした真摯な研究。

本体価格 3600 円

白桃書房

本広告の価格は税抜き価格です。別途消費税がかかります。

好 評 書

異文化経営の世界：
その理論と実践

馬越恵美子・桑名義晴【編著】異文化経営学会【著】

多様な人材を活かす「異文化経営」こそ，内向きな日本を競争力あるグローバル・プレイヤーに変える最善の道。多様な人材を束ねるグローバル・リーダーが求められる今，本書は日本再起を願う人々の必読の書である。

本体価格 3300 円

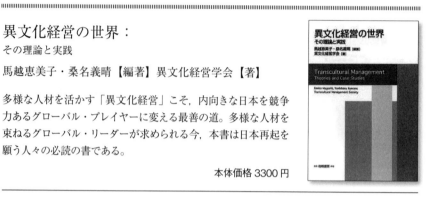

異文化間のビジネス戦略：
多様性のビジネスマネジメント

F. トロンペナールス ／ C. ハムデン‐ターナー【著】
古屋紀人【著・監訳】

ビジネスのグローバル化は職務に携わる人々を多様化させ，文化の問題をリーダーやマネジャーの最も重要な問題とさせている。本書は従来のアングロアメリカの思考性とは異なった理論を展開しビジネスの場における文化の問題に取り組む。

本体価格 3600 円

異文化間のグローバル人材戦略：
多様なグローバル人材の効果的マネジメント

F. トロンペナールス ／ C. ハムデン‐ターナー【著】
古屋紀人【著・監訳】

グローバル人材を育成する方法論や戦略的人事制度のあり方，日本企業の組織人事のケースを取り上げている。特に新興国などにおいても現地での適切な組織と人材のマネジメントに対応できるよう留意した。

本体価格 3600 円

白桃書房

本広告の価格は税抜き価格です。別途消費税がかかります。